KB095513

_____ 님의 소중한 미래를 위해
이 책을 드립니다.

재밌어서 밤새 읽는
# 농구 이야기

# 재밌어서 밤새 읽는 농구 이야기

농구전문기자
손대범이 전하는
승리 공식들

손대범 지음

메이트북스

메이트북스 우리는 책이 독자를 위한 것임을 잊지 않는다.
우리는 독자의 꿈을 사랑하고,
그 꿈이 실현될 수 있는 도구를 세상에 내놓는다.

# 재밌어서 밤새 읽는 농구 이야기

**초판 1쇄 발행** 2019년 5월 10일 | **초판 7쇄 발행** 2024년 11월 1일 | **지은이** 손대범
**펴낸곳** ㈜원앤원콘텐츠그룹 | **펴낸이** 강현규·정영훈
**등록번호** 제301-2006-001호 | **등록일자** 2013년 5월 24일
**주소** 04607 서울시 중구 다산로 139 랜더스빌딩 5층 | **전화** (02)2234-7117
**팩스** (02)2234-1086 | **홈페이지** matebooks.co.kr | **이메일** khg0109@hanmail.net
**값** 17,000원 | **ISBN** 979-11-6002-231-5 13690

잘못 만들어진 책은 구입하신 서점에서 교환해 드립니다.
이 책을 무단 복사·복제·전재하는 것은 저작권법에 저촉됩니다.

이 도서의 국립중앙도서관 출판시도서목록(CIP)은 e-CIP홈페이지(http://www.nl.go.kr/ecip)에서
이용하실 수 있습니다.(CIP제어번호 : CIP2019015356)

재능은 경기를 이길 수 있게 한다.
하지만 팀워크와 이해력은 챔피언을 만들어낸다.

• 농구 황제 마이클 조던 •

# 농구가 이토록
# 재미있는 스포츠였다니!

전작『농구를 좋아하는 사람이라면 꼭 알아야 할 농구전술』을 내고 3년이 넘게 지났다. 그 사이에도 나는 변함없이 농구경기 현장을 다니면서 취재와 공부를 이어갔다. 그렇게 시간을 보내다보니 어느덧 '기자'라는 타이틀을 달고 현장을 드나든 지 19번째 시즌이 됐다. 누군가는 내게 "다른 종목 취재 없이 오로지 농구만 보면 지겹지 않냐"는 말을 하곤 한다. 적어도 '경기'와 '선수'만 한정한다면 전혀 그렇지 않다. '아, 이제 좀 알겠네'라고 생각할 때면 어김없이 새로운 것이 등장한다.

최근에는 20대 중후반, 30대 초반의 후배들 중에도 글을 잘 쓰고 욕심 많은 친구들이 굉장히 많이 늘어났다. 나보다 훨씬 정돈이 잘 되고 연구를 많이 한 기사를 통해 모르던 것을 알게 될 때도 많다. 전체적인 농구 콘텐츠의 깊이가 더해지고 있는 것이다. 그럴 때면 나도 더 공부를 해야겠다는 생각도 들고, '이것 밖에 못 보았나'라는 생각에 쓸쓸해질 때도 있다.

이처럼 나는 아직도 보면 볼수록 새로운 것을 발견하고, 그 재미에 현장을 다닌다. 가끔은 발전 없고 의욕 없는 행정에 몸서리를 칠 때도 있지만 다른 한편으로는 그 척박한 상황에서도 자기 발전을 위해 땀 흘리는 감독, 코치, 선수들을 보면서 재미와 위안을 동시에 얻는다.

전작에서 경기와 전술에 관한 궁금증을 담았다면, 이번에는 팬들을 열광시키는 궁극적인 요소, 즉 스피디한 경기 속에서 발휘되는 선수의 개인 기술에 집중했다. 사실 전작을 마칠 무렵부터 감지됐던 변화의 분위기가 있었다. 농구가 다시 굉장히 빨라지고, 슛 시도가 늘어나면서 다시 고득점 농구 시대로 접어들기 시작한 것이다. 이미 NBA는 3점슛의 시대를 맞아 한 경기에서 100득점을 넘기는 건 평범해졌으며, 유럽과 국제농구도 '빠른 농구'의 영향을 받아 변해가고 있다.

우리나라도 마찬가지다. 3년이라면 겨우 3~4시즌 정도 밖에 안 되는 시간이지만, 그 사이에 우리를 둘러싼 멀티미디어 환경은 무서울 정도로 큰 변화를 겪었다. 유튜브를 비롯한 영상 서비스를 통해 언제든 원할 때면 농구 영상을 볼 수 있게 됐고, 이는 지도자와 선수들의 의식 변화에도 영향을 주었다. 개인 기술을 연마하기에 더 수월해진 시대가 온 것이다. 또한 스킬 트레이닝이라는 직업이 완전히 자리를 잡아 개인 기술 발전을 원하는 선수들의 긍정적인 길잡이 역할을 해주고 있다.

덕분에 스텝백 점프슛, 유로스텝, 플로터 같은 기술들이 보편화되고 있으며, 팬들도 이를 보며 기뻐하고 있다. 이 책에 담긴 기술 이야기는 교재처럼 동작 하나하나에 대한 노하우를 담고 있진 않지만, 왜 그 기술이 생겼고 어떤 선수들이 잘 사용하며 무엇을 주의해야 하는지 등을 진짜 전문가들의 말을 빌려 정리했다. 뭐든 알고 보면 더 재미있듯, 기

술의 기원과 일인자를 알고 난 뒤 NBA와 KBL 경기를 본다면 좀더 이
해도 잘 가고, 재미도 한층 더할 것이란 생각이다.

　물론 이런 기술들만으로는 경기를 이길 수는 없다. 농구는 어디까
지나 5명에서 호흡을 맞춰가며 해야 이길 수 있는 종목이기 때문이다.
결국 개인 기량과 조직력 발전은 시대가 지나도 바뀌지 않는 명제와도
같다. 좋은 연주를 위해서는 악기를 잘 조율하고 서로 간의 화음을 맞
춰야 한다는 전제조건이 바뀌지 않는 것처럼, 그리고 이를 위해서는
1차적으로 악기를 잘 다룰 수 있는 기본이 잘 마련되어야 한다는 것처
럼 말이다.

　이 책에서는 그렇게 팀이 만들어지는 과정도 담고자 노력했다. 개인
기술의 경우, 포털사이트 네이버에 연재됐던 〈손대범 칼럼 : 맨투맨〉의
내용들을 바탕으로 취재를 확대해나갔다. 기술에 대해 소개할 때는 스
킬 트레이너들의 설명이 큰 도움이 됐다. '팀'을 만드는 과정에 대해서
는 최근 2~3년간 전지훈련과 국제대회 취재 과정에서 만난 감독과 선
수들의 이야기를 많이 참고했다.

　NBA부터 국내 대학농구까지, 또한 세계적 명장부터 국내 남녀 농
구선수까지 다양한 이들의 노하우를 담아 책을 완성하고자 노력했다.
이 책에는 90여 명의 코멘트가 담겨있는데, 그 중에는 직접 시간을 내
주신 농구인들도 있고, 바쁜 와중에도 이메일과 메신저, 음성 메시지
등으로 정보를 제공해주신 분들도 있다. 이들의 코멘트가 모두 정답일
수는 없겠지만, 기술과 전술의 재미를 느끼는 데 있어서는 좋은 나침
반이자 내비게이션이 될 수 있을 것이라 생각한다. 인터뷰에 응해주신

모든 분들의 이름을 언급하고 싶지만, 지면 관계상 그러지 못했다. 이 책에 언급된 분들 중에는 기사 게재 후 작고하신 분도 계셔서 아쉽고 안타깝다. 모든 분들께 고마움을 전하고 싶다.

언젠가 전작에서 미처 다루지 못한 내용들을 다시 엮어서 책을 내고 싶다는 욕심이 있었다. 그 욕심을 해결해주신 메이트북스에 다시 한 번 감사의 말씀을 전하고 싶다.

전작을 냈을 때도 그랬지만, 이 책을 통해 얻은 수익금 일부는 농구 유망주를 위해 기부를 할 계획이다. 몇 년 전, 가정 형편이 어려웠던 한 고등학생 선수에게 책의 인세로 농구용품을 몰래 선물한 적이 있었다. 훗날 이 선수가 프로선수가 된 뒤 누구에게 들었는지 '그때 감사했습니다'라는 메시지를 내게 전해왔는데 너무나도 자랑스럽고 뿌듯했던, 다른 한편으로는 민망했던 기억이 있다. 어쨌든 내가 사랑하고 보살핌 받은 농구에게 0.1%라도 보상을 한 느낌이었다. 그 기쁨을 느끼게 해 준 농구팬들과 이 책을 읽어주실 모든 독자분께도 감사드린다.

마지막으로 매일 밤낮으로 농구 이야기만 하는데도 잘 참아준 아내 정윤애에게는 사랑하고 존경한다고 말하고 싶다. 어머니와 장인장모님, '손대범과 농구'보다 더 소중한 제이·찬이를 위해서라도 더 열심히 취재하고, 더 열심히 농구를 전파하는 농구전문기자가 될 수 있도록 더욱 노력할 것을 약속드린다.

농구전문기자 **손대범**

# 농구 트렌드를 바꾼
# 키워드 6가지

　전작 『농구를 좋아하는 사람이라면 꼭 알아야 할 농구전술』이 나온 게 2015년 12월이었다. 그로부터 겨우 4년 정도 밖에 지나지 않았지만 세계농구는 정말로 빠르게 변해왔다. 2015년이 변화가 조금씩 일어나던 시기였다면, 지금은 그 변화에 적응해 일상으로 자리를 잡은 듯한 느낌이다. 10년 전의 우리가 알던 그 농구가 맞나 싶을 정도로 달라진 부분이 너무나 많아진 것이다. 이런 변화를 주도한 몇 가지 키워드가 있다. 이번 책을 새로 쓰게 만든 키워드를 먼저 소개하고자 한다.

## 3점슛

　3점슛은 현대농구를 대표하는 무기가 됐다. 지난 5시즌간 NBA에서의 3점슛 성공수는 놀라운 증가세를 보였고, 휴스턴 로케츠Houston

3점슛의 시대를 만든 주역, 스테픈 커리
© under armour

Rockets의 경우에는 3점슛 시도가 2점슛보다 많을 정도로 막강한 무기가 됐다. 3점슛이 처음 도입됐을 때만 해도 골밑슛보다는 확률이 떨어진 다는 이유로 그다지 많이 던지지 않았지만, 이제는 가드부터 센터까지 누구든 기회가 되면 던지고 있다. 센터 중에도 4~5개씩 던지는 선수 가 등장했으며, 이것이 전혀 낯설게 느껴지지 않는다.

〈SPOTV〉에서 NBA 해설을 하고 있는 조현일 해설위원은 나와 함께 출연했던 〈KBS〉 1라디오 프로그램 '스포츠 스포츠'에서 "먼거리에서 스텝으로 상대를 속인 뒤 솟구쳐 올라 3점슛을 던지는 장면, 그 선수가 던진 공이 뱅글뱅글 돌아 그물에 쏙 빨려 들어가는 장면은 오늘날 많은 NBA 팬들에게 희열을 느끼게 해주는 것 같다"고 3점슛 현상을 설명한 바 있다.

　실제로 스테픈 커리Stephen Curry는 8~9m 거리에서 수비를 의식 않고 던지는 3점슛으로 사람들을 경악케 한다. 제임스 하든James Harden 역시 (논란은 많지만) 절묘한 스텝백step back에 이은 3점슛으로 수비를 무기력 하게 만들고 있다. 2017-18시즌에는 NBA 역사상 처음으로 30개 구단 평균 3점슛 성공수가 10개를 돌파했고, 2018-19시즌에는 11개를 넘을 것으로 보인다.


## 페이스 & 스페이스

　이러한 3점슛 농구가 성행하게 된 배경에는 2개의 단어, 바로 페이 스pace와 스페이스space가 큰 역할을 했다. 현대농구는 굉장히 빠르다. 끊임없이 달리면서 공간(스페이스)을 만들고자 한다. NBA 경기 페이스 는 100.0으로 1987-88시즌 이후 최고 기록을 세웠다. 지난 30년을 통 틀어 경기 속도가 가장 빨랐다는 의미다.

　구단들은 빠르게 상대 진영으로 넘어와 공격을 전개하는 얼리 오펜 스early offense를 추구한다. 상대 수비가 미처 자리를 잡기 전에 쳐들어간 다는 의미다. 2대2 플레이를 통해 안과 밖의 찬스를 노리고, 때로는 과 감히 돌파해 들어가 곡예사 같은 마무리를 해낸다. 상대가 도움 수비 를 들어오면 양쪽 코너나 사이드에 서있는 슈터들에게 패스를 건넨다. 그러면 바로 3점슛이다. 이제는 3점슛을 던지는 역할을 장신선수들도 함께 맡고 있다. 장신들이 나와서 던지다보니 상대도 따라 나올 수밖 에 없다. 이처럼 감독들은 빠르게 공격을 전개하되, 공격시에는 선수들을 넓게 포진시키는 스페이스의 개념도 철저히 따르고 있다.

1990년대 농구는 센터와 파워포워드가 골밑 혹은 하이포스트와 로우포스트에 위치하는 식으로 공격이 세팅됐다. 그리고는 등을 지고 하는 백 다운back down 플레이가 활용됐다. 더블팀이 들어오면 외곽 찬스를 봐주었다. 커트인을 하는 선수를 보는 것도 기본이었다. 하지만 이제는 과거처럼 대놓고 골대를 등지고 서는 선수가 없다. 선수들 상당수가 3점슛 라인 밖에 포진해있다. 코트를 넓게 쓰면서 커트인을 한다거나, 2대2 플레이를 통해 새로운 찬스를 파생시킨다.

이런 전술의 명확한 장점이 있다. 수비 입장에서는 넓게 포진한 상대 공격 진영을 견제하기 위해 더 많이 움직일 수밖에 없다. 도움 수비를 들어갔다 나오기도 힘들다. 유재학 감독은 이런 '페이스&스페이스' 농구의 수비가 많이 까다롭다고 말한다. "특히 백코트할 때 우리가 수비해야 할 대상을 자주 놓치고, 동선이 엉키게 되죠. 개인적으로는 이런 트랜지션 상황에서 허용하는 속공 3점슛을 가장 싫어합니다. 굉장히 기분 나쁜 실점 같습니다."

반대로 최근 한국 대표팀은 종종 빠른 농구를 구사해 팬들에게 호평을 받았다. 골든스테이트 농구처럼 시원하다고 해서 'KOR-든 스테이트'라는 별명을 얻기도 했다. 기민하게 핸드오프hand off 플레이로 공을 전달하고, 스크린을 걸어주고, 백도어 컷backdoor cut으로 안쪽으로 침투하는 등 여러 복합적인 움직임이 빠르게 일어나면서 상대 수비를 곤란케 했다. 호주 국가대표팀 감독 출신 브라이언 고지안Brian Goorjian은 2018년 7월, 마카오에서의 인터뷰에서 내게 "한국 대표팀 경기를 우리팀 프로선수들에게 여러 차례 보여줬습니다. '저게 너희들이 해줘야 할 플레이다'라고 말이죠"라고 말하기도 했다.

# 스트레치 빅맨

이제 현대농구에서는 포지션이 중요하지 않게 됐다. 센터와 파워포 워드가 3점슛을 던지고 공을 뿌리는 시대다.

"아주 오래 전엔 공격자가 픽앤롤Pick and Roll을 하면 수비자들은 뒤로 쳐져서 수비를 했습니다. 하지만 이제는 그럴 수 없죠. 조금만 틈이 벌 어져도 곧장 공격자들이 슛을 던질 거니까요. 몇 년 전엔 빅맨들이 외 곽슛을 던지는 것이 보편적이지 않았습니다. 그런 선수들도 간간이 있 었지만 많진 않았죠. 하지만 이제 빅맨들에게 외곽슛은 중요한 무기로 인식되고 있습니다. 농구가 변하고 있습니다. 저는 이것을 '진화'라고 표현하고 싶습니다. 더 빨라지고, 더 높아지고 있습니다." 전 스페인 국가대표팀 감독 후안 오렌가Juan Orenga 감독의 설명이다.

그는 현재 중국 리그 감독을 맡고 있는데, 가장 먼저 선발한 외국인 선수가 골든스테이트에서 뛰었던 모리스 스페이츠Marreese Speights였다. 208cm, 116kg의 거구였던 그는 오픈찬스에서의 3점슛이 무척 정확한 센터로, 중국팀 합류 후에는 한 경기에 11개의 3점슛을 시도할 정도로 외곽을 즐겨했다.

이처럼 3점슛을 던지는 등 공격 범위가 날로 외곽쪽으로 빠져나가 는 빅맨들을 두고 스트레치 빅맨stretch big man이라 부른다. KBL도 서장 훈이 3점슛을 시도하던 시절에는 "키값을 못한다"며 비난 아닌 비난을 받았지만, 오늘날에는 2m가 넘는 장신이라도 3점슛을 던지지 못하면 활용도가 줄어드는 시대가 왔다.

2018년 6월, 오클라호마 시티 썬더Oklahoma City Thunder의 스티븐 애덤 스Steven Adams가 깜짝 방문한 적이 있다. 애덤스 역시 슛이 나쁘지 않은

'팔방미인' 러셀 웨스트브룩은 3시즌 연속 트리플더블을 기록하는 등 가드의 역할을 새로 쓰고 있다. ⓒ nike

허슬 플레이어다. 그는 빅맨들의 3점슛에 대해 "코트 위의 5명이 모두 슛을 쏘는 건 좋은 일이라고 생각합니다. 농구가 포스트에 볼을 넣고 느리게 경기를 진행하는 예전 방식으로 다시 돌아가야 한다고 생각하지는 않아요"라고 현 추세에 대해 돌아봤다.

그러나 이런 이야기도 했다. "다만 포스트에 볼이 들어간 이후에 밖으로 다시 나오는 패스의 가치는 여전히 높다고 생각해요. 포스트에서 나오는 패스는 각도와 질이 상당히 좋거든요. 외곽에서만 볼이 도는 건 결코 좋지 않아요. 안에서 밖으로 나가는 패스가 진짜 특별하기 때문입니다."

반대로 가드들은 적극적으로 리바운드에 가담해 걷어낸 뒤 속공을 시도해나간다. 러셀 웨스트브룩Russell Westbrook은 3시즌 연속 리바운드

10개 이상씩을 걷어냈다. 롱 리바운드를 잡아내 곧장 단독 속공에 돌입하는데, 워낙 스피드가 빠르고 탄력이 좋다보니 수비자들이 막기가 까다롭다.


## 스몰볼

2012년 런던올림픽에서 미국 대표팀 지휘봉을 잡고 있던 마이크 슈셉스키Mike Krzyzewsk 감독은 독특한 라인업으로 국제무대를 집어삼켰다. 203cm의 카멜로 앤써니Carmelo Anthony나 르브론 제임스Lebron James에게 빅맨 역할을 맡긴 것이다. 국제무대에서도 203cm은 그리 압도적으로 큰 키는 아니었지만, 워낙 하드웨어가 좋고 이해력이 좋았기에 두 선수는 내외곽을 오가며 상대를 압박했고, 수비 성공 뒤에는 특유의 개인기를 앞세워 하이라이트를 연출했다.

이처럼 정통 센터, 정통 포인트가드의 시대는 막을 내리고 '포지션 파괴'의 시대가 찾아왔다. 예전처럼 장신 센터를 세우기보다는 2m가 갓 넘을지라도 힘과 외곽이 있다면 센터 역할을 맡기는 스몰볼small ball을 선호하고 있다. 스몰볼이 펼치는 스피디한 농구는 페이스&스페이스를 가능케 한 원동력 중 하나다.

골든스테이트는 드레이먼드 그린Draymond Green을 인사이드에 두고 케빈 듀란트Kevin Durant, 클레이 탐슨Klay Thompson, 스테픈 커리 등이 중심이 되어 100점은 당연하고 110~120점을 뽑아내며 인기몰이를 했다. 이러한 스몰볼은 유행이 됐다. 포틀랜드 트레일 블레이저스Portland Trail Blazers의 가드 C.J. 맥칼럼C. J. McCollum은 "이제는 누구나가 활용하고 싶어하는 전술"이라고 평가하기도 했다.

　그런데 스몰볼 개념이 도입되면서 맥칼럼 스타일의 가드들은 한차례 '신분(?)'에 변화를 겪었다. 듀얼 가드dual guard, 트위너tweener라는 명칭이 사라진 것이다. 예전에는 191cm의 키로 맥칼럼처럼 득점을 즐기는 선수들을 듀얼 가드, 콤보 가드combo guard로 불렀다. 국내에서는 양동근 스타일이었는데, 정통 포인트가드로 볼 수 없다는 이유로 한때는 눈총을 받은 적도 있었다. 그런데 지금은 상황이 다르다. 오히려 맥칼럼이나 러셀 웨스트브룩Russell Westbrook, 데릭 로즈Derrick Rose 등은 직접 공도 몰고, 공격도 주도하면서 새 시대를 맞고 있다. 이처럼 스몰볼 시대를 맞아 전문가들이 이들에게 새로 붙여준 역할은 바로 메인 볼 핸들러main ball handler이다.

## 3 & D

　3점슛 시대를 맞아 활성화된 새로운 역할이 바로 3&D다. 여기서 '3'은 3점슛, 'D'는 수비defense를 의미한다. 메인 볼 핸들러를 보좌해 함께 달리면서 공격에서는 중장거리슛으로 공헌하고, 수비에서는 속공의 트리거 역할을 해주는 것이다.

　로버트 코빙턴Robert Covington, 대니 그린Danny Green, 트레버 아리자Trevor Arzina, 오토 포터 주니어Otto Porter Jr. 등이 3&D에 해당되는 선수들이다. 한 방을 갖고 있는 이 선수들의 존재는 수비자들로 하여금 쉽게 자리를 비울 수 없게 해준다. 이런 선수들에게 간격을 줬다가는 언제든 슛을 내줄 수 있기 때문이다.

# 트래킹 & 2차 스탯

현대농구는 '분석의 시대'를 맞았다. 단순 비디오 분석이 아니다. 이 제는 경기의 모든 플레이가 수치화되고 있다. NBA는 야구나 축구처럼 트래킹tracking 시스템을 도입해 거의 모든 것을 숫자로 옮겨가고 있다. 단순 슛 성공률만 표현하는 것이 아니라, 그 슛을 몇 초 남기고 던졌는 지, 수비자가 근접해 있을 때는 그 슛의 정확도가 얼마나 되는지, 경기 중에 공은 몇 번이나 만지고 평균 몇 번이나 드리블을 하는지 등까지 도 체크하고 있는 것이다.

예를 들어 클레이 탐슨Klay Thompson은 2019년 1월 11일 뉴욕 닉스New York Knicks전에서 43득점을 기록했는데, NBA 트래킹 시스템의 분석에 따르면 탐슨이 43점을 올리는 동안 드리블을 한 횟수는 겨우 4번 밖에 안 됐다. 공을 잡자마자 바로 던지는 일명 캐치 앤 슛catch and shot으로 최 대한 효율적으로 공격을 마무리했던 것이다. 이처럼 트래킹 시스템은 선수의 플레이 성향까지도 파악할 수 있도록 해줬다.

또한 스크린에서 득점으로 연결되는 횟수는 얼마나 되는지, 루즈 볼 을 잡기 위해 얼마나 몸을 날렸는지, 공격자 파울은 경기당 몇 번이나 유도하는지 등의 허슬 플레이를 지표화한 허슬 스탯hustle stats도 만들어 내고 있다. 이러한 숫자들은 코칭스태프와 선수들로 하여금 자신들의 플레이를 좀더 면밀히 분석하게 도와준다.

과거에는 체육관 환경이나 장비 상황, 비용 문제 등으로 불가능했 던 상황이지만 리그가 발전하고 수익이 기하급수적으로 증대함에 따 라 NBA는 이런 IT 기술에도 많은 돈을 투자하고 있다. 아담 실버Adam Silver에게 총재직을 물려주고 떠난 데이비드 스턴David Stern 전임총재는 이런 IT 투자쪽으로 많은 돈을 쏟고 있는 것으로 알려져있다.

이런 다양한 기록들은 농구팬들도 즐겁게 해준다. 이야기를 더 많이 만들 수 있기 때문이다. 야구와 마찬가지로 농구에서도 2차 스탯까지 만들어진다. 예컨대 슈팅 효율성을 의미하는 TS%(True Shooting %)는 해당 선수의 슛 성공률을 좀더 객관적이고 정확하게 따져볼 수 있는 기회를 제공한다. 공격/수비 효율성, 특정선수의 공격 점유율 등도 팬들이 많이 참고하는 2차 스탯이다.

이런 기록을 바탕으로 전략을 짜는 데 힘을 보태는 직업도 늘고 있다. 이른바 데이터 애널리스트data analyst로서, 이제는 구단마다 비디오 분석가뿐 아니라 데이터 애널리스트도 고용해 경기 준비에 만전을 기하고 있다. 한국인으로는 최초로 LA 레이커스LA Lakers 스태프에서 일했던 김재엽 씨는 "데이터를 기반으로 팀이 이기도록 돕는 일이죠. 시즌중에는 우리 팀이 무엇을 잘하고 못하는지, 상대팀은 무엇을 잘하고 못하는지를 데이터로 분석해서 코치들과 회의해 경기 전략을 세우는데 도움을 주고 있습니다. 비시즌 때는 로스터를 구성하는 일을 돕습니다. 우리가 원하는 선수와 저평가된 선수를 찾고, 드래프트나 트레이드를 할 때 그 데이터를 기반으로 선수 평가를 하고 있습니다"라며 자신의 일을 설명하기도 했다.

**차 례**

지은이의 말 _ 농구가 이토록 재미있는 스포츠였다니! ················· 6

프롤로그 _ 농구 트렌드를 바꾼 키워드 6가지 ····················· 10

## 1부 팀이 승리를 준비하며 하는 일

**1장** NBA는 어떻게 유망주를 평가할까? ······················· 25

**2장** 기량 발전을 원한다면 여름이 가장 중요하다 ··············· 41

**3장** 마침내 전지훈련! 팀은 어떤 준비를 할까? ················ 55

**4장** 하나가 되기 위한 팀워크의 시작은 토킹 ················· 63

**5장** 승패를 가르는 매치업의 중요성 ······················· 73

## 2부 농구의 개인기와 기본기 이야기

**6장** 슛이 안 들어갔을 때 선수가 할 수 있는 일 ··············· 91

**7장** 슈터에게 있어 난사란 무엇인가? ····················· 99

**8장** 바야흐로 스텝백 점프슛의 시대 ····················· 113

**9장** 기술의 시대를 맞은 한국농구 ······················· 127

**10장** 힘차게 밟아보자, 유로 스텝 ······················ 141

**11장** 감독들이 리바운드를 강조하는 이유 ·················· 159

**12장** 감독들이 말하는 사이드 스텝의 중요성 ················· 181

**13장** 플라핑은 반드시 단절되어야 할 악습 ···················· 191


3부 톱니바퀴처럼 팀플레이가 이뤄지기 위해선

**14장** 공을 만나러 가는 길, 미트아웃 ······················· 203

**15장** 공이 없을 때의 움직임이 상대 수비를 뒤흔든다 ············· 217

**16장** 공을 잡을 때의 발동작도 중요하다 ······················· 233

**17장** 스크린이 없으면 농구가 안 된다 ·························· 253

**18장** 동료들의 헌신, 엘리베이터 도어 스크린 ·················· 273

**19장** 식스맨 마인드, 주전 출전 이상의 자부심 ················· 285

**20장** 선수를 일으켜 세운 감독들의 그 한 마디 ················· 303


주석 ················································ 313

1부

# 팀이 승리를
# 준비하며 하는 일

## 1장

# NBA는 어떻게
# 유망주를 평가할까?

## 선수 한 명을 뽑기 위해

이 글의 주제는 '선수 스카우트'다. 한 시즌을 시작하는 데 있어 가장 중요한 밑천은 역시 선수다. 특히 전력이 약한 팀일수록 신인 선수를 잘 선발해야 하는데, 이 과정에서 필요한 것이 바로 선수의 기본 재능과 정보를 잘 파악하는 일이다. 그런 의미에서 해외에서 활동중인 스카우트 담당자들로부터 선수 한 명을 뽑기 위해 무엇을, 얼마나, 어떻게 보는지 이야기를 들어보았다.

이 글을 본격적으로 시작하기 전에 양해를 구한다면, 본문에 언급된 몇몇은 실명을 언급할 수가 없었다. 자기 의견이 구단의 공식 의견처럼 여겨질 수 없다는 이유로 실명을 거론하지 않는 조건을 달아 메시지를 주었기 때문이다.

'NBA 스카우트의 아버지'라 불렸던 고故 마티 블레이크Marty Blake 역

NBA 드래프트 현장. 신인 선수들을 선발하는 이 행사는 농구팬들에게 있어 오프시즌 최고의 이벤트 중 하나다. ⓒ 손대범

시 "NBA와 합의된 부분이다. 선수 분석 정보는 줄 수 있어도, 이 선수에 대한 평가는 내게 묻지 말아달라"고 정중하게 거절한 바 있다. 선수 판단에 영향을 줄 수 있는 부분은 0.1%의 가능성이라도 배제하고 싶어 한 것이다.

마티 블레이크는 1954년 밀워키 벅스Milwaukee Bucks의 인사담당자였는데, 감독 레드 홀즈먼Red Holzman을 제외하면 선수를 관리하는 직원은 블레이크 한 명뿐이었다. 2007년 필자와 가진 인터뷰에서 "선수 정보 파악이 안 되다보니 선수 수급이 쉽지 않았다. 매년 드래프트마다 잘못된 선수를 지명했고, 그때 스카우트의 필요성을 느꼈다"라고 돌아봤다. 이후 1960년대에는 제네럴 매니저(단장)으로 활동했던 그는 구단이 아닌 NBA로 들어가 스카우트 업무를 시작했다. 그의 역할은 선수

정보를 파악해 각 구단에 전달하는 것이다.

지금은 구단들마다 첨단화된 스카우트 시스템을 갖고 있어 미국은 물론이고 유럽과 아프리카, 심지어 아시아까지 정보원을 두고 있지만 1970~1980년대에는 그 정도 규모를 갖추지 않았다. 블레이크는 NBA에서 스카우트 팀을 꾸려 미국 대학농구NCAA 1부 리그Division I부터 2부 리그 격인 NAIA 리그까지 정보를 파악해 전달하기 시작했다. NBA에서 체계화된 스카우트가 이뤄진 것도 이 무렵부터로 평가된다. 그는 자신의 업무를 "훌륭한 선수인지 아닌지를 판단하는 것보다, 그런 판단을 내릴 수 있도록 구단에 제공하는 일"이라고 했다.

세월이 흘러 스카우트 방식은 그야말로 눈부시게 발전했다. 그것은 멀티미디어의 발전 덕분이다. 일반인들도 유튜브 같은 동영상 사이트를 통해 평생 한 번도 가지 않을 나라의 17세 유망주가 농구하는 모습을 볼 수 있는 시대가 됐다. 비용이 비싸긴 하지만 풀 경기를 군이 보지 않더라도 잘 편집되고 가공된 (전 세계 프로농구 선수들의) 영상 정보를 볼 수 있는 유료 시스템도 있다. 작고한 제리 크라우스Jerry Krause(전前 시카고 불스 단장)는 지도책과 함께 자동차로 미국 전역을 돌며 유망주를 봐야 했지만, 이제는 각 나라의 정보원들이 구미에 맞게 리포트를 작성해 보고한다.

이 글의 주요 등장인물은 다음과 같다.

- 아담 필리피Adam Filippi : NBA 스카우트 겸 슈팅코치. FIBA에 스카우트 방법에 대한 칼럼을 기고했다. 이 글에서는 그의 칼럼이 많이 인용됐다.
- 밥 피어스Bob Pierce : 아시아 지역에서 십수년간 감독, 코치, 클리닉 진행자로 활동해온 그는 폭넓은 인맥을 갖고 있다. 중국 선전에 거주하고 있

고, NBA 스카우트로도 일하고 있다. KBL에도 1년에 한 번씩 방문한다.

- 김재엽Jay Kim : 한국에서 태어나고 공부한 사람으로는 최초로 NBA 구단
(LA 레이커스LA Lakers)에 입사했고 2017-18시즌을 끝으로 퇴사했다. 팀에서
데이터 분석을 맡았고, 취재 당시 자신과 레이커스 팀의 의견을 종합해 조
언을 해주었다.

- 코치 A : 익명을 요청한 그는 1956년생으로 NBA 선수와 감독, 코치를 두
루 거친 베테랑 지도자다.


## 선수를 몇 번이나 보고 판단하나?

선수를 몇 번 보고 판단하는지는, 사람마다 다르다. 세계적인 슈팅
코치인 아담 필리피 코치는 뉴저지 네츠New Jersey Nets(現 브루클린 네
츠), LA 레이커스 등에서 국제 스카우트로 활동한 바 있다. 1997년, 25살
의 이른 시기에 은퇴했지만 유럽의 정보를 구해 NBA에 제공함으로써
자신만의 영역을 구축했다. 필리피 코치는 '한 시즌 5번 직관(직접 관
람)'이 가장 적당하다고 제안한다. 특히 직접 보는 것이 가장 중요하고,
한 경기만 보고 선수를 판단하는 것도 위험하지만 너무 많이 보는 '오
버-스카우팅over-scouting'도 위험하다고 지적한다. 그는 『FIBA 어시스트
매거진』에 기고한 칼럼에서 자신의 경험을 털어놓은 적이 있다. "티아
고 스플리터Tiago Splitter를 5시즌 동안 지켜봤는데, 너무 많이 본 나머지
단점을 부각시키고 장점을 더이상 찾지 못하게 됐다."

중국에서 활동중인 밥 피어스 코치는 대상에 따른다고 조언했다.
"디안드레 에이튼Deandre Ayton이나 마빈 배글리Marvin Bagley 같은 선수는

골든스테이트에서 없어선 안 될 선수로 성장한 드레이먼드 그린. 그를 선발하기 위해 골든스테이트 워리어스 스카우트들은 고교와 대학시절의 은사를 통해 성격을 파악하는 등 자료조사에 공을 들였다. ⓒ NBA 제공

대부분의 스카우트들이 오랫동안 관찰해왔을 것입니다. 이런 선수들은 시즌을 치르면서, 혹은 시즌 단위로 얼마나 발전해가고 있는지를 보는 것이 좋습니다."[1]

그러나 스카우트들이 1년 내내 1~2명만 지켜보는 것은 아니다. 드래프트 순위가 어떻게 결정될지 모르기 때문에, 기량순으로 다양한 선수에 대한 정보를 확보하고 있어야 한다. 피어스 코치는 "시즌중 최소 2~3번은 봐야 합니다. 특히 구단에서 각별히 관심을 두고 있는 선수라면 그 이상을 관찰해야 하겠죠?"라고 말했다. 그러면서 그는 2016년 휴스턴 로케츠에 지명된 중국 유망주 저우치 Zhou Qi의 예를 들려줬다. "저우치에 대해서 NBA 구단들의 관심이 많았습니다. 그래서 틈날 때마다 가서 경기를 보고, 직접 가지 못할 때는 항상 TV나 비디오 클립을 보고서라도 리포트를 작성했던 기억이 납니다."

김재엽 전前 분석가는 구단 스카우트 팀의 사례를 이야기해주었다. 그는 "TOP5급 선수고, 우리 팀이 지명권을 갖고 있을 경우에는 5번 이상을 직접 가서 봅니다"라고 말했다. "1라운드 선수라면 3~4번 정도, 2라운드 선수라면 2~3번 정도 직접 현장에서 플레이를 보고, 비디오는 많이 볼수록 좋다는 의견이나 개인 편차는 담당마다 심합니다."

물론 보는 것에서 끝나지 않는다. 직접 보는 것은 어디까지나 경기력 측면일 뿐이다. 고교와 대학시절 은사의 이야기도 들어보고, 경기 외적인 부분까지 체크한다. 골든스테이트 워리어스Golden State Warriors의 스카우트 팀은 2012년 드래프트에서 드레이먼드 그린Draymond Green을 선발하기에 앞서 그가 살던 미시건주 새기노Saginaw의 고교코치까지 찾아 그의 성향을 알아봤을 정도다.

5~6월, 각 구단이 선수들을 체육관으로 불러 진행하는 워크아웃workout은 이러한 정보를 최종적으로 확인하는 단계다. 김재엽 분석가는 "론조 볼Lonzo Ball을 예로 들면 픽앤롤 공격이 약하다는 평이 있어서 실제 워크아웃에서 픽앤롤 공격을 많이 시켜보았던 기억이 납니다"라고 사례를 설명했다.[2]


## 선수들의 무엇을 보는가?

아담 필리피 코치는 '잘 만들어진 리포트'에 담겨야 할 정보를 다음과 같이 정리했다.

- 신체사이즈와 운동능력

- 공수에서의 장단점

- 자신의 슛 찬스를 만들 수 있는가?

- NBA에서 뛴다면 레벨은? (스타/주전/벤치/저니맨)

- 우리 팀이 필요로 하는 포지션인가?

- 얼마나 더 발전할 수 있는가?

- NBA에서 먹힐 만한 특별한 기술은 있는가?

- 그만의 성공 요인이 있는가?

- 비슷한 스타일의 NBA 선수가 있나?

- 왜 그가 부적격(CNP-Can Not Play)인가?


그는 '부적격'을 설명하는 데 있어 게으름, 몸상태(메디컬 기록), 이기적인 플레이, 집중력, 무례함 등의 기준이 사용된다고 덧붙였다. 또한 '압박 상황에서의 심리 상태'도 꼽았다. 과연 이 선수가 경기 막판에 팀을 이끌고 싶어 하는 선수인지를 체크하는 것이다. 또한 유럽에서 뛰는 선수들일 경우에는 현재 계약 상태도 반드시 포함되어야 한다고 덧붙였다.

경기와 기록에 나타나지 않는 항목을 위해 코치들은 더 많은 시간을 투자해야 한다. 익명을 요구한 전직 NBA 코치인 A는 이메일 인터뷰에서 "NBA급 선수라면 5~6경기는 봐야 하며, 개인적으로도 4~5번 정도는 대화를 나눠보는 것이 좋다"고 말한다. "그가 나쁜 친구(bad guy)가 아니길 바라면서"라고 덧붙이기도 했다.

KBL도 국제업무담당자들이 외국인 선수 선발에 앞서 전 소속팀 감독 및 프런트, 더 나아가 학창시절 지도자들과 의견을 주고받을 때가 있다. (그런데 정말 '망나니'가 아닌 이상은 뽑는다. 아마도 감독 스스로 '나는 컨트롤이 가능할 것'이라는 착각을 하기 때문일 것이다. 하지만 90%는 실패한다.)

피어스 코치는 기술적인 측면에 있어 시즌 동안 얼마나 발전이 이뤄졌는지에 집중한다고 말했다. 또한 연속된 시즌을 살펴볼 경우에는 근력이나 힘이 이전 시즌보다 얼마나 발전이 있었는지, 전前 시즌에 비교해 새로 익힌 기술이 있는지, 농구를 더 잘 이해하게 됐는지를 살펴본다. 그는 이런 발전상은 선수가 농구를 대하는 태도를 가늠하는 데도 도움이 되며, 앞으로도 발전 가능성이 있는지 간접적으로나마 예견할 수 있다고 의견을 전했다.

물론 그는 다음과 같은 전제를 됐다. "가능성에 대한 평가는 사람마다 의견이 다를 수 있습니다. 그렇기에 아무리 스카우트를 철저히 해도 실패하거나 실망스러운 결과가 나올 수도 있겠죠. 혹은 전혀 예상하지 못한 놀라운 결과도 나올 수 있습니다."

이 글의 서두에 소개했던 마티 블레이크에게도 예전에 이런 질문을 한 적이 있다. "혹시 슈퍼스타가 될 거라 예상한 선수 중 그렇게 안 된 선수가 있나요?" 그러자 그는 "밤을 새워도 다 못 말할 것 같으니 그냥 넘어가죠"라고 답했다.

앞서 소개한 드레이먼드 그린(2012년 드래프트 2라운드 35순위)은 모두의 예상을 뒤엎은 성공작이었다. 보스턴 셀틱스Boston Celtics, 멤피스 그리즐리스Memphis Grizzlies, 인디애나 페이서스Indiana Pacers 등과도 워크아웃을 가졌던 그린이지만 1라운드 감으로는 평가받지 못했다. 멤피스는 4번 포지션으로 뛰기에는 비슷한 스타일의 자원이 많아 비관적이라고 내다봤다. 201cm 밖에 안 되는 그린의 작은 신장도 감점 요인이었다.

하지만 그린은 골든스테이트에서 성공적으로 녹아들었다. 종종 경망스러운 행동으로 구설수에 오르긴 했지만 요리사를 고용해 체중을 감량하는 등 프로로서의 자세는 훌륭했다. 스티브 커 Steve Kerr 감독이 지휘봉을 잡은 이래 그는 빠르게 팀 핵심으로 자리하며 우승 주역이 됐다. 그는 NBA 올스타도 되고, 국가대표팀에도 뽑혔다.

드래프트 당시, 그린을 선발하기로 결정했던 컨설턴트 제리 웨스트 Jerry West를 비롯해 밥 마이어스 Bob Myers 단장은 그린의 승부욕과 농구 IQ 등을 높이 샀다. 힘과 수비에 있어서도 신장 이상의 재능을 보일 것이라 판단했던 것이다. 당시 웨스트는 〈샌프란시스코 게이트 San Francisco Gate〉와의 인터뷰에서 "파워포워드를 보기에는 신장이 작아 보일지 몰라도, 영리하고 터프하다. 자신만의 방식대로 우리 라인업을 강화시켜 줄 것이다"라고 말한 바 있다.

그렇다면 그를 지나쳤던 구단들은 그린의 스카우트 평가를 잘못 내린 것일까? 그것은 아닐 것이다. 정말로 그린을 과소평가한 구단도 있었을 것이며, 기준을 다르게 책정한 구단도 있었을 것이다.

아담 필리피 코치도 자신의 칼럼에서 "데론 윌리엄스 Deron Williams는 체형 때문에 NBA급 가드가 되지 못할 것이라 생각했다. 카를로스 부저 Carlos Boozer는 운동능력도 좋지 않고 키도 작아 실패할 것이라 봤지만 그렇지 않았다"라고 자신의 실수를 고백했다. 윌리엄스는 NBA에서 올스타까지 된 포인트가드였고, 부저 역시 NBA에서 센터를 보기에 키(206cm)가 작다는 평가였지만 한 팀의 주전선수로 성장했고, 더 나아가 2008년 베이징올림픽 농구대표팀에도 발탁됐다.

단점 개선도 항목 중 하나가 될 수 있을 것이다. 한 NBA 코치는 "오른쪽, 왼쪽 모두 공격이 가능한가에 따라 연봉이 달라지고, 심지어는 뛸 수 있는 리그까지도 달라집니다. D선수는 NBA까지 갔지만, 한쪽으로 밖에 턴turn을 못했습니다. 그래서 유럽에 못 가고, KBL로 가게 된 것이죠"라고 말했다.

다른 스카우트는 "수비할 때 사이드스텝이 되느냐 안 되느냐도 중요합니다. 미친 듯이 연습해서 단점을 고쳐서 프로에 가는 선수가 있는가 하면, 은퇴할 때까지 코치가 붙잡고 연습시켜도 안 되는 선수도 있습니다. 자기 의지일 수도 있고, 원래 타고난 능력이 그 정도일 수도 있겠죠. 후자라면 참 불행한 케이스입니다. 그렇지만 프로는 냉정한 곳입니다"라고도 말했다. (아담 필리피는 칼럼에 '좋음'이란 평가가 '나쁨'이 되기는 쉬워도, '나쁨'이란 평가가 '좋음'으로 바뀌는 과정은 정말 어렵다고 썼다.)

## 장신들에게서는 무엇을 보는가?

2018년 NBA 신인선수 칼럼을 쓰기 위해 자료를 준비하던 나는, NBA에서 계속해서 진화하고 있는 빅맨들의 스카우트 방법에 대해 자문을 구했다.

대화 과정에서 나는 자릴 오카포Jahlil Okafor에 대해 고백했다. 2015년 5월에 '새 얼굴'이라는 칼럼에서 내가 오카포를 소개할 당시, 오카포는 듀크 대학에 5번째 우승컵을 안긴 대형 유망주였다. 미국에서도 보기 드문 정통 빅맨이었다. 그런 포스트업 실력이라면 좋은 옵션이 되지 않을까 싶었다. 그러나 겨우 5년도 지나지 않았음에도 불구하고 오카포는 팬들 기억에서 지워진 선수가 됐다. 포스트업 기술이 옛날 것이 되어서가 아니다. 오카포는 자신의 존재로부터 또 다른 것을 파생시키지 못했고, 단점으로 여긴 수비와 리바운드에서도 큰 발전을 이루지 못했던 것이다.

피어스 코치는 "빅맨 스카우트 방식은 정말 많이 바뀌고 있어요"라며 "자릴 오카포는 15~20년 전에 NBA에 왔다면 많은 사랑을 받았을 겁니다. 그렇지만 지금은 벤치 신세를 벗어나지 못하고 있습니다. 그의 장점이 안 통하기 때문입니다"라고 평가했다.

다시 질문을 던졌다. "NBA 구단들이 7피트(213cm) 장신 선수들을 스카우트할 때 가장 중요하게 보는 것은 무엇인가요?" 이에 대한 답변은 다양했다.

피어스 코치가 언급한 내용을 먼저 살펴보자.

- 빅맨 수비가 가능한가?
- 스위치 상황에서 가드나 윙 플레이어를 막을 줄 아는가?
- 림을 지킬 수 있는가?
- 달릴 줄 아는가?
- 3점슛은 던지는가?(요즘에는 센터들도 3점슛을 잘 던진다)
- 로우포스트에서 고우-투-무브Go-to-Move (주무기 정도로 해석 가능)가 있는가?
- 엘보우에서는 어떤 플레이를 할 줄 아는가?
- DHO(드리블 핸드오프) 상황은 어떤가?
- 스크린 이후 움직임은 어떠한가?
- 패스 실력은 어느 정도인가?

그는 "아마도 팀과 사람에 따라 기준이 더 늘어날 수도 있습니다. 사실 이 기준을 다 충족시키는 선수는 많지 않습니다. 그렇기에 어느 하나라도 최상급인 선수를 찾고 있죠"라고 말했다. A코치도 피어스 코치와 비슷한 답을 내놓았다. A코치는 여기에 "한 개 이상의 포지션에서 뛸 수 있는가"도 덧붙였다.

김재엽 분석가는 내가 부탁한 설문에 답을 하며 주변 스카우트들로부터 이런 이야기도 들었다고 말해줬다. "민첩성이 가장 필요합니다. 픽앤롤 수비 상황에서 스위치됐을 때 가드와 1대1로 붙어도 막을 수 있거나, 가드들의 레이업을 쫓아가서 잘 막을 정도의 민첩한 수비능력이 있으면 더 좋겠죠? 공격할 때는 속공에서 잘 달려서 마무리할 수 있는 민첩성이 필요합니다. 실제로 NBA에서는 덩치가 작더라도 빠르고 길며, 슛을 할 수 있는 센터들을 많이 찾는 추세입니다."

빅맨은 계속 진화하고 있다. 디안드레 에이튼 같은 선수들도 자신이 정통 빅맨 그 이상의 것을 갖고 있다고 먼저 PR하는 시대다. 예전처럼 크고 리바운드를 잘 잡으며 블록슛을 잘 한다고 해서 이상적인 빅맨으로 통하던 시대는 지났기 때문이다.

## 선수의 경쟁심과 의지가 가장 중요하다

포지션을 불문하고 코치들이 가장 중요하게 여기는 부분이 있다. 바로 '경쟁심'이다. 챔피언십까지 간 선수를 높이 산 것은 높은 곳까지 가서 경쟁했다는 '경험'도 있지만, 단기전에서 지지 않겠다는 생각에서 발휘된 승부욕과 자신감, 경쟁심도 이유가 될 수 있다. 군이 이러한 결승 경험을 떠나서라도, '지기 싫다', '내가 더 낫다'라는 경쟁심과 승부욕은 자기 발전 의지로도 연결되기 때문에 큰 도움이 된다.

이런 선수가 팀의 중심이 된다면, 팀 연습 분위기에도 긍정적인 영

스페인 리그 시절의 루카 돈치치. 10대인 그가 과연 NBA에서도 통할지 많은 이들이 궁금해 하고 걱정도 했지만, 그는 보란 듯이 훌륭히 적응하며 댈러스 팬들을 기쁘게 했다. ⓒ ACB(스페인 프로농구리그) 제공

향을 줄 수도 있다. 또한 이런 강한 마음가짐은 승부처에서 '던지는 사람'이 될 것인지, '폭탄을 돌리는 사람'이 될 것인지를 결정짓는 요소가 되기도 한다.

또한 굳이 중심이 되지 않더라도 팀을 위해 헌신했던 블루워커, 조력자들에게도 경쟁심은 중요한 요소가 되곤 한다. 함께 톤tone을 맞춰 줄 수 있는 선수가 많으면 많을수록 그 팀은 더 강해진다. 2018년 드래프트에서 전체 3순위로 댈러스 매버릭스Dallas Mavericks에 선발된 루카 돈치치Luka Doncic 역시 전 소속팀 레알 마드리드Real Madrid에서나, 슬로베니아 국가대표팀에서나 이러한 승부욕과 의지를 충분히 보였다는 평가다. 리바운드를 잡지 못하면 기어이 쳐내서라도 우리 팀에 기회를 더 주고자 하는 그런 노력이 높은 평가를 받은 것이다. A코치는 "그 선수의 농구 실력뿐 아니라 팀에 무엇을 가져다줄 수 있느냐가 중요합니다"라고 말했다.

김재엽 분석가를 통해 들은 LA 레이커스 스카우트 팀 역시 '경쟁심'을 높이 샀다. 그는 "생각보다 선수별로 차이가 많이 납니다. 특히 비슷한 최상위 레벨의 재능을 가진 선수들의 순위가 갈리는 것은 바로 경쟁심 때문입니다. 그 차이로 인해 스카우트들의 선호도가 극명하게 갈리는 경우가 많죠"라고 말했다.

그런데 이런 승부욕은 NBA 2K 게임에서처럼 숫자로 등급을 매기기가 상당히 애매하다. 말 그대로 주관적이기 때문이다. 베지터와 사이어인들이 사용하는 전투력 측정기라도 있으면 모를까.

그래서 밥 피어스 코치는 방법 하나를 알려줬다. "내가 보고자 하는 선수와 또 다른 A급으로 평가되는 선수와의 매치업이 있을 때는 꼭 챙겨봅니다. NCAA에서는 전력이 더 강한 학교와 붙을 때 경기력을 유심히 보죠. 혹은 유럽이나 아시아에서 유망주 선수를 볼 때는 전직 NBA 선수들(우리에게는 '외국인 선수' 혹은 '용병'으로 통하는 선수들)과 매치업될 때를 눈여겨보면 그 선수가 얼마나 피하지 않고 맞서는지 볼 수 있습니다."

〈스포츠 일러스트레이티드Sports Illustrated〉의 제이크 피셔Jake Fisher 기자는 2017년 11월 스카우트에 대한 기사를 썼는데, 스카우트 담당자들이 이런 경쟁심과 같은 숫자로 나타낼 수 없는 부분을 얻기 위해 학교의 매니저부터 어시스턴트 코치까지 만나보는 수고를 아끼지 않는다고 했다.

모든 것이 스카우트 리포트처럼 되지는 않는다. 사람 일은 알 수 없는 법이다. '2라운드의 기적'을 이야기할 때 이제는 멀리 볼 것 없이 예상외 선전으로 신인상을 거머쥔 말콤 브록던Malcolm Brogdon(밀워키 벅스,

196cm)을 이야기하면 될 것이다. 36순위에 지명된 그는 그 해에 가장 빛나는 활약을 펼치며 스포트라이트를 받았다.

지금 당장은 주목을 받지 못할지라도 2~3년 뒤에 '아, 이런 선수도 있었지' 하고 떠오르는 선수도 있을 것이다. 2010년 33순위로 드래프트되고도 4년이 지나서야 비로소 자기 자리를 찾고, NBA 게임에서의 능력치를 끌어올린 하산 화이트사이드Hassan Whiteside(213cm) 같은 사례도 있지 않은가.[3] 객관적 평가를 뒤집을 수 있는 힘의 원천이 바로 '잘되고 싶다'는 경쟁심과 의지가 아닐까 싶다.

## 2장

# 기량 발전을 원한다면
# 여름이 가장 중요하다

## 선수에게 여름이 유독 중요한 이유

시즌season의 반대 개념인 오프시즌offseason은 선수들에게는 휴가이자 방학 같은 기간이다. 선수들은 이 기간에 길게는 7개월 가까이 진행되는 경쟁의 스트레스를 내려놓고 휴식을 갖는다. 시즌중 함께하지 못했던 가족 및 친구들과 여유있는 시간을 보내고, 아팠던 곳을 치료하며 새로운 한 시즌을 기다린다.

그런데 이 기간을 온전히 '노는 기간'이라고 생각하면 큰 오산이다. 선수도 사람이기에 여행도 떠나는 등 농구를 내려놓은 채 일상을 즐기기도 하지만 이는 그리 오래 걸리지 않는다. 얼마 지나지 않아 그들은 다시 체육관으로 향한다. 여름 동안 흘릴 땀의 양이 곧 새 시즌 자신의 출전시간과 역할을 결정할 것이며, 더 나아가 계속 이어질 커리어career를 위해서도 매우 큰 영향을 줄 것이란 사실을 잘 알고 있기 때문이다.

잭 램지Jack Ramsay 박사는 "모든 팀의 시즌 결과는 오프시즌에 무엇을 했느냐에 따라 결정된다"라고 말했다.[1]


## "여름에 당신은 무엇이 달라졌습니까?"

NBA는 매년 9~10월에 트레이닝 캠프training camp를 시작한다. 시즌 시작을 앞두고 감독과 함께 전술 훈련을 갖는 기간이다. NBA는 캠프 시작 전까지는 감독이 선수들을 소집하거나 단체훈련을 지시할 수 없게 해두고 있다. 구단도 마찬가지로 훈련 장소는 제공하되, 훈련을 강제할 수는 없다. '프로 선수'인 만큼 모든 것은 스스로 하라는 취지다. 다른 한편으로는 선수의 휴식권을 보장해 '스포츠 엔터테인먼트 산업'의 가장 중요한 상품이라 할 수 있는 선수의 가치를 유지하고자 하는 목적을 갖고 있다.

자유가 주어지는 대신, 선수들의 책임은 막중하다. 감독들은 선수들이 트레이닝 캠프에 최고의 컨디션으로 참여하길 바란다. 기술을 떠나, 체중이 불어서 온다거나 다쳐서 오는 선수들은 눈 밖에 날 수밖에 없다. 전前 시즌에 입은 부상이 미처 회복되지 않아 고생하는 경우는 어쩔 수 없어도, 개인의 부주의로 살이 쪄서 오는 선수들은 출전시간도 줄어든다.

트레이닝 캠프에 앞서 미디어 데이media day가 열린다. NBA는 선수와의 개별 접촉이 굉장히 힘든 리그다. 인터뷰도 쉽지 않다. 그래서 미디어 데이 같은 행사가 열리면 현장은 기자들로 인산인해를 이룬다. 기자들이 선수들에게 가장 먼저 묻는 질문은 대개 비슷하다.

"여름에 어떤 훈련을 했나요?"

"올 시즌에는 당신의 플레이에서 어떤 면을 지켜봐야 할까요?"

"긍정적인 변화는 있었습니까?"

신인, 고참 할 것 없이 누구에게나 주어지는 이 질문에 어떻게 답하느냐에 따라 그날 헤드라인의 주인공이 달라질 것이고, 기사의 논조도 바뀔 것이다.

골든스테이트 워리어스Golden State Warriors의 고참 선수 안드레 이궈달라Andre Iguodala는 미디어 데이만 15번을 겪었다. NBA에 입성한 지 15년이 됐다는 의미다. 2018-19시즌 미디어 데이에서 그는 "점점 나이가 들다보니 이제는 최상의 컨디션을 유지하는 것에 신경을 쓰고 있습니다. 꾸준히 몸 상태를 지켜가는 것이 제 목적이었습니다"라고 답했다.

오클라호마 시티 썬더Oklahoma City Thunder의 테렌스 퍼거슨Terrance Ferguson은 미디어 데이가 2번째였다. 그는 "제 몸을 키우는 데 주력했습니다. 여름 동안 근력을 키우는 데 집중했습니다. 또 경기 운영을 더 잘하고 싶었어요. 제 득점뿐 아니라 동료들의 플레이를 위해서도 연구를 많이 했습니다. 계속 공부하고, 계속 훈련했습니다. 어색한 것들이 편안해질 때까지 연습했지요"라고 말했다.

골든스테이트의 스테픈 커리Stephen Curry 같은 대스타도 예외 없이 이 질문을 듣게 된다. 커리는 "매년 상황이 달라요. 매년 극복해야 할 것들이 달라지죠. 우승을 한 다음이기 때문에 좀 쉴 필요가 있었습니다. 에너지도 바닥이 나 있었지요. 좀 쉬고 난 뒤에는 몸을 끌어올릴 준비를 했습니다. 시즌 때 정점으로 올리기 위해 체력 강화에 최선을 다했고, 그 사이 변화한 팀 상황에 적응하기 위한 훈련도 열심히 했습니다"

스테픈 커리 같은 슈퍼스타들은 물론이고, 모든 선수들이 여름 동안 체육관에서 엄청난 양의 땀을 쏟는다. 비시즌에 신무기를 장착해야만 더 많은 출전시간을 얻고, 팀에 기여할 수 있기 때문이다.
ⓒ under amour

라고 말했다.

　최근에는 NBA 선수들마다 개인 트레이너를 고용해 부족한 부분을 채워 넣는 것이 유행처럼 되고 있다. 아니, 당연하게 여겨진다고 하는 것이 맞는 표현 같다.

　워싱턴 위저즈Washington Wizards의 스캇 브룩스Scott Brooks 감독은 "예전에는 여름 동안 웨이트 트레이닝에 집중했다는 선수들을 보면 절반이 그냥 무게만 늘려서 온 선수들이었다. 체지방은 그대로이거나 오히려 늘어서 온 경우가 많았다. 제대로 훈련하지 않은 것이다"라고 돌아봤다. 그러나 지금은 달라졌다. 브룩스 감독은 "이제 NBA는 선수 하나하나가 대형 비즈니스다. 선수들이 집중해서 자기 자신을 만들어가는 것이 보인다"라고 말했다.

르브론 제임스Lebron James는 자기 관리에 관한한 최고의 CEO다. 30대 중반에 이른 몸 상태를 최상으로 유지하기 위해 피지컬 트레이너는 물론이고 요가와 필라테스, 클라이밍 등 매년 다양한 종목의 전문가들의 조언을 받아 몸을 만들었다. 3점슛 같은 기술 훈련도 잊지 않는다. 젊은 시절처럼 계속 돌진만 할 수는 없는 노릇이기에 최대한 몸에 무리가 안 가는 플레이를 잘해내야 했다. 포스트업, 스텝 백 점프슛, 3점슛 등 제임스의 플레이 리스트에는 '그가 잘하는 것'이 하나하나 늘어갔다. 최근 몇 년간 그는 여름마다 크리스 폴Chris Paul, 벤 시몬스Ben Simmons 같은 친구들을 모아서 합동 훈련을 갖기도 했다. '최고'끼리 함께하면서 서로 얻는 영감이나 동기부여도 무시할 수 없기 때문이었다.

2014년 9월, 나는 미국 오리건주에 위치한 포틀랜드 트레일 블레이저스Portland Trail Blazers의 클럽 하우스Club House를 취재할 수 있었는데, 개막까지 시간이 꽤 남았음에도 불구하고 선수들의 라커룸이 어지럽혀져 있는 광경을 볼 수 있었다. 쉬는 기간에도 계속 체육관을 찾았다는 의미다. 클럽 하우스에 들어가다가 대미언 릴라드Damian Lillard와 마주쳤는데, 그는 아예 체육관 근처에 거주지를 얻어 재활은 물론이고 개인 기술 훈련에도 매진하고 있었다.

## 여름에 환골탈태한 맥시 클리버 이야기

이처럼 선수들이 여름에 땀을 흘리는 이유는? 단 한 가지다. 자신의 가치를 끌어올리기 위해서다. 선수들은 갈수록 몸값이 높아지고 있다. 농구를 잘하면 자연스럽게 출전시간이 늘어나고, 기록이 좋아진다. 이

더 나은 선수가 되겠다는 열정 없이는 결코 성공할 수 없다. ⓒ nike

것이 팀 승리와 연관될 경우 연봉 증가폭은 갈수록 높아진다. 스타가 되면 광고 및 후원 계약도 증가한다. 브룩스 감독이 '비즈니스'를 언급한 것도 바로 이 때문이다.

1년만 잘 한다고 되는 것이 아니다. 꾸준히 잘해야 한다. 그러나 최근의 IT 시대에는 비디오 및 기록 분석이 대단히 디테일하게 진행된다. 한마디로 선수들은 매년마다 분석을 초월하는 선수가 되어야 한다. 그러기 위해서는 기술 습득에 힘을 쏟아야 하는데, 그게 가능한 시간이 여름 밖에 없다는 것이다. (시즌 일정에 돌입하면 팀 훈련을 할 여유도 줄기 때문에 선수들 대부분은 컨디션 유지에만 초점을 둔다.)

일례로 마크 가솔Marc Gasol, 브룩 로페즈Brook Lopez 같은 센터들은 몇 년 전만 해도 3점슛은 시도조차 하지 않는 선수들이었다. 로페즈만 놓고 보면, 데뷔 후 첫 8시즌 동안 3점슛 31개를 던져 3개만 넣었다. 그러나 로페즈는 이제 틈만 나면 3점슛을 던진다. 2018-19시즌에는 무려 6.4개를 던져서 2.3개를 넣었다. 이 시즌에 KBL의 3점슛 성공 부문 1위 선수가 마커스 포스터Marcus Foster로 2.9개였으니, 센터치고는 굉장히 시도가 많은 편이라 할 수 있다. 중요한 건 몇 개를 던져 몇 개를 넣었느냐가 아니다. 전통적인 역할의 센터만 맡아오던 선수가 갑자기 전문 슈터만큼 잘 넣을 수 있는 비결은 무엇이었을까? 그것은 바로 미친 듯한 연습뿐이었다. "출전시간을 얻기 위해서는 슛 연습 밖에 방법이 없었습니다"라고 말한 로페즈는 여름은 물론이고 시즌 중에도 팀 훈련을 전후로 3점 슈터들로부터 자문을 구해가며 경기를 '입체화'시켰다. 시대의 흐름에 맞게 자신을 진화시킨 것이다.

이런 '여름의 사연'들은 맥시 클리버Maxi Kleber라는 2년차 포워드를 통해 더 구체적으로 들을 수 있었다. NBA는 2018년 11월, 독일 뷔르츠부르크 출신의 2년차 포워드인 맥시 클리버와의 전화 인터뷰를 주선한 적이 있다. 이따금씩 유럽이나 중남미, 아시아 등에서 진출한 선수들을 통해 NBA를 홍보하기 위해서 전 세계 언론이 참가할 수 있는 전화 인터뷰 행사를 갖는 것이다.

1992년생에 211cm의 신장인 포워드인 클리버는 2018-19시즌을 기준으로 2번째 시즌을 마친 '3&D' 자원이었다. NBA 드래프트에서는 지명을 받지 못했지만 2017년 7월 댈러스 매버릭스Dallas Mavericks와 계약을 맺어 NBA 선수의 꿈을 이룬 그와의 인터뷰는, '내일을 예측할 수 없는' 처지의 해외파 롤 플레이어가 어떤 식으로 NBA에 적응해가고 있는지 이야기를 들을 수 있는 좋은 기회였다.

클리버도 이 인터뷰에서 여름 이야기를 생생히 전했다. "NBA라는 곳은 플레잉타임이 보장되어있지 않은 리그입니다. 저 역시 더 뛰기 위해서는 더 열심히, 더 잘해야 한다는 것을 알고 있죠. 제 자리를 얻기 위해서는 연습을 통해 기량을 발전시켜야 하며, 그 모습을 보여야 합니다. 2018년 여름도 진짜 열심히 연습을 많이 했습니다. 저는 수비에서는 안정적인 편이라 생각해요. 제가 경기를 뛰는 이유도 수비 덕분이죠. 이제는 공격을 키워야 한다고 생각했습니다. 출전시간을 확보하기 위해 공격 기술을 연마했죠."

실제로 클리버는 블록슛 타이밍이 기가 막힌 선수다. 상대가 누구든 과감히 뛰어올라 정확히 저지한다. 다만 공격은 단순했다. 데뷔 시즌이었던 2017-18시즌에는 NBA 적응에만 집중하느라 슛 연습은 생각도 못했다. 그러나 루키 시즌을 치른 뒤 그는 자신에게 3점슛이 얼마나 중요한 무기인지 깨달았다고 한다. 체육관에서 3점슛 연습에 매달리게 된 계기다.

클리버는 "유럽에서는 기술 하나를 위해 이렇게 매달리면서 훈련한 적이 없었어요. 그런 의미에서 2018년은 내게는 아주 특별한 여름이었죠"라며, "NBA에서는 시즌중에 슛 연습을 하기가 쉽지 않습니다. 원정 경기 때문에 팀 훈련도 그리 많지 않죠. 그래서 틈날 때마다 가급적 많은 슛을 던지려고 합니다"라고 NBA에서의 개인훈련 분위기를 전했다.

대신 그도 앞서 소개한 베테랑들처럼 여름을 온전히 농구에만 투자했다. 2018-19시즌을 앞두고 슛 폼도 바꾸었다. 슈팅시 손 모양에 변화를 주었다고 하는데 제법 효과가 있는 모양이다. 2017-18시즌에 31.3%였던 3점슛 성공률이 소폭 상승해 35.0%까지 올라왔다. 자유투 성공률도 올랐고, 덕분에 평균 득점도 5.4점에서 6.9점이 됐다. 앞날을 보장받을 만한 숫자는 여전히 아니지만, 적어도 그가 성장하고 있다는 것을 보여주기에는 충분했다.

이런 여름의 발전 과정이 중요한 것은 비단 NBA선수들만이 아니다. 전前 호주 국가대표팀 감독 브라이언 고지안Brian Goorjian을 만났을 때였다. 고지안 감독은 당시 코치들에게 "농구 흐름이 바뀌고 있기에 선수들의 슈팅도 달라져야 한다"고 말하고 있었다. NBA나 유럽에서처럼 아시아 선수들도 빠른 스피드로 공격을 전개하고, 찬스가 날 때는 언제든 3점슛을 던질 수 있도록 해야 한다는 것이다. 그리고 그 기회는 바로 시즌 경기가 없는 여름뿐이라는 것도 강조했다.

나는 그에게 "10년 넘게 농구를 하면서 특정 플레이가 습관이 된 선수들도 기술적인 발전이 가능할까요?"라고 물었는데, 고지안 감독은 이렇게 답했다. "스텝 같은 기본기부터 개인기술 등은 결국 여름에 키워야 합니다. 당연한 이야기이지만 이런 기술들은 수천 번 반복하지 않으면 얻어질 수가 없습니다. 기존 습관을 버리고 이것이 새로운 습관이 될 때까지 미친 듯이 해야 합니다. 프로에서는 개인이 더 노력해야 합니다. 제임스 하든James Harden의 그 유로스텝euro step이 과연 공짜로 얻어진 것일까요?"

스킬 트레이너 타일러 랄프Tyler Ralph도 내게 같은 말을 했다.[2] "커리는 운동능력은 훌륭하지 않지만 기술적인 관점에서는 전혀 약점이 없는 선수입니다. 하지만 이 정도 경지에 오르기까지 얼마나 노력을 많이 했을까요? 매일 훈련을 해야 합니다. 세상에 하루아침에 이루어지는 것은 없습니다. 그 과정이 정말 중요해요. 이것을 익히는 것이 1주일 정도라면, 자기 것으로 만드는 과정은 1개월 이상이 걸릴 것입니다. 계속 열심히 반복했으면 좋겠습니다. 트레이너들이 아무리 잘 가르쳐

줘도 본인이 반복하지 않으면 시간낭비일 뿐입니다."

내가 이어 물었다. "그렇다면 옆에서 함께 훈련해왔던, 그리고 지켜봐왔던 '성공한 선수들'이 훈련에서 보인 공통점은 무엇이 있을까요?"

"열정이죠. 그들은 대단한 열정을 갖고 있었습니다. 늘 더 나아지고자 하죠. 코치와 트레이너가 하는 말을 잘 듣고, 빨리 배워요. 모든 면에서 열심히 하죠. 또 그들이 지금 하고 있는 일을 사랑하고요. 그러니 빨리 발전하죠." 랄프 트레이너의 대답이다.


## 한국농구의 달라지는 트렌드

KBL도 달라지고 있다. 단체 훈련 금지기간이 생겼다.[3] 프로선수답게 스스로 시간을 관리하면서 쉴 만큼 쉬고, 몸을 만들고, 개인 발전에 시간과 돈을 투자하라는 의미다. 감독과 코치 입장에서는 못마땅할 수도 있지만 '진정한 프로'가 되기 위해서는 꼭 필요한 과정이었다. 단체 합숙도 폐지됐다. 선수들은 쉬는 기간을 이용해 스킬 트레이닝을 받기 시작했다. 그간 팀 농구 위주로 운영되던 한국농구가 조금씩 바뀌고 있는 것이다. 각 구단도 이를 장려하고 있다. 결국 1대1로 수비를 제압할 수 있어야 프로답게 시원한 플레이가 만들어질 수 있고, 팬들도 좋아하게 될테니 말이다.

SK는 선수들을 미국 로스엔젤레스에 보내 기술 훈련을 받도록 해왔다. 최근에는 KCC도 그 대열에 가세해 2018년 여름 김국찬과 유현준, 송교창과 김민구 등 젊은 선수들이 미국에서 훈련을 받았다.

아마추어에서는 연세대학교와 고려대학교가 앞다투어 이런 트렌드

한국프로농구팀도 여름마다 선수 개인 혹은 구단 차원에서 스킬 트레이닝을 통해 소프트웨어 업
그레이드를 이루고 있다. ⓒ 점프볼

를 이끌고 있다. "1대1을 할 줄 알아야 다음 플레이를 이어갈 수 있습
니다." 연세대 은희석 감독의 말이다. 그는 이를 위해 미국 전지훈련에
가서도 1대1에 필요한 기술 훈련에 집중했다. 다만 그는 "때와 상황을
가려서 쓸 수 있어야 합니다. 팀 흐름에 어긋나지 않는 이상 적극적으
로 하라고 말을 하고 있습니다. 그래야 프로에서도 통하는 선수가 될
수 있으니까요"라고 말했다.

'체력 훈련'을 대하는 감독들의 태도도 달라졌다. 이제는 무턱대고
산을 달린다기보다는 몸 상태에 맞게 체력을 키우는 데 집중하고 있
다. 지루한 전술 훈련만 반복하기보다는 대학 및 프로팀과의 연습경
기, 혹은 프로팀들이 참가하는 국제대회에 참가해 팀워크를 다지는 팀
들이 더 많아졌다. KBL도 조금씩 프로에 맞는 시스템을 갖춰가고 있는

것이다.

NBA와 KBL의 규모나 실력 차이는 어마어마하기에 차마 비교할 수는 없다. 그렇지만 세계 최고라 불리는 슈퍼스타들조차도 더 나아지겠다는 일념으로 하루하루를 보내고 있다. 가까운 예로 문경은 감독은 "골든스테이트 클레이 탐슨Klay Thompson이 3점슛을 연습하는 걸 봤는데 다 들어가더군요. 저런 선수가 굳이 저렇게까지 연습을 할 필요가 있나 싶었을 정도였습니다"라고 말했다.

그러나 탐슨 역시 '기계'에 가까운 정확성과 폭발력 유지를 위해 그 누구보다 열심히 노력을 해온 선수였다. 아직 한국은 비시즌의 자발적 훈련 시스템이 자리 잡기 시작한 지 얼마 되지 않았기에 '효과를 봤다'고 말하긴 힘들다. 앞서 말했듯, 이러한 발전은 하루아침에 이뤄지는 것이 아니니 말이다.

하지만 감히 말하건대, 5년 뒤 같은 주제로 글을 쓸 때는 환경이 달라져 있을 것이다. 2013년과 2014년, 스킬 트레이닝을 처음 접한 여학생들이 지금은 여자프로농구 무대를 휘젓는 신예들로 성장해가고 있는 것을 보면서 확신했다. 배운 것을 복습하고 반복해 자신의 것으로 만들고, 이런 문화가 확산되어간다면 머지않아 우리도 지금보다 더 시원하고 재미있는 농구경기를 볼 수 있을 것이며, 선수들도 팬들로부터 더 많은 사랑을 받게 될 것이다.

## 3장

# 마침내 전지훈련!
# 팀은 어떤 준비를 할까?

## 전지훈련에서는 농구만 할까?

매년 추석 전후로는 프로농구팀 선수들을 한국에서 만나기가 쉽지 않다. 미국, 중국, 일본 등 다양한 곳으로 선수들이 전지훈련을 떠나기에 매월 발행하는 잡지 진행이 유독 힘든 시기이기도 하다.[1] 만나는 것도 그렇고, 국제전화요금과 시차 때문에 전화통화조차 조심스럽기 때문이다.

매년 구단들은 2번 전지훈련을 떠난다. 무더위가 찾아오기 전의 전지훈련이 국내선수들의 컨디셔닝과 새 출발을 위한 의지 다지기 성격이 강하다면, 찬바람이 불기 전의 전지훈련은 호흡 맞추기의 성격이 강하다.

전지훈련에서 외국인 선수끼리도 익숙해져야 하고, 외국인 선수와 국내선수 간의 관계 형성도 중요하다. 국내선수들끼리도 미처 몰랐던 선후배의 성격을 알아가는 데 있어 타지에서 보내는 7~10일의 기간이 의외의 영향을 줄 때도 있다.

## 전지훈련을 가는 진짜 이유

안양 KGC인삼공사에서 주장을 맡고 있는 양희종의 첫 전지훈련지는 필리핀이었다. 2007년에 프로에 데뷔한 그는 첫 전지훈련을 이렇게 기억한다. "재미있었던 것 같아요. 외국인 선수도 있고, 환경도 새롭다 보니 신선했죠. 반대로 막내여서 힘든 부분도 있었죠. 원래 막내들이 전지훈련에 오면 항상 힘들거든요. 선배들을 돕고, 스태프들 챙기는 것을 돕는 게 쉽지는 않을 겁니다. 그래도 그 과정을 거치면서 다들 성숙해지는 것 같아요."

전지훈련을 올 때면 선수들을 데리고 근처 맛집에 가거나 백화점을 찾는다. 모처럼 맥주도 마실 때도 있고, 차 한 잔씩을 앞에 두며 담소를 나누기도 한다. 감독도 못 본 채 넘어간다. 어떤 의도로 그런 자리가 마련되는지 잘 알고 있기 때문이다.

'어울림', 이것이야말로 전지훈련의 묘미이자 목표이기도 하다. 고참들은 이 기간이 대단히 중요하다고 말한다. 주장 양희종은 "선수단 구성이 바뀌잖아요. 새로 합류한 후배들은 어떤 생각을 갖고 있는지, 어떤 성격인지 알 수 있는 자리라고 생각해요"라고 이야기한다. 물론 한국에서도 이런 과정은 언제든 가능하다. 시즌중에도 그는 안 풀리는 날이나 뭔가 기념해야 할 때면 선수들을 챙겼다. 그렇지만 다른 나라에서 온전히 그들끼리 보내는 10일은 또 다른 느낌이다.

조직력은 코트에서만 만들어지는 게 아니다. 일본 전지훈련을 통해 경기도 하고, 쉬는 시간에 선수들끼리 어울리며 서로를 알아가는 시간도 갖는다. 사진 속 안양 KGC인삼공사도 2018년 가을, 일본 나고야에서 이 과정을 거쳤다. ⓒ 손대범

현대모비스 함지훈 역시 "비행기를 타면 여행을 가는 기분도 들잖아요. 외국에 와서 회식도 하고, 하루 휴식 때는 마음 맞는 사람들끼리 쇼핑도 하며 친해질 수 있어요. 가까워지는 기분이랄까요"라며 양희종의 말을 거들었다.

이는 해외팀도 다를 바 없다. NBA 샌안토니오 스퍼스San Antonio Spurs는 연고지 행사 때문에 길게는 10경기까지 원정에서 치르는 로데오 트립Rodeo Trip을 떠나곤 한다.[2] 그렉 포포비치Gregg Popovich 감독과 선수들은 몸은 고단해도 이 기간에 안 풀리는 것을 되짚어보고 서로 우정을 쌓을 수 있어 정말 좋다고 입을 모은다. 포포비치 감독은 때때로 그 도시의 맛집을 검색해 예약하곤 한다. 그는 선수들과 농구 외적인 주제로 담소를 나누길 좋아한다. 샌안토니오 외에도 많은 팀들은 트레이닝

캠프 기간이나 장기 원정 연전이 있을 때면 이처럼 팀 케미스트리Team Chemistry를 맞추는 데 집중한다.

감독은 어떨까? 사실 해외 전지훈련에서 갖는 연습경기에서 승리를 기대하는 팀은 그리 많지 않다. 애초 이길 생각으로 가는 것도 아니거니와, 괜히 승부욕을 불태웠다가 부상을 입을 수도 있기 때문에 감독들도 조심하는 부분이다. 감독 입장에서는 우리 팀에 맞는 '조합'을 찾고, 선수들에게 고르게 기회를 주는 것이 전지훈련의 주된 목적이다. 그래서 가끔 보면 경기력이 매 쿼터 롤러코스터를 타는 것 같다.

DB는 일본 전지훈련에서 해답을 찾은 적이 있다. 2017년 일본 전지훈련에서 디온테 버튼Deonte Burton에 대한 활용법을 찾아냈던 것이다. 애초 그를 선발한 이상범 감독은 버튼을 언더사이즈 인사이더undersized insider 정도로 기용할 계획이었다. 그러나 버튼은 감독과의 면담을 자청해 외곽에서 자기 스타일로 플레이하길 바랐고, 그것이 먹혀들면서 DB도 2017-18시즌에 정규경기 1위에 등극할 수 있었다. 이 감독은 "만일 이때 버튼의 역할을 찾지 못했다면, 버튼도 시즌 중반에 나갔을 것 같습니다"라고 돌아봤다. 버튼은 KBL을 거쳐 NBA에 도전해 2019년 3월, 마침내 꿈에 그리던 NBA 팀과의 정식 계약을 체결하는 데 성공했다.

한편 DB는 이 시즌에 챔피언결정전에도 진출했는데, 아쉽게 우승은 SK에게 내줘야 했다. 2017년 가을, SK의 미국 캘리포니아 전지훈련에 한 차례 방문한 적이 있다. 당시 문경은 감독은 "외국인 선수들이 동료들과 잘 어울리는 것이 중요하다고 생각했는데, 기대 이상으로 선수들이 잘 지내주고 있습니다. 선수들조차 '와!' 하고 놀랄 정도로 외국인 선수들의 자세가 달랐습니다"라며 만족해했다. 비록 2017-18시즌을 치르면서 김선형이 큰 부상을 입는 등 고비도 있었지만 SK는 위기 극복에 성공해 챔피언 등극의 꿈을 이룰 수 있었다. 그 시작이 바로 캘리포니아에서의 '화합'이었다.


## 비시즌 국제대회에 출전하는 이유

시즌 전에는 다양한 나라에서 각국 프로팀들이 출전하는 국제대회가 개최된다. 2017년과 2018년에는 필리핀, 말레이시아, 중국, 일본, 마카오 등에서 열렸다. 나는 그 중 마카오에서 열린 서머 슈퍼 8Summer Super 8(2018년 7월)과 터리픽 12Terrific 12(2018년 9월) 취재를 다녀왔다. 당시 이 대회에는 한국(KBL)뿐 아니라 중국(CBA)과 대만(SBL), 일본(B리그), 필리핀(PBA) 등의 프로팀들이 출전했는데, 대다수가 시즌 전의 대회 출전에 대해 높은 만족감을 보였다.

중국의 신장新疆 플라잉 타이거즈 감독, 브라이언 고지안Brian Goorjian 감독은 "관계를 형성해가는 과정이 꼭 필요했습니다"라고 말했다. 특히 외국인인 그의 입장에서 선수들의 성격 파악은 무척이나 중요한 부분이었다. 그는 "농구팀이지만, 농구로만 맞춰볼 수 없습니다. 여름 내내 우리는 이 부분을 굉장히 중요하게 생각해왔어요. 외국인 선수들이 합류하고, 몇몇 새 식구가 들어왔습니다. 이들과도 새롭게 관계를 만들어야 합니다. 아무 것도 모르는 상태에서 농구만 시킬 수는 없습니다"라고 말했다.

중국 광저우廣州 롱라이언스의 후안 오렌가Juan Orenga 감독도 같은 생각이었다. 오렌가 감독은 한국에 코칭 클리닉을 왔을 때 인터뷰를 가

비시즌 국제대회는 마지막 담금질을 통해 팀의 완성도를 확인하는 좋은 기회다. 2018~19시즌 KBL 정규리그 1위팀 현대모비스는 2018년 마카오에서 열린 터리픽 12 대회에 출전해 아시아 명문 팀들과 겨루었다. ⓒ 점프볼

졌던 인물이었기에 다시 만났을 때 기분이 새로웠다. 그는 내게 "이곳에 온 이유는 내일 더 나은 팀이 되기 위해서였습니다. 좋은 팀들과 경기를 했습니다. 이길 때도 있고, 질 때도 있는 법이지요. 시즌을 앞두고 참가한 대회였기에 배우는 과정이라 생각합니다"라고 말했다.

한편 NBA도 시즌을 앞두고 '바다'를 건넌다. 국제대회라기보다는, 중국과 유럽 등지에서 프로모션 형식으로 열리는 시범경기에 출전하는 팀들이 있다. 시즌 개막을 눈앞에 두고 10시간 넘게 비행기로 이동하는 것이 결코 쉬운 일은 아닐 터. 하지만 LA 클리퍼스LA Clippers의 닥 리버스Doc Rivers 감독은 "전술이나 전략을 떠나 먼 곳에서 선수들이 함께 생활하며 서로를 익히는 것 자체가 대단한 성과입니다. 며칠간 같은 숙소에서 같이 이동하고, 같이 밥을 먹는 과정을 통해 화합을 이루

는 것이 출퇴근하면서 시즌을 준비하는 것보다는 더 낫다고 생각합니다"라고 말했다.

실제로 미국 국가대표팀도 정식 소집 후 마이크 슈셉스키Mike Krzyzewski 감독이 꼭 시행했던 부분이 바로 '함께 식사하기'였다. 모두 모여 식사를 하면서 대화를 나누고, 관심사도 알아가면서 코트 밖에서의 호흡을 맞춰가는 것이었다. 이는 감독들이 만들고자 했던 '원 팀one team'의 토대를 닦는 역할을 해왔다.

## 4장

# 하나가 되기 위한
# 팀워크의 시작은 토킹

## 서로 대화가 필요하다

"경기가 중단되면 너희들끼리 이야기를 나눠봐. 뭐가 잘됐고, 뭐가 안 됐는지. 서로 무엇을 해야 할지 이럴 때 이야기를 나눠. 벤치에서 하나부터 열까지 잡아줄 수는 없잖아." 여자농구 용인 삼성생명 임근배 감독이 선수단에게 큰 소리로 전달한다. 중국 여자프로팀 하남성河南省과의 연습경기중 심판 휘슬로 잠시 경기가 중단되자 전한 말이다.

인간관계에 있어 대화는 대단히 중요하다. 말하지 않는데 상대방 속마음을 어찌 알겠는가. 아무리 오랫동안 알아온 사이라도 대화가 없다면 멀어질 수밖에 없다. 단 한 번의 실수가 승패를 좌우하는 농구경기도 마찬가지다. 순간순간 일어나는 다양한 변수에 대처하고, 완벽한 경기를 위해서는 서로 대화가 필요하다. 농구에서는 이를 '토킹talking'이라 말한다.

삼성생명 임근배 감독은 선수들이 끊임없이 토킹을 하며 정답을 찾길 바라고 있었다. ⓒ 한국여자
농구연맹

## "화이팅!"이 전부가 아니다

감독과 코칭스태프는 매 경기마다 완벽한 운영을 위해 만전을 기한
다. 상대 경기를 분석하고, 우리 팀에 맞는 전술을 고안해 선수들에게
주입한다. 하지만 결국 경기는 선수가 하는 것이다. 감독이 모든 상황
에 대해서 전술을 다 알려줄 수는 없다. 수비에서도 모든 움직임을 다
통제할 수 없다.

선수들이 알아서 톱니바퀴 돌 듯 제 위치, 제 타이밍에 움직여주면
좋겠지만 그것은 NBA 비디오게임에서나 가능한 일이다. 5명 모두가
동일한 이해도를 갖고 있는 것이 아니므로 경기를 하다보면 실수가 나
오기 일쑤다. 이럴 때 중요한 것이 바로 토킹이다.

"왼쪽, 왼쪽! 베이스라인, 베이스라인!"

"스위치!"

"좋아! 여기는 내가 맡을게!"

"박스아웃! 박스아웃!"


사이드라인 혹은 엔드라인 근처에서 경기를 보다보면 들려오는 외침이다. 동료들 간의 이러한 외침은 아무 것도 아닐 것처럼 들릴지 몰라도 실제로 수비 완성도를 높이는 데 큰 도움이 된다.

여기서 끝이 아니다. 성적이 잘 나오는 팀들은 수시로 모인다. 볼 데드가 일어나면 5명, 혹은 2~3명이 둥글게 모여 이야기를 나눈다. 주로 고참 혹은 포인트가드나 센터가 이를 주도한다. 안 되는 점, 주의해야 할 점들을 이야기한다.

"우리(감독)가 매번 지적하기 힘듭니다. 게다가 벤치에 주어지는 타임아웃도 한계가 있잖아요.[1] 그래서 데드볼이 되면 '왜'라는 주제를 놓고 논의하라고 합니다. 왜, 무엇을 놓쳤는지부터 시작해 '리바운드 잘 잡자'라는 사소한 한 마디까지 말이죠. 스스로 이야기를 나눌 수 있어야 좋은 팀이 될 수 있습니다." 임근배 감독의 말이다.

아산 우리은행 전주원 코치는 현역시절 '최고의 수다쟁이'였다. '잔소리'가 아니었다. 끊임없이 선수들에게 길을 알려주고, 상대 움직임을 설명했다. 선수들이 쳐질 때는 분위기를 끌어 올리는 데 앞장섰다. "스위치 상황에서 공격자를 놓치는 경우는 십중팔구 서로 대화가 안된 상태라 할 수 있어요. 감독이나 코치가 이를 준비시키지 않았을 리가 없거든요. 서로 대화를 안 나누다보니 멍하니 놓치는 거죠." 전 코치의 말이다. 그녀는 "수비의 반은 토킹이다"라고 강조했다.

남자농구 국가대표 이승현(고양 오리온)도 이에 동의한다. 그는 이제 겨우 프로 4번째 시즌을 보내고 있는 선수이지만 수비에서 가장 적극적으로 움직이고 토킹하는 선수다. "단순히 '잘하자', '화이팅'을 외치는 게 아니라 서로 약속한 대로 움직이는 거죠. 모든 스포츠에서 이런 대화는 꼭 필요하다고 생각해요."

상명대 이상윤 감독은 자신이 가르친 선수 중 최고의 '토커'로 신정자(前 신한은행, 은퇴)를 꼽았다. "수비 길을 잘 이해하고 있었어요. 그래서인지 공격에서든 수비에서든 후배들을 이끌어주는 면이 있었어요. 코트에 있는 사람들만 아는 신정자의 감춰진 장점 중 하나였죠."

## 토킹의 놀라운 효과

"토킹은 일이 터지기 전에 해야 해요. 걸리는 순간 토킹이 안 되면 그대로 실점이니까요. 상대가 어떤 패턴을 들고 나오든 중요하지 않아요. 스크린 대처법은 늘 연습하는 대목이니까요. 모든 팀이 그럴 겁니다. 볼이 있을 때와 없을 때를 나눠서 대비 훈련을 하죠. 기본적으로 스크린을 사용하는 패턴은 다 똑같기 때문에 상대 특성에 맞춰서 준비한 대로만 하면 돼요. 토킹을 통해 서로 약속만 잘 된다면 상대를 막을 수 있습니다." 현대모비스 유재학 감독의 말이다.

유재학 감독은 팀내 최고의 '토커'로 양동근을 꼽는다. 양동근 본인도 전투적으로 수비에 임하지만 경기중에도 끊임없이 동료들에게 길을 알려준다. 덕분에 현대모비스 수비는 '생기'가 돈다. 유재학 감독도 양동근에게 의지하는 면이 있다. "내가 선수들에게 일일이 다 알려줄 수는 없기 때문"이라며 말이다.

국가대표팀에서 양동근과 함께 뛴 이승현도 "(양)동근이 형은 이해도 빠르시지만, 경기중에도 잘 알려주세요. 동근이 형이 가라는 대로만 가면 막아지더라고요"라고 말했다.

전주원 코치는 토킹의 효과를 전술적·정신적인 측면에서 설명한다. "전술적으로는 좀더 짜임새 있는 수비를 할 수 있겠죠. 그런데 정신적인 면에서도 큰 도움이 돼요. 전원이 토킹에 맞춰 일사불란하게 움직이는 팀은 생기가 있어 보여요. 활발해보이죠. 그래서 그 수비가 성공되면 흥이 생기죠. 그래서 제가 어릴 때는 선배들이 토킹하는 연습도시켰어요. 아무래도 어린 선수들은 소극적일 수밖에 없거든요."

토킹은 주로 포인트가드나 빅맨이 맡는다. 그 중에서도 가장 뒷선을 책임지는 센터들이 토킹을 잘해줄 경우 큰 도움이 된다. 가장 뒤에 서서 앞에서 일어나는 일을 한 눈에 파악할 수 있기 때문이다. KCC 하승진이 감독뿐 아니라 동료들로부터 사랑을 받는 이유다. 현대모비스는 전원이 적극적이다. 현대모비스와 연습경기를 치러본 대학 감독들이 현대모비스 선수들의 가장 인상적이었던 장면으로 꼽는 것 중 하나가 바로 토킹이다. 현대모비스 선수들이 서로서로 이야기를 해주는 부분이보기 좋았다는 것이다.

"팀워크가 좋아지죠. 서로 파울이 몇 개인지, 상대 매치업 상대 파울이 몇 개인지 등을 이야기하면서 신경써주고, 경계하게 돼요. 제가 뛰던 시절에는 박수교, 유도훈(전자랜드 감독) 같은 선수들이 잘해줬어요. 따로 지시가 없어도 잘해냈죠." 임근배 감독의 설명이다.

사실 토킹에는 나이가 없다. 2019년 대학농구리그를 준비하던 연세대학교 은희석 감독은 에이스 이정현의 새로운 면을 발견하고 흐뭇한 미소를 지었다. KCC의 국가대표 스타 이정현과 동명이인인 이정현은 연세대학교 2학년에 재학중인 학생선수다. 아직 한참 배워야 할 나이 이지만, 워낙 경기력이 좋다보니 1학년 시절부터 이미 대학에서 적수가 없다는 평가를 받아왔다. 덕분에 성인 국가대표팀에도 막내로 승차하는 소중한 경험도 해봤다. 출전시간은 거의 없었지만, 대표팀에 다녀온 뒤 달라진 모습을 보이기 시작했다. 적극적으로 토킹을 하면서 선배들을 돕기 시작한 것이다.

정현이가 "나름대로 책임감을 갖게 된 것 같았습니다. 경기중에 뭔가를 말한다는 것은 내가 잘나서, 내가 다른 선수보다 많이 알아서 하는 것이 아닙니다. '하자!', '집중하자!'라고 동료들에게 계속해서 말을 해준다는 것은 그만큼 책임감이 있다는 의미입니다. 정현이는 이제 2학년인데 대표팀을 다녀오면서 많은 것을 얻어온 것 같습니다. 고학년이 되면 구심점이 되어줄 것이라 생각해요. 선수들끼리 그런 토킹을 잘하는 팀은 일시적으로 성적이 안 좋아도 다시 올라갈 계기를 찾아내더군요." 은희석 감독의 말이다.

## 토킹을 잘하는 비결

토킹을 잘하려면 어떻게 해야 할까? 유재학 감독은 "일단은 적극적이어야 한다"고 말한다. "작게 중얼거리면 안 돼요. 미리 크게 말해야 해요. 그러려면 집중도 많이 하고 있어야 하겠죠."

유재학 감독이 한때 함지훈에게 가졌던 불만도 여기에 있다. 함지훈이 목소리가 작고, 적극적이지 못하다보니 같은팀 선수들조차 못 알아

여자농구 최고의 포인트가드였던 전주원 (우리은행 코치)은 "수비의 반은 토킹이다"라며 적극적인 의견교환과 상황 전달을 강조했다. ⓒ 한국여자농구연맹

들는다는 것이다. 이 때문에 불미스러운 일도 있었다. 타임아웃 도중 함지훈 입에 테이프를 붙였던 것이다. 유재학 감독의 의도는 확실히 전달되긴 했지만 비인격적이라는 이유로 한동안 팬들로부터 많은 질타를 받기도 했다.

이 때문인지 전주원 코치는 "성격이 소심한 선수들은 잘 못하더라"라고 말한다. 반대의 경우, 이승현은 "누군가는 해야 하는 일"이라며 토킹의 이유를 설명한다. "누구든 해야 하는 일이라면 제가 하는 게 낫죠. 팀 분위기도 끌어올릴 수 있거든요. 그것만큼 힘이 되는 부분도 없어요."

지도자들은 "토킹도 연습해야 좋아진다"고 입을 모은다. 습관이 되어 있어야 한다는 것이다. 2003-04시즌 디트로이트 피스톤스Detroit Pistons를 NBA 우승으로 이끈 명장, 래리 브라운Larry Brown 감독도 이 부분을 언급했다. "초보 선수들은 자기 주위에서 일어나는 움직임만 집중합니다. 수비를 배울 때는 동시에 말하는 법도 배워야 합니다. '차단해', '도와줘', '기다려' 등 기본적인 부분부터 말입니다. 서로 대화해야 합니다. 특히 2대2 플레이를 막을 때는 말을 많이 하는 수비수들이 많을수록 좋습니다."

전주원 코치도 이에 동의했다. "잘하는 선수들이 말도 많이 한다"라며 말이다. 요약하자면 이렇다. 수비하면서 말하는 법을 배우고, 그렇게 말하기 위해 평소 훈련 때 했던 움직임에 대해 복기해야 한다는 것이다. 굳이 복잡한 전술이 아니더라도, '도와줘'나 '도와줄게' 같은 말한 마디는 그리 어렵지 않다. 이는 굳이 프로에 해당되는 내용은 아니다. 오히려 중·고등학교처럼 농구를 몸에 익혀가는 단계에서 토킹을 습관화하는 것이 중요하다.

임근배 감독을 도와 삼성생명 코치를 맡고 있는 김도완 코치도 "아무리 하라고 강조해도 안 되는 게 몇 가지가 있는데, 그 중 하나가 토킹입니다. 한 번 말하고 움직이면 도움이 될 텐데 잘 안 될 때가 있더라고요. 습관이 중요한 것 같아요"라고 자신의 경험담을 털어놨다.

일반인들은 '대화'가 곁들여질 경우 경기가 더 잘 풀릴 수 있다. 일반 동호회는 프로나 아마추어 엘리트 팀에 비해 활용하는 옵션이 더적기 때문이다. 농구전문 사이트 〈바스켓코리아〉의 김우석 편집장도 이에 동의했다. 김우석 편집장은 농구전문기자이면서도 실제 생활체육 무대에서도 만만치 않은 실력자로 통한다. 국내 동호회 강팀으로 꼽히는 MSA, 메이저 등에서 여러 대회를 경험했다. "토킹은 엄청난 효과가 있죠. 뒤에 있는 선수가 1~2개 정도만 짚어주는 것만으로도 서로 인식하게 되고 긴장하게 되거든요. 공격, 수비 모두 도움이 된다고 생각합니다."

이쯤 되면 전주원 코치의 "수비의 반은 토킹이다"라는 말이 이해가 갈 것이다. 팀을 이기게 하고 싶다고? 그렇다면 지금이라도 수줍음을 떨쳐내고 '투-머치too-much 토커'가 되어보면 어떨까.

## 5장

# 승패를 가르는
# 매치업의 중요성

## 매치업은 승패를 가르는 기본 요소

"매치업에서 우위를 점해 이길 수 있었다."
"매치업상 우리 쪽 선수들의 체력소모가 심하다."
"저쪽만 만나면 매치업이 묘하게 돼서 힘들다."


감독들의 세 문장에 공통으로 사용된 단어는 바로 '매치업matchup'이다. 농구에서 매치업은 '공격과 수비가 대적하다', '서로 다른 팀 선수들끼리 1대1로 대적하다'란 의미다. 그러나 실제로 감독과 선수들이 체감하는 매치업은 그 이상의 무게감을 준다.

'농구황제' 마이클 조던Michael Jordan과 만나는 상대팀 감독의 입장이 되어보자. 감독들은 조던을 어떻게 막을지, 누구와 매치업시킬지를 두고 고민하느라 밤잠을 이루지 못할 것이다. 누가 막든 20~30점씩은

개인기가 뛰어나고 득점력이 출중한 외국인 선수는 늘 감독들의 골머리를 앓게 한다. 매치업 상대로 누구를 붙일지, 수비는 어떻게 준비할지 고민하게 만들기 때문이다. ⓒ 점프볼

내줄 텐데, 그래도 이왕 내줄 거 우리 팀에 덜 피해가 가게끔 해야 한다.

그래서 뉴욕 닉스New York Knicks 감독을 맡았던 제프 밴 건디Jeff Van Gundy 해설위원은 "조던은 감독들의 불면증 유발자"라고 말했다. 최근에는 제임스 하든James Harden이 일명 '매치업 나이트메어Matchup Nightmare'라 불린다. 2018-19시즌에 32경기 연속 30득점 이상을 올리는 기록을 세운 그는 1대1 실력이 워낙 뛰어날 뿐 아니라 파울까지 교묘하게 잘 얻어내 수비자 입장에서는 여간 힘든 일이 아니다.[1]

이처럼 매치업은 승패를 가르는 가장 기본적인 요소이며, 복잡한 작전을 사용하게끔 만드는 근본적인 이유이기도 하다. 한마디로 매치업은 경기를 앞둔 감독들에게 스트레스를 주는 근원이다.

# 매치업이 우위에 있으면 집중 공략한다

모든 감독들이 제1공략 대상으로 여기는 부분은 바로 상대팀의 취약 포지션이다. 반대로 우리 팀에게는 우세한 포지션이라 할 수 있다. 신선우 전前 전주 KCC 감독을 비롯해 대다수의 농구 감독들은 상대 취약 포지션을 집요하리만큼 물고 늘어진다. 조금이라도 매치업이 우위에 있으면 집중 공략한다. 이유는 간단하다. 그 우위에서부터 파생되는 효과가 크기 때문이다.

조금 지난 이야기를 예로 들어보자. 고양 오리온은 2012-13시즌, 울산 현대모비스와의 대결에서 포인트가드 전태풍(現 KCC)을 이용해 매치업에서 이득을 봤다. 매치업 상대가 김시래(現 LG)였는데, 전태풍이 포스트업 기술로 쏠쏠한 재미를 보았다. 김시래는 178cm, 전태풍은 180cm로 키 차이는 겨우 2cm 밖에 안 났지만 김시래는 신인 선수였고, 전태풍은 경험이 풍부한 선수였다. 또한 힘과 기술, 노련미 등 여러 면에서 전태풍이 우위에 있었다.

〈KBS〉에서 중계된 이 경기 해설이 바로 나였다. 전태풍이 김시래를 요리하는 장면을 보면서 2007년 챔피언결정전이 떠올랐다. 2007년 당시에 매치업으로 재미(?)를 본 이가 바로 유재학 감독이었기 때문이다. 그 역시 포인트가드의 포스트업으로 상대를 힘들게 했다. 챔프전에서 부산 KTF(現 KT)와 맞붙었던 현대모비스는 양동근으로 하여금 신기성을 상대로 포스트업을 시켜서 재미를 봤다. 둘은 180cm로 키가 같았지만, 양동근의 밀어붙이는 힘이 더 좋았기에 신기성이 고생할 수밖에 없는 구조였다.

실제로 유재학 감독도 양동근에게 많은 득점을 기대했던 것이 아니었다. 신기성의 체력을 떨어뜨리거나 파울을 누적시키는 것이 목적이었다. 행여 누군가 도움 수비를 들어오면 다른 수비에서 구멍이 나기 때문에 이 역시도 기대효과 중 하나였다.[2] 신기성은 "당시 우리 팀에 저를 제외하면 경기를 이끌 만한 포인트가드가 없었어요. 그래서인지 저를 빨리 지치게 하려는 작전을 자주 썼어요. 꽤나 골치 아팠던 걸로 기억합니다"라고 당시를 돌아봤다.

오리온스는 다른 팀(인천 전자랜드)을 상대할 때도 전태풍을 내세웠다. 그러자 전자랜드 지휘봉을 잡고 있던 유도훈 감독도 빠르게 대처했다. 오히려 전태풍보다 키가 더 큰 김지완(190cm)을 투입해 매치업의 '열세'를 피했던 것이다. 그러나 이때도 승자는 오리온이었다. 김지완은 당시 신인이었기에 경험이 부족했던 것이다. 그가 경기 전반적으로 헤매는 모습을 보이는 바람에 전자랜드는 더 큰 손실을 보았다. 이래저래 포인트가드 매치업에서 밀린 형국이 되고 말았다.

한편 우위에 있는 매치업 상대를 공략하는 방식은 NBA에서도 마찬가지로 널리 사용되고 있다. 2018-19시즌 브루클린 네츠Brooklyn Nets의 디안젤로 러셀D'Angelo Russell은 가드이지만 키가 무려 195cm였다. 그는 틈날 때마다 작은 가드들을 상대로 포스트업을 시도하면서 직접 공격을 마무리하거나, 더블팀 수비를 유발해 동료들에게 찬스를 내주곤 했다.


## '높이' 우위를 점했던 삼성과 KCC

2006년 프로농구 챔피언 서울 삼성도 상대에게 '악몽' 같은 팀이었다.[3] 207cm의 서장훈 때문이었다. 당시 삼성은 외국인 선수로 '리바운

장신에 슈팅 능력까지 갖추고 있던 서장
훈 역시 매치업이 까다로웠던 상대였다.
서장훈은 KBL 최초로 1만 득점 고지를 밟
은 선수다. ⓒ 점프볼

'더' 올루미데 오예데지Olumide Oyedeji와 '스코어러' 네이트 존슨Nate Johnson
을 기용했다. 서장훈은 그 틈에서 주로 하이포스트와 외곽에서 자리
잡아 중장거리 슛으로 재미를 봤다.

당시 팬들은 '3점슛 던지는 센터'에 대해 안 좋은 시선을 보냈던 것
이 사실이다. 그러나 성공률이 35%가 넘는다면, 그것은 '일탈'로 볼 것
이 아니라 '무기'로 봐야 한다. 상대팀 감독들은 서장훈을 견제하기 위
해 누구를 내보내야 할지 고민해야 했다. 행여 외국인 선수가 3점슛 라
인까지 따라 나온다면 인사이드에서 미스매치가 일어나 네이트 존슨
이나 이규섭 등이 쉽게 점수를 올릴 수 있을 테니 말이다. 이 역시 '서
장훈 매치업'의 효과를 한껏 누렸다고 할 수 있겠다.

'토털 농구'를 표방했던 KCC도 매치업 효과를 제대로 봤던 팀이었다. 유럽축구의 '토털 사커'에서 아이디어를 빌려온 신선우 전 감독은 5명 전원이 내외곽을 오가는 농구를 추구했다. 즉 어느 한 포지션에서라도 매치업 이득이 있으면, 그 선수를 상대로 포스트업을 시도해 더블팀을 유발하는 방식이었다. 이상민, 양희승, 추승균 모두 포스트업에 일가견이 있었고, 패스와 슈팅에도 능했기에 가능했던 일이었다. 물론 외국인 선수 재키 존스Jackie Jones도 외곽슛과 포스트업, 패스 모두 능했던 것도 엄청난 도움이 됐다.[4]

## 변칙으로 틈새를 노리다

매치업이 꼭 '포인트가드 대 포인트가드', '슈팅가드 대 슈팅가드'로 이뤄지는 것은 아니다. 또한 외국인 선수라고 해서 꼭 외국인 선수가 막는 것도 아니다.

과거의 예부터 살펴보자. 2000년 챔피언결정전의 일이다. 당시 정규리그 3연패에 이어 챔피언결정전 3연패를 노리던 현대는 '매치업 싸움' 때문에 낭패를 봤다. 센터 서장훈 - 재키 존스 콤비에 힘 좋다던 조니 맥도웰Johnny McDowell이 혹독한 시련을 겪었다. 2m가 넘는 센터 둘이 있다보니 맥도웰이 설 곳이 없었던 것이다. 게다가 외곽도 죽을 맛이었다. 193cm의 로데릭 하니발Roderick Hannibal이 포인트가드 이상민을 견제하면서 현대는 공략 포인트를 짚지 못했다. 당시 감독을 맡았던 최인선 전 감독은 "(이)상민이가 힘들어서 못 해먹겠다고 말했을 때 '아, 이제 됐구나' 하는 생각이 들었습니다"라고 회고했다.

2015-16시즌 오리온도 애런 헤인즈Aaron Hayes와 이승현 체제로 독특한 매치업을 꾸렸다. 추일승 감독은 이승현으로 하여금 상대 외국인 선수를 막게 했다. 상대팀 입장에서는 이 부분에서 방심을 할 때가 많다. 아무래도 머릿속에는 '그래도 국내선수가 상대하면 더 수월하게 득점할 수 있을 것'이라는 생각이 들 것이다.

그런데 이승현은 '그냥 국내선수'가 아니다. '힘'은 어디 내놔도 빠지지 않고, 외국인 선수들이 인정할 정도로 두뇌회전이 빠르다. 추일승 감독은 상대 외국인 선수가 이승현을 얕잡아보고 공격할 때 기습적인 더블팀을 지시해 매치업 힘겨루기에서 허를 찔렀다.

그렇다면 헤인즈는 어땠을까? 헤인즈는 외곽에서부터 공격이 가능한 포워드다. KBL은 대다수가 외국인 선수를 센터로 뽑기에 헤인즈를 막기가 쉽지 않다. 따라서 헤인즈는 외국인 선수가 맡으면 스피드를, 국내선수가 막으면 높이와 탄력을 이용해 상대를 요리했다. 리바운드는 이승현과 다른 포워드들이 맡았다. 이런 방식 덕분에 오리온은 2015-16시즌 프로농구 우승팀이 됐다.

그런가 하면 센터들이 3점슛을 나와서 던지는 시대가 된 만큼, 최근에는 감독들이 슛거리가 긴 외국인 선수들을 의도적으로 외곽에 배치시킬 때도 있다. 아무래도 상대 팀 입장에서는 그를 막기 위해서라도 3점슛 라인까지 쫓아 나올 수밖에 없다. 이때 안쪽이 텅 비기 때문에 다른 선수들이 그 자리를 집중공략할 수 있는 것이다. NBA 덴버 너게츠Denver Nuggets의 센터 니콜라 요키치Nikola Jokic나 필라델피아 세븐티 식서스Philadelphia 76ers의 조엘 엠비드Joel Embiid 등이 그런 면에서 큰 역할을 하고 있는데, 이들은 '3점슛+패스'가 모두 능해 매 경기마다 상대를 괴롭히고 있다.[5]

# 불리한 매치업을 극복하기

농구를 형성하는 5명의 포지션이 모두 완벽할 수는 없다. 어딘가 불리한 매치업이 나올 수밖에 없다. 불리한 매치업이 안기는 불이익은 이루 말할 수 없다. 샤킬 오닐Shaquille O'Neal이나 앤써니 데이비스Anthony Davis를 막는 선수가 수비에 미숙한 초짜라면? 상대로서는 더블팀을 들어갈 수밖에 없다. 그런데 오닐과 데이비스는 시야도 넓고, 패스도 좋다는 공통점이 있었다. 1대1로 막자니 파울트러블이 걱정되고, 더블팀을 들어가자니 파생 효과가 두렵다. 그래서 감독들은 "매치업이 불리할 때는 평소보다 훨씬 더 준비하고 강조해야 한다"라고 입을 모은다.

KBL에서는 SK가 이러한 매치업의 불리함을 지역방어로 극복했다. SK는 오리온의 우승 이전에 '헤인즈 효과'를 누렸다. 문경은 감독이 '헤인즈 효과'가 충분히 효과적일 수 있다는 방향성을 제시했다고도 볼 수 있다. 처음 그가 헤인즈를 선발할 때만 해도 많은 이들이 의심의 눈초리를 보냈다. 그러나 SK는 헤인즈와 함께 뛸 국내선수 파트너들로 장신을 내세웠다. 이들은 일사불란하게 움직이는 지역방어를 앞세워 매치업의 불리함을 뒤집었다. 헤인즈가 마르고 힘이 좋은 편이 아니었기에 상대 빅맨과의 1대1 매치업에서는 밀릴지 몰라도, 지역방어 상황에서는 팔이 길고 민첩하며 감각이 워낙 좋았기에 상대 공격을 정체시키는 데 큰 힘이 됐던 것이다.

사실 문경은 감독은 "애런 헤인즈에게 너무 의존한다"는 지적 속에서 '문 애런'이란 별명까지 얻었다. 그러나 문 감독은 신경 쓰지 않았다. 오히려 "애런은 내 영원한 파트너"라며 그를 활용해 꾸준히 성적을 낸 부분에 만족해 했다. 나 역시 문경은 감독과 SK 코칭스태프가 대

229cm의 '거인' 야오밍과 만난 한국은 기동력을 살린 수비로 대항해 몇 차례 성과를 거두었다. ⓒ 점프볼

단했다고 본다. 에이스에게 득점을 의존하는 것은 당연한 일. 여기에 그는 이마저 극복해낼 좋은 수비를 들고 나와 우승까지 했다.

국제대회에서도 '수 싸움'으로 매치업 열세를 극복한 사례가 있었다. 2001년 오사카에서 열린 동아시아 선수권대회는 한국이 19년 만에 중국에게 이긴 기념비적인 대회로 기억되고 있다. 당시 중국에는 야오밍Yao Ming - 왕즈즈Wang Zhizhi - 멍크 바테르Mengke Bateer로 이어지는 '걸어다니는 만리장성' 트리오가 출전했다. 반면 우리 동아시아 대표팀은 대학생이 위주가 된 2진급으로 구성되어 있었다.[6] 여러모로 우리가 열세일 수밖에 없는 상황이었다.

대표팀을 이끌던 김남기 전 대표팀 감독은 걱정이 많았다. "매치업에서 한번 밀리기 시작하면 경기 내내 끌려가야 합니다. 때문에 변칙 작전도 써야 하고, 다른 쪽에서 우위를 점할 수 있도록 노력해야 하죠. 특정 포지션이 밀린다는 것은 감독들에게 여간 스트레스를 받는 일이 아닙니다. 특히 골밑은 더더욱 그렇습니다."

이어 그는 "개개인의 매치업에서는 우리가 100％ 밀리는 상황이었습니다. 하지만 중국을 보면서 '어떻게든 이길 것'이라는 자신감은 넘쳤던 반면에 조직적인 부분이 부족하다는 판단을 내렸습니다. 덧붙여 포인트가드 포지션에서만큼은 우리가 앞선다고 판단이 들었습니다"라며, "그래서 꺼내든 카드가 2-3 지역방어와 풀 코트 프레스full court press였습니다"라고 말했다. 2m의 김주성과 정훈으로 하여금 상대 빅맨(야오밍, 왕즈즈)을 밖으로 끌고 나와 픽앤롤로 공략하는 작전을 사용했는데, 이는 '틈새'를 파고들어 불리한 매치업을 극복할 수 있었던 좋은 사례로 기억되고 있다.


## 매치업 분석이 중요하다

이처럼 변칙을 낼지, 정공법으로 갈 지를 결정하기 위해서는 '분석'이 필수다. 현대는 '정보화' 시대다. 우리가 아무리 준비를 잘했어도 상대에 대해 모르면 무용지물이다. 예를 들어 상대팀 센터가 우리보다 강하다는 사실도 모른 채 무턱대고 골밑 플레이를 위한 작전만 준비한다면 문제가 될 수밖에 없다. 상대가 어떤 수비를 하는지, 어느 때 작전타임을 부르는지에 대한 만반의 준비가 되어 있어야 한다. 심지어 과거에는 체육관의 조도와 코트 상태까지 파악했던 지도자들도 있었다.

최근엔 과학 기술이 발전해 특정 선수의 플레이 스타일도 분석이 용이해졌다. 이것이 바로 매치업 분석의 핵심이다. 이 선수가 오른쪽으로 가는지 혹은 왼쪽으로 가는지에 그치지 않고, 오른쪽에서 공을 잡으면 무엇을 하고 그 플레이의 성공 확률이 몇 퍼센트인지도 분석이 가능하다.[7]

2018-19시즌, 밀워키 벅스Milwaukee Bucks는 철저한 분석을 통해 '득점 기계'라 불리던 하든을 틀어막아 큰 화제가 되기도 했다. 이날 벅스는 1대1 매치업보다는 팀 수비로 하든을 제압하며 그를 23점으로 묶었다. 원치 않는 방향으로 유도하면서 슛을 어렵게 던지게 만든 것이다. 이날 하든은 3점슛 9개 중 8개를 실패하는 등 전체 야투 26개 중 17개를 실패했다.

이런 분석은 주로 전력분석 코치들이 맡는다. 프로팀에는 전력분석 코치가 있어 그들의 보고서를 토대로 감독들은 어떤 작전을 쓰고, 어떤 선수를 내보낼지 결정한다. 하지만 고故 릭 매저러스Rick Majerus 감독은 '정보'의 필요성을 다른 곳에서 찾기도 했다. 릭 매저러스는 유타, 세인트루이스 등 주로 대학에서 감독 생활을 했던 인물로, 경력이 무려 50년이 넘는다. 2012년 세상을 떠나기 전까지 감독상만 5번을 수상했다. 그는 "상대에 대한 스카우팅scouting이 필요한 이유 중 하나는 팀을 정신적으로 준비시키는 데 도움이 되기 때문이다"라고 말했다.

"대학 농구팀의 코치로 일하며 매 경기마다 스카우팅 리포트를 사용해왔다. 우리 선수들이 상대에 대한 준비가 잘 되어 있다고 느낄수록 경기에 대한 자신감이 더 커짐을 느꼈다. 지피지기면 백전백승이라 했다. 또한 상대 코치에 대한 정보도 갖고 있다. '너무 깊이 들어가는 것 아닌가?'라는 생각을 할지도 모른다. 그러나 나는 스카우팅의 가치를 믿는다. 그것이 나로 하여금 상대 선수만큼이나 상대 코치에 대해서도 잘 알게 해줄 것이라 믿는다."

나 역시 취재를 하면서 스카우팅이 주는 정신적인 효과를 경험한 적이 있다. 2008년 베이징올림픽 최종예선 당시, 나는 국가대표팀을 이끌던 김남기 감독을 도와 상대팀의 비디오와 시시콜콜한 정보까지 입수해 제공한 적이 있다. 그때 김 감독과 선수들은 "떠나기 전에(대회는 그리스에서 열렸다) 이런 영상을 보니 '해볼 만하다'는 생각도 들었다"라고 말했다. 당시 한국의 상대는 슬로베니아와 캐나다로, 우리와 압도적인 전력차는 아니었다. 비록 선전 끝에 뒷심 부족으로 지기 했지만, 2008년 대회는 '준비만 잘 되면 못할 것도 없다'라는 교훈을 남긴 좋은 사례가 됐다.

2015년 FIBA 아시아선수권대회를 앞두고도 김동광 감독(現 KBL 경기본부장)에게 중국팀의 연습경기 영상을 어렵게 구해 전달했다. 아쉽게도 우리 대표팀은 중국에게 후반전에 뼈아픈 역전패(73-76)를 당했다. 그렇지만 경기 후 김 감독은 "손 기자가 구해준 영상 덕분에 중국의 지역방어를 잘 대처할 수 있었다"고 말해주었다. 고생한 보람을 느꼈던 순간이었다.

2013-14시즌부터 포틀랜드 트레일 블레이저스Portland Trail Blazers에서 전력을 분석하고 있는 조나단 임Jonathan Yim 코치도 "공격과 수비에서 어떤 특별한 것이 있는지 살펴본 후 코치님들과 공유하고 있습니다. 코치님들은 그것을 토대로 다음 상대를 대비한 게임 플랜을 작성하죠. 연습 중이나 경기 중에도 계속해서 선수들을 위해 영상을 틀어줍니다. 선수들이 다음 경기를 준비할 수 있도록 말이죠"라고 말했다. 그는 상대선수 분석을 위해 5경기 정도를 본다고 했다. 그가 하루에 소화하는

경기는 3~4개, 즉 하루 종일 농구보고 보고서를 쓰는 데 매달리는 셈이다.[8]

## 매치업이 주는 특별한 재미

기자들은 주로 스타와 스타의 맞대결에 주목한다. 팬들도 마찬가지다. 스토리가 있는 대결을 기대하고, 기다린다. 감독 입장에서는 "선수대 선수가 아니라, 팀 대 팀의 매치업이다"라며 분위기가 과열되거나 선수들이 매치업을 의식해 경기를 그르칠 것을 걱정하지만 말이다.

'슈팅가드 전성시대'라 불렸던 2000년대, NBA팬들은 트레이시 맥그레이디Tracy McGrady와 코비 브라이언트Kobe Byrant, 빈스 카터Vince Carter와 앨런 아이버슨Allen Iverson 등의 맞대결을 손꼽았다. 세월이 조금 지나자 르브론 제임스Lebron James나 카멜로 앤써니Carmelo Anthony, 드웨인 웨이드Dwyane Wade 등이 등장하면서 팬들의 볼거리는 더 늘어났다.

국내에서도 이정현(KCC)과 이관희(삼성), 찰스 로드(전자랜드)와 라건아(현대모비스), 허웅(DB)과 허훈(KT) 등 팬들 시선을 끄는 매치업이 늘고 있다. 특히 허재의 두 아들이 마침내 '적'으로 만났던 날에는 미디어의 관심도 많이 받았다.

이상범 DB 감독은 이러한 스타 매치업을 '스타들의 자존심이 걸린 대결'이라고 설명한다. 그러면서 KGC인삼공사 시절을 떠올렸다. 당시 팀내 주전 포인트가드는 김태술이었고, 그가 막아야 할 상대는 바로 전태풍이었다. 전태풍은 경기 내내 김태술을 힘들게 했다. 객관적으로 비교해도 기술에서는 김태술이 따라갈 수 없었다. 그럼에도 불구하고

드웨인 웨이드, 르브론 제임스 등 스타 플레이어들간의 대결을 보는 것 역시 농구 관람의 최고 즐거움이다. ⓒ 점프볼

이상범 감독은 그를 지적하지 않았다. "제가 만약 (김)태술이가 밀린다고 그 자리에서 불러들였다면, 다음 맞대결에서도 태술이는 이를 의식했을 겁니다. 지역방어를 사용했다면 전태풍을 묶었을지도 모르죠. 하지만 이 경기에서는 그냥 고집을 좀 부려봤습니다." (이상범 감독의 생각이 맞았다. 김태술은 다음 맞대결에선 좀 더 공격적인 자세로 임했다. 이전 매치업에서의 패배를 기억하고, 또 개선하고 나선 것이었다.)

이처럼 '스타 대 스타'의 대결만큼이나 그 스타에게서 어떤 효과가 파생되고, 그 매치업을 위해 감독이 어떤 상대를 내놓고, 또 어떤 전략·전술적 변화를 주는지도 보면 어떨까 싶다. 이는 농구의 복잡한 흐름을 이해하고 즐기는 데 또 다른 즐거움이 될 것이다.

2부

# 농구의 개인기와
# 기본기 이야기

## 6장

# 슛이 안 들어갔을 때
# 선수가 할 수 있는 일

## 첫 슛 성공이 의미하는 것

종종 슈터들은 말한다. "첫 슛이 잘 들어간 덕분에 잘 풀렸습니다."

해설위원들도 말한다. "첫 슛이 잘 들어가는 것 보니 오늘 기대해봐도 좋을 것 같네요."

경기 시작 후 혹은 투입 후 처음 던지는 슛. 슈터들에게 이 슛은 과연 어떤 의미일까? "첫 슛의 성공 여부가 중요하죠. 정확히 말하면 그 슛을 제 폼이나 자기 밸런스대로 던졌는지가 중요하겠죠. 슛이 들어갔다는 것은 자기 의도대로 올라갈 수 있었다는 의미가 될 테니까요." '왕년의 슈터' 우지원의 설명이다.

첫 슛이 들어가면 선수들은 안심이 된다. 마음이 편해진다고나 할까. 다음 찬스가 올 때는 몸이 기억한대로 자신 있게 올라간다.

전자랜드의 베테랑 슈터 정병국은 "자신감도 생긴다"고 말한다.

"확실히 첫 슛이 들어가면 잘 풀리는 날이 많은 것 같아요. 아무래도 슛이 들어가면 자신감도 느끼고, 편안해진다고나 할까요."

감독들도 슈터들의 이런 체질을 잘 알고 있다. 그래서 "많이 던져봐야 한다", "언젠가 한 번은 터진다"는 말도 한다. 조상현 국가대표팀 코치도 현역시절 그런 면에서 배려를 받았고, 또 지도자가 되어서도 슈터들을 같은 방식으로 신경써주고 있다. 현역시절 그는 '짝발 스텝'으로 유명했던 3점 슈터였다. 2000년 서울 SK에서 우승을 거머쥐었으며, 마지막 시즌까지도 클러치 슛을 성공시키며 이름값을 해냈다. "감독님들이 슈터에 대해서는 (던질 수 있도록) 배려를 많이 해주셨죠. 아무래도 공을 많이 만져보고, 몸이 풀려야 슛이 잘 들어가니까 많이 던지도록 감독님들이 도와주신 편이에요."

그런데 문제는 첫 슛이 들어가지 않았을 때다. 첫 슛이 안 들어가면 과연 어떤 영향을 주게 될까? 아니, 이 슛을 시작으로 2개, 3개, 4개 연달아 실패하게 되면?

## "첫 슛이 안 들어가도 벤치를 보지 말라!"

"불안해지죠." 우지원의 말이다. 종종 지도자들은 "안 들어간 것에 연연해서는 안 된다"고 지적한다. 하지만 그들도 인정한다. "실은… 나 뛸 때도 그랬어"라고. 그래도 그 경험에서 비롯된 '처방전'은 갖고 있다. 우지원도 그랬다. "예전에 3점슛만 연연하다가 경기를 그르친 적이 있어요. 불안해서죠. 3점슛이 내 장기고, 내가 이걸로 먹고 살고, 남들이 인정해주는 내 무기인데 안 들어가니까요. 그렇게 안 들어가기 시작하면 2가지 중압감에 시달리게 돼요."

"2가지요?"

"던져야 한다는 중압감, 넣어야 한다는 중압감이 공존하죠. 찬스가 났는데 안 던질 수는 없잖아요. 그런데 넣어야 하니 조바심이 나서 흐트러지고요. 그래서 확실한 찬스를 잘 잡는 것이 중요하다고들 하죠."

우지원 위원의 말에서 체크해야 할 부분이 있다. 그것은 바로 '찬스'다. 감독들은 종종 슛을 던져야 할 때 주저하는 선수들을 두고 "안 들어가도 좋으니 오늘 경기에서 10개 던지고 오라"고 한다. 빈말이 아니다. 주저하지 말고 던져야 할 때는 던지라는 격려이자 명령이다. 슈터가 배포를 보여줘야 팀 밸런스가 살기 때문이다.

이런 말을 듣는 선수들은 대개 나이가 어린 편이다. 경력이 쌓여 '스타'로 불리는 선수들의 경우에는 '첫 슛'의 영향에서도 비교적 자유로운 편이다. 어느 정도 그 부담감을 초월한 선수들이다. 현역시절 '캥거루 슈터'로 유명했던 조성원 명지대 감독도 그 중 하나다.

현대와 LG에서 뛰며 정규시즌 MVP, 챔피언결정전 MVP에 올랐던 '4쿼터의 사나이' 조성원은 슛이 안 들어갈 때 대결해야 할 상대는 바로 '나 자신'이라고 후배들에게 충고했다.[1] "어린 선수일수록 (첫 슛) 영향을 많이 받아요. 그리고는 안 들어가면 벤치를 봐요. 혹시나 슛 못 넣는다고 교체될 것 같아 불안한 거죠. 벤치가 아니라 나 자신과 싸워야 할 문제인데…"라고 말한다. 그래서 그는 이 말을 덧붙였다. "슈터들에게 첫 슛은 '+1'을 번다고 해석하면 돼요. 여유가 생기거든요."

우리은행 위성우 감독도 그 성향을 잘 알고 있었다. 꼴찌팀을 우승팀으로 올려놓은 그는 젊고 자신 없어 하던 선수들을 '승부사'로 탈바꿈시켜놓은 주인공이다. 당연히 그런 성향을 이해하고, 알고 있었다.

"감독과 눈을 마주치려 하지 않아요. 피하는 거죠. 자신이 없는 거예요. 그런데 그래서는 클 수가 없어요."

"만일 박혜진 선수가 4쿼터까지 10개 던져 10개를 모두 실패했어요. 그래도 마지막 슛을 던져야 한다면… 감독님은 박혜진 선수에게 맡기실 건가요?" 극단적인(?) 질문을 던져봤다.

"네, 그럼요. 저는 잘하는 선수들은 걱정하지 않아요. 오늘 10개 던져 다 못 넣어도 다음에 잘 넣으면 될 거라 생각하거든요. 리듬이라는 게 있으니까요. 주전들의 평균 기록은 그렇게 만들어지는 거잖아요."

이어서 그는 자신의 현역시절을 떠올렸다. 한때 '유망주'로 신문지면의 반 페이지를 가득 채우기도 했던 그였지만, 'KBL 선수 위성우'는 수비 잘하고 벤치 리더십이 좋은 고참의 이미지였다. '공격'과는 거리가 있었다. 통산 평균 득점이 3.4점, 경기당 넣은 3점슛은 0.6개였다. "하지만 식스맨들이 문제죠. 위축이 되면 슛을 안 던지게 되고, 결국에는 공을 피해서 다녀요. 자기에게 안 왔으면 좋겠다고 생각하는 겁니다. 선수 때 제가 그랬어요(웃음). 근데 저는 그런 제 모습이 정말 싫었습니다."[2]

그렇다면 지독히도 슛이 안 들어갈 때 선수들이 할 수 있는 일은 무엇이 있을까?


## 슈터이기 전에 팀원이다

"슈터는 최소한 수비자 한 명을 계속 붙들고 다니잖아요. 저는 그것만으로도 가치가 있다고 생각해요. 그러니 위축될 필요가 없어요." 조상현 코치의 말이다. 그는 "슛이 안 들어갈 때는 다른 쪽으로 기여를 하라고 해요"라고 귀띔했다.

그가 말하는 '다른 기여'란 무엇일까? 그것은 바로 선수들이 흔히 말하는 '궂은 일'이다. 리바운드, 스크린, 루즈 볼loose ball 캐치 등 꼭 공을 던지지 않아도 할 수 있는 일들이다. 수비를 붙인 후 어시스트 해주는 것도 그 중 하나가 될 것이다.

경기는 꼭 내가 돋보여야 이기는 것이 아니다. '나로 인해' 이길 수 있는 방법도 있다. 슈터들이라면 더 그렇다. 조상현 코치의 말처럼 언제든 수비를 붙이고 다니기 때문이다. 게다가 지도자들은 '슈터는 언젠가 터진다'는 믿음을 갖고 있다. 그 하나가 터지는 순간이 무섭다. 감을 찾았다는 의미도 될 수 있으니 말이다. 그래서 승부처에서 슈터들은 그날 경기의 성공률과 관계없이 견제의 대상이 된다.

정병국도 이에 동의한다. "감이 좋아도 안 들어갈 때도 있어요. 그런 날은 생각하면 할수록 슛이 더 안 좋아져요. 빨리 잊고 자신감 있게 해줘야 하는데, 몇 개 안 들어가면 자신감이 더 떨어져요. 그래서 그럴 때는 리바운드나 루즈 볼을 잡으려고 더 애를 써요. 제 실수를 만회하려고 하는 거죠. 그거라도 해서 보탬이 되어야겠다는 생각으로요."

우지원은 슈터들의 이런 심리를 다음과 같이 요약했다. "슛이 아니라면 돌파나 속공 가담을 열심히 하면서 리듬을 찾는 것도 좋습니다. 이지샷easy shot을 얻어내기 위해 움직이는 것도 좋은 방법입니다. 리바운드나 루즈 볼을 위한 노력도 중요해요. 그러면서 컨디션을 올릴 수 있어요. 또한 동기유발도 된답니다. '그래도 내가 뭔가 하나라도 팀에 보탬이 됐구나'라는 생각으로 자신감을 끌어 올리는 거죠. 그게 실제로 공격으로 이어질 경우도 있어요."

# NBA 전설들이 주는 교훈

NBA 역사상 2번째로 3점슛을 많이 넣은 레지 밀러Reggie Miller 역시 "7개의 슛을 놓쳤더라도 나는 8번째 찬스가 나면 그 슛을 던질 것"이라고 말했다.[3] 결국 중요한 건 '내가 해내겠다'는 자신감과 집중력이다. 선수라면 자신에 대한 믿음을 가져야 한다.

첫 슛과 관계없이, 벤치의 레이저와 상관없이(물론 엉뚱한 상황에서 최악의 슛 셀렉션을 보이는 경우는 눈치를 봐야겠지만) 자신의 농구를 해야 한다. 물론 그 믿음의 원천은 오랜 노력에서 올 것이다.

커리도 밀러만큼 심장이 큰 선수다. 커리는 경기 중 10개의 3점슛을 던지길 주저하지 않는다. 설사 들어가지 않는다 해도 안 던지는 것보다는 낫다는 철학을 갖고 있다. 그는 "지나간 슛은 잊으세요. 더 많은 찬스가 올 테니까요"라고 조언하며, "중요한 것은 내가 넣었는지가 아니라, 그 슛이 우리 팀이 원하는 대로 이뤄졌는지에 있습니다"라고 지적한다. 즉 항상 슛이 만들어지는 과정이 동료들이 인정할 만했는지를 생각하라는 것이다.

그렇다면 '터프샷'에 대한 커리의 생각은 어떨까? 커리는 "그런 슛을 잘 넣는 것이 우리 팀의 강점이고, 강팀인 이유"라며, "스스로도 정말 마음에 안드는 타이밍에 던질 때 '이게 아닌데!'라는 생각을 할 수 있을 거에요. 그런 타이밍에 던질 때는 스티브 커 감독과 동료들에게 조심스럽게 잘못을 시인합니다"라고 말했다. "저는 제가 실패한 슛에 대해서는 걱정하지 않습니다. 슛이라는 건 들어갈 때가 있고, 안 들어갈 때도 있는 거니까요. 중요한 건 결과입니다. 비디오를 보면서 '아, 오픈찬스인데 저때 왜 나한테 안 줬지?', '왜 내가 저 슛을 실패한 거

스테픈 커리는 말한다. "슛이 들어가지 않았다고 주눅들거나 걱정하지 말라. 더 나쁜 것은 실패를 걱정해서 시도조차 하지 않는 것이다." ⓒ under amour

야?', '저 슛 던질 때 발의 방향이 잘못 된 것 같아', '아! 팔로우쓰루 follow through에 문제가 있었군!' 이런 생각을 하지는 않는다는 의미입니다. 지나간 슛은 잊어야 해요. 더 많은 찬스가 올 거니까요. 자신감을 유지하고 있으면 다시 한 번 찬스가 올 것이며, 그때는 들어갈 것이란 믿음을 가져야 해요. 전 오히려 제가 잘 던졌는지보다는 우리 팀이 제 타이밍에, 제 자리에서 원하는 대로 경기를 했는지를 더 신경 써서 봅니다. 우리가 게을러서 실책이 나왔을 수도 있고, 집중력이 떨어졌기 때문일 수도 있으니까요. 그런 부분에 대해서는 짚고 넘어가야겠지만, 슛의 적중 여부에 대해서는 걱정하거나 신경 쓰지 않습니다."

7장

# 슈터에게 있어
# 난사란 무엇인가?

## 어떤 슛을 난사라고 부를까?

"안 던지는 것보다는 낫다." "그래도 너무 심하다." 대표팀 슈터 이 야기가 나올 때면 농구인들은 아쉬운 이름 하나를 떠올린다. 그 선수는 바로 방성윤이다.

2002년 부산아시안게임 당시 대학생 신분으로 출전해 금메달 획득 에 일조했던 방성윤은 당시 한국농구 슈터 계보를 이을 신성으로 여겨 졌다. 그는 한국인으로는 최초로 NBA 하부리그인 G리그에도 도전하 기도 했다.[1]

그러나 아쉽게도 신화는 만들어지지 않았다. 그는 계속된 부상을 극 복하지 못하고 결국 6년 만에 은퇴했다. 2019년 4월 현재, 지난 10년 동안 KBL에서 평균 22득점을 기록한 국내선수는 단 3명밖에 없었다. 서장훈, 문태영, 방성윤 뿐이다. 그 중 방성윤은 1982년생으로 나이가

국가대표팀의 슈터였던 방성윤. 많은 농구인들은 부상과 이른 은퇴로 전성기가 짧았던 것을 아쉬워한다. ⓒ 한국농구연맹

가장 어렸다.

그런 방성윤 이야기가 나올 때마다 빠지지 않는 이슈가 하나 있다. 그것은 바로 난사亂射다.

국어사전에 나온 난사의 의미는 '(창, 대포, 활 따위를) 겨냥하지 않고 아무 곳에나 마구 쏨'이라 되어 있다. 농구에서는 당연히 '슛을 마구 던짐'이라고 해석할 수 있다. 적지 않은 이들이 방성윤이 자신의 능력만 믿고 슛을 많이 던진다고 지적했다.

과연 방성윤은 난사를 했는가? 그를 지도했던 소속팀부터 그와 대적했던 상대팀까지, 그의 경기를 해설했던 해설위원들까지 의견이 제각각이었다.

# 난사의 기준은 무엇인가?

난사란 무엇인가? 과연 기준을 어떻게 잡아야 할까? 시도? 성공률? 최인선 전 감독은 "감독과 동료들이 납득할 수 없는 슛이 계속되는 현상"이라고 설명한다. "꼭 패턴 플레이를 통해 만들어지는 찬스만 의미하는 건 아니야. 각 팀에서 '난사'를 할 자격을 지닌 선수는 몇 되지 않으니까. 반대로 생각해보면 동료들 대부분이 그 선수가 어느 타이밍에 어떻게 공격을 해야 잘 넣는지 알고 있다는 의미이기도 하지. 그런데 그런 타이밍을 거스른 채 슛을 던지는 경우가 종종 있어. 무엇보다 수비를 앞에 달고도 부정확한 슛을 꾸준히 던지는 선수들이 있는데, 그럴 때를 '난사하는 것'이라고 말하고 싶네."

그의 부연설명이 이어졌다. "시간에 쫓겨서 어쩔 수 없이 해결하는 경우도 있지. 외국인 선수들이 종종 그런 상황에 처하는데, 국내선수들이 해보다 안 되니까 '에라 모르겠다' 싶어서 폭탄 처리를 맡기는 거야. 그런 상황이 아닌 이상, 선수들의 슛은 좀더 신중해질 필요가 있어. 예를 들어 리바운드를 들어갈 준비가 안 되어 있는데 그냥 던진다면 도리어 역습을 당할 가능성이 높거든."

적지 않은 감독들이 그 의견에 동의한다. 특히 비어있는 동료들을 보지 못한 채 홀로 황홀경에 빠져 사는 선수들에 대해서는 "결코 있을 수 없는 일"이라고 입을 모은다. "쉽게 갈 수 있는 길을 어렵게 간다"며 말이다. 들어갈 것 같다는 자신감이 과하다보니 그럴 수도 있다.

반대로 동료들을 무시하거나, 믿지 못해서 그런 경우도 있다. KBL에서는 주로 외국인 선수들이 그랬다. 아무리 3점슛이 유행이라곤 해도, 그들은 종종 하프라인을 넘어오자마자 중앙에서 3점슛을 던져 감독과 동료들을 맥 빠지게 하곤 했다. 자존심이 워낙 강하다보니 상대 선수에게 안 지려고 무리를 했던 선수들도 있다.

이런 유형의 선수들을 멈출 수 있는 방법은 오로지 타임아웃뿐이다. 벤치로 불러들여서 왜 던지면 안 되는지 설명하거나, 강하게 질책하는 방법 밖에 없다. 몇몇 감독들은 "그래봐야 그 순간뿐이다"라며 쓴 웃음을 짓기도 한다. 반대로 영리한 선수들은 벤치에서 흐름을 보면서 자신의 실수를 인정할 때도 있다.

IB스포츠 정태균 해설위원의 생각은 어떨까? 삼성전자 출신인 그는 이충희, 이민현, 故 김현준 등 당대 최고의 슈터들과 함께 뛰었던 인물이다. 마침 정 위원에게 '난사의 기준'에 대해 물었던 날, 코트 위에서는 지역방어에 묶인 A대학 팀이 시간에 쫓겨 마지못해 슛을 던지고 있었다. 공격은 해야겠는데, 수비에 막혀 준비한 것이 되지 않다보니 먼 거리에서 거푸 슛을 시도했던 것이다. A대학 선수들은 마음이 급해보였다. 이렇다보니 몸에 힘이 들어가서 본래의 자세도 나오지 않았다. "본인이 밸런스를 잃은 지도 모르고 무리하게 던지는 선수들이 있습니다. 몇 개 잘 들어갔다고 멈추지 않고 던집니다. 이런 선수들을 두고 난사한다고 말해야 하지 않을까요?"


## "너라면 기다릴 수 있어!"


마이클 조던이 그 많은 슛을 던졌지만 누구도 '난사'라고 하지 않았다. 일시적으로 부진하더라도 결국에는 '짠' 하고 나타나 체증을 '뻥!' 뚫어준 선수였다. 문태종과 조성민, 양동근도 같은 식으로 이해를 받는다. 물론 이들도 많이 던진 만큼 많이 실패하긴 했다. 하지만 팀에서 해결해줄 선수로 '공인 인증'을 받은 선수였으며, 팀과 동료들이 납득할 수 있는 범위에서 공격을 시도해왔던 선수들이었다.

감독들은 그런 선수들에 대한 강한 믿음이 있다. 3쿼터까지 단 1점도 넣지 못해도, 10개의 슛을 모조리 놓쳐도 그런 선수들은 결코 벤치로 불러들이지 않는다. 한 번 '감'을 찾으면 어떻게 변하는지 잘 알기 때문이다.

"찬스에서는 아무리 안 들어간다 해도 난사라고 말할 수 없습니다. 또 영리한 슈터들은 본인의 슛이 안 들어갈 때는 다른 쪽에서 공헌하면서 찬스를 노리죠. 김현준 같은 선수가 그랬습니다. 대단히 영리했죠." 김진 전 감독의 조언이다.

1999년, 불의의 교통사고로 세상을 떠난 김현준의 현역시절 별명은 '전자 슈터'였다. 이충희와 쌍벽을 이룰 만큼 김현준의 슛은 정확했다. 삼성 은퇴선수들의 모임 '삼농회'의 올드 멤버들은 지금도 "최고 슈터는 김현준"이라고 입을 모은다. 김진 감독이 말한 그 영리함이 결정적인 이유다.[2]

"슛 하나만 본다면 이충희가 더 나을 지도 모르지. 그렇지만 김현준은 슛이 안 될 때 다른 걸 할 줄 알았어. 자기 쪽으로 몰릴 것을 알고 있었기에 어시스트를 해주려는 노력을 많이 했거든." 삼성전자 감독을 맡았던 김인건 선생의 평가다.

그런 면에 있어 2012-13시즌, 2013-14시즌 KBL 3점슛 성공률 부문 1위를 차지한 조성민의 활약은 많은 귀감을 모은다.[3] 조성민은 슛, 패스, 돌파가 되는 KBL의 몇 안 되는 슈터로 손꼽힌다. 심지어 국가대표팀에서도 픽앤롤pick-and-roll 전개가 가능한 몇 안 되는 선수라는 평가를 받기도 했다.

숫이 안 터진다고 해서 조성민의 가치가 떨어지진 않는다. 3점슛이 안 될 때는 돌파를 해서 자유투를 얻어낸다. 그 성공률이 어찌나 높은지 실패한다는 느낌을 안 준다. 여의치 않을 때는 외국인 선수와의 협력 플레이로 소속팀을 웃게 했다. 한때 '슈터' 하면 가장 먼저 떠오르는 이름이었던 문경은 SK 감독조차 "조성민이 현역 시절의 나보다 낫다"고 평가한 이유도 바로 이런 장점들 때문이다.

2014년 1월 1일에 있었던 인천 전자랜드와의 정규리그 경기는 조성민의 집중력을 새삼 다시 느끼게 해준 경기였다. 3쿼터까지 7점에 그쳤던 그는 4쿼터와 연장에서 14득점을 몰아넣었다. 3쿼터까지 3점슛이 하나도 안 들어갔지만, 승부처가 되자 3점슛 던지기를 주저하지 않았다. 이날도 승부처에 터진 3점슛으로 경기는 연장까지 갈 수 있었고, KT는 승리했다. "그래서 슈터다"라는 말이 절로 나오는 활약이었다.

조성민은 같은 시즌 2월 21일 오리온스와의 경기에서도 4쿼터에 무려 13점을 집중시키면서 '기다린' 보람을 느끼게 했다. 그도 경기가 끝난 후 "조급하게 생각하지 않았어요. 언젠가는 슛 기회가 올 거라고 생각하고 기다렸죠. 끝까지 기다리니까 좋은 찬스에서 슛이 나온 것 같아요"라고 소감을 말한 바 있다.

## 방성윤은 과연 난사였는가?

결국 난사의 기준은 몇 개를 시도했는지, 성공률이 몇 퍼센트였는지가 중요한 것이 아니었다. 중요한 것은 다음과 같은 것들이다.

- 그 슛이 어떤 상황에서 나왔는가?
- 그 슛이 어떤 영향을 주었는가?
- 그 슛 외에 그가 한 일은 무엇이 있는가?

원점으로 돌아와 첫 질문을 다시 던져본다. "방성윤은 난사인가? 에이스의 고집은 어디까지 받아줘야 하는 것일까?"

LG에 앞서 SK를 이끌며 방성윤을 지도했던 김진 전 감독은 "적극성은 있는 선수였습니다. 그런 공격력을 갖고 던질 선수가 몇이나 될까요? 그렇지만 슛 조절이 분명 아쉬웠죠. 수비가 붙어있을 때 잘 선택해줬다면 좋았을 것 같습니다"라고 평가한다.

대학시절 방성윤을 지도했던 김남기 감독은 "2가지를 명확히 해야 합니다. 첫 번째로 속공 상황이 아닌 이상, 리바운드가 없을 때는 던져선 안 됩니다. 2번째로 세트 플레이 상황에서는 약속된 부분부터 살펴보라고 강조합니다. 모든 걸 묶어둘 수는 없지만, 농구는 5대5 게임이기 때문에 어느 정도는 시스템화되어 있어야 한다고 생각합니다. 예를 들어 하프라인을 넘어가자마자 던지는 슛, 상대가 이미 밀집되어 있는데 무작정 1대1을 시도하다 날리는 슛 등은 받아들이기 힘듭니다"라고 난사의 기준을 정한다.

방성윤에 대해서는 다들 자신감과 실력은 인정하면서도 "무리한 면이 있었다"는 것에는 동의했다. 그러나 방성윤을 잘 아는 이들은 그 뒤엔 잦은 부상으로 인한 부담과 책임감도 있었다고 입을 모은다. 방성윤의 통산 3점슛 성공률은 38.7%다. 결코 나쁘지 않은 수준이다. 그러나 54경기로 진행되는 프로농구 정규리그를 단 한 번도 제대로 채워본적이 없다. 2008-09시즌에는 23경기만 뛰었고, 2010-11시즌에는

5경기를 뛰는 데 그쳤다.

"본인도 공격이 안 될 때는 수비를 더 적극적으로 하고, 리바운드에 가담하곤 했습니다. 컨디션이 좋을 때는 스타답게 역할을 다 해줬지만, 몸이 안 좋을 때도 무리를 했습니다. 급하게 컴백하다보니 몸이 준비가 안 된 면도 있었죠. 그래도 일단 본인이 팀의 대표선수라는 것을 의식하다보니 '뭐라도 해야겠다'는 생각이 강했던 것 같습니다. 그런데 이것이 오히려 화를 불렀다고 생각합니다. 굳이 달려들지 않아도 될 위치에서 몸을 날리다가 다치는 경우도 있었으니까요." 익명을 요구한 전前 동료의 말이다. 그는 "슛도 같은 맥락에서 볼 수 있습니다. 안 될 때 해결해야 한다는 의식이 강했던 선수였거든요. 팬들이나 구단의 기대치를 잘 알고 있었기 때문입니다. 단지 요령이나 조절이 부족했던 것 같습니다"라고 덧붙였다.

나는 가끔 생각한다. 방성윤이 건강한 몸으로 지금까지 '열심히' 뛰고 있다면 역사는 어떻게 바뀌었을까? 7~8년쯤 지난다면 농구에 좀 더 눈을 뜨지 않았을까? 그렇다면 분명 소속팀과 국가대표팀에서 팬들이 원하는 장면을 좀 더 많이 보여주지 않았을까?[4]

## 슛에 관한 일반적인 실수들

미국 최초의 프로팀 오리지널 셀틱스Original Celtics의 냇 홀먼Natt Holman 감독은 '코치들이 범하는 일반적인 실수들(Common Coaching Mistake)'이라는 기고문에서 선수들이 흔히 저지르는 실수들을 정리한 바 있다. 그 중 슛에 관한 부분을 정리하면 다음과 같다.[5]

- 공을 잡을 때마다 드리블을 하는 것

- 세팅된 찬스에서 독단적으로 슛을 던지는 것

- 경기 막판 리드를 지켜야 하는 상황에서 독단적으로 장거리 슛을 던지는 일

- 공격시 공간을 충분히 활용할 줄 알아야 한다.

- 크로스 패스cross pass는 신중해야 한다.

- 트레일러(쫓아오는 동료)를 무시하고 무리하게 레이업을 하다 놓치는 경우

1947년 NCAA 우승팀이었던 홀리 크로스Holy Cross 대학의 앨빈 줄리앙Alvin Julian 감독이 기고문에서 강조한 다음 2가지도 살펴보자. 명예의 전당에 입회된 그는 41년간 지도했던 팀들을 모두 NCAA 토너먼트에 진출시킨 명장이다.

첫째, 억지로 슛을 던지지 말라. 점프하기 전에 살펴보자. 상대는 우리가 부자연스러운 상태에서 슛을 던지길 원한다. 이를테면 스냅이 좋지 않거나, 자기 슛 거리보다 훨씬 먼 곳에서 던지거나, 연습 때 전혀 해보지 않았던 슛 등 말이다. 공을 돌리기 여의치 않다면 속임 동작을 시도해 공간을 확보한 후 슛을 던지거나, 드라이브 인을 시도해야 할 것이다. 중요한 순간에서라면 모든 선수들은 침착하게 최선의 슛을 던져야 한다. 그렇지만 종종 선수들은 결정적일 때 형편없는 슛을 던지거나, 심지어 연습 때조차 시도하지 않았던 그런 슛을 던져 팬들을 실망시키곤 한다.

둘째, 드리블은 급할 때만 하라. 농구 선수 10명 중 9명은 뭔가를 하기 전에 꼭 드리블을 하는 버릇이 있다. 이는 정말로 나쁜 버릇이며, 제대로 농구를 하고 있는 것이라고 할 수 없다. 일단 드리블을 하면 그만큼 선수가 갖고 있는 선택권은 줄게 된다.

이러한 실수는 NBA든 KBL이든 혹은 한국의 중고등부 농구든 비슷하게 나타난다. 홀먼 감독과 줄리앙 감독이 지적해온 단점이 반복되면 그게 바로 난사가 된다.


## 에어볼 퍼레이드를 극복한 코비

'난사'를 주제로 이야기할 때 가장 자주 언급되는 NBA 선수 중 한 명이 바로 코비 브라이언트다. 코비는 '난사'와 '해결사' 사이에서 오랜 시간을 줄타기해왔다.

다음은 2011년 당시 김진 전 감독과 주고받은 이메일의 일부다. 김진 감독은 2011-12시즌 LG 지휘봉을 잡기에 앞서 LA 레이커스 구단에서 지도자 연수를 받은 적이 있다. 당시 그는 필 잭Phil Jackson 감독과도 몇 차례 농구를 주제로 토론 및 질의응답 시간을 가질 수 있었는데, 그 틈에 끼어 나도 궁금했던 점을 몇 가지 부탁해 물은 바 있다.

다음은 코비에 대한 필 잭슨 감독의 견해다. "코비는 포스트업 능력이 좋고, 수비가 포스트에 치중할 때 외곽에서 처리해주는 능력도 뛰어나 가치가 높았다고 평가했습니다. 다만 간혹 코비에게 볼이 가게 되면 더이상 볼이 돌아가지 않을 때도 있다며 아쉬워합니다. 분명히 능력이 대단한 선수임에 틀림 없고, 팀 동료들도 전폭적으로 지지하고 의지하려는 모습도 보이지만 자신에게 수비가 3명까지 몰리는 상황에서 주변의 완벽한 오픈 찬스가 되어 있을 때나, 몸의 밸런스가 무너진 상황에서도 무리하게 슛을 시도한다든지 하는 플레이입니다."

잘 되는 날에는 이런 식으로도 30~40점은 거뜬히 올리는 코비다.

'득점왕' 코비 브라이언트는 오랫동안 '난
사'와 '해결사' 사이에서 줄타기를 해왔다.
가끔은 무모한 시도가 아쉬웠지만, 클러
치타임에는 누구보다 믿음직한 강심장이
었다. ⓒ 점프볼

실제로 그는 NBA 30개팀 단장이 참여한 '마지막 상황에 슛을 맡길 수
있는 가장 믿음직한 선수' 설문에서 당당히 1위를 차지하기도 했다. 그
러나 처음부터 그렇게 잘했던 선수는 아니었다. 재능은 충분했지만 지
나치게 스스로를 과신해 화를 자초했다.

1997년 NBA 플레이오프 서부 컨퍼런스 준결승 시리즈중에 있었던
일이다. 유타 재즈Utah Jazz와 붙었던 레이커스는 5차전 4쿼터에 종료
11.3초를 남기고 역전 기회를 잡는다. 이 슛을 넣으면 연장전에 가지
않고 경기를 끝낼 수 있던 상황이었다. 그런데 마지막 슛 기회를 코비
가 잡았다. 그때 코비는 막 고등학교를 졸업하고 첫 시즌을 치른 신인
이었다. 코비는 자신 있게 1대1을 하다가 점프슛을 날렸다. 하지만 그

숫은 에어볼이 됐고, 결국 경기는 연장으로 가야 했다.

연장전에 돌입한 레이커스는 고전했다. 마침 팀의 에이스를 맡던 샤킬 오닐이 반칙 6개로 퇴장을 당한 상황. 레이커스는 어쩔 수 없이 코비의 1대1에 의존해야 했다. 그러나 코비는 1분 간격으로 에어볼을 날렸고, 그때마다 점수차는 벌어졌다. 안간힘을 다해 종료 41초를 남기고 3점차(93-96)까지 쫓아갔지만, 이번에도 코비가 에어볼을 날려 레이커스는 패했다. 이날 그가 연장에서 던진 에어볼만 무려 5개였다.

언론은 코비를 맹비난했다. 영웅이 되고 싶었냐며 말이다. 코비는 묵묵히 비난을 받아들였다. 그리고 3년 뒤, 그는 LA 레이커스를 구해내는 스타로 성장한다. 샤크와 함께 1988년 이후 첫 NBA 타이틀을 안기며 말이다.

샤킬 오닐은 훗날 자신의 자서전에서 당시 코비의 에어볼 퍼레이드를 변호했다.[6] "그 상황에서 우리 팀의 누구도 그 숫을 던지길 원치 않았습니다. 닉 반 엑셀Nick Van Exel과 에디 존스Eddie Jones의 표정은 굳어 있었고, 다른 선수들도 우왕좌왕하고 있었죠. 누구도 부담을 떠맡길 원치 않았습니다. 그때 코비가 나섰던 것입니다. 겨우 19살이었던 그는 과감히 그 숫을 날렸습니다. 비록 결과는 좋지 않았지만, 지금 생각해보면 그다운 행동이었죠."

코비는 20년의 긴 커리어를 마치고 2016년에 리그를 떠났다. 떠날 무렵의 그는 에어볼을 날리던 그 겁 없던 10대가 아니었다. 2008년 베이징올림픽, 2012년 런던올림픽 금메달, 5번의 NBA 우승, 정규시즌과 파이널 MVP, 한 경기 81득점, 2번의 득점왕까지…. 그러나 그 화려한 성취보다 더 중요한 점은 그가 초창기 '난사'의 이미지를 어떻게 씻었느냐 하는 것이다.

이따금 독단적인 플레이를 펼치곤 하지만 코비는 자신의 게임을 완벽하게 만들기 위해 많은 노력을 기울였다. 타이트한 개인 훈련은 매년 여름, 코비를 한층 더 발전시켰다. 그의 경기에 대한 자신감과 훈련을 통해 얻어진 자부심, 동료들에게 마음을 열면서 스스로를 팀에 융화시킨 마인드도 빼놓아서는 안 될 것이다.

8장

바야흐로
스텝백 점프슛의 시대

## 대세가 된 무기, 스텝백 점프슛

"NBA 역사를 돌아봤을 때 요즘처럼 3점슛이 위력을 발휘한 시기는 없는 것 같아요. 어떤 선수들은 골밑슛보다 외곽슛을 더 편하게 느끼는 것 같습니다. 그래서인지 이제는 장신 선수들도 외곽까지 나와 견제를 할 정도에요. 그러다보니 공격하는 선수들도 자신의 능력을 극대화시키기 위한 방법을 찾은 것이 아닌가 싶습니다." 댄 코넬리Dan Connelly는 NBA 구단의 객원 전력분석가이자, 선수들의 개인분석을 맡고 있다. 그에게 요즘 NBA에서 가장 핫한 슈팅기술인 '스텝백'에 대해 묻자 이런 답이 돌아왔다.[1]

시대마다 유행하는 주무기가 있었다. 그것은 그 시대 농구 환경에 기인한다. 물론 없던 기술이 만들어지는 것은 아니다. 기술은 끊임없이 응용되고 진화한다. 스텝백 점프슛은 마이클 조던 시절에도, 그 이

전에도 사용됐던 기술이었지만 요즘처럼 레퍼토리화되지는 않았다. 한 매체의 보도에 따르면 지난 5시즌 동안 NBA에서 스텝백 점프슛의 시도는 꾸준히 늘어왔고, 2012-13시즌과 비교했을 때는 무려 2배 이상 증가한 것으로 알려졌다.

줄리어스 랜들Julius Randle을 비롯한 NBA 선수들의 스킬 트레이너를 맡고 있는 타일러 랠프Tyler Relph는 "스텝백 점프슛의 빈도가 과거에 비해 많이 늘어났습니다"라고 말한다. "저 역시 자연스럽게 사용할 수 있도록 중학생들에게도 많이 가르치고 있습니다"며 말이다.[2]

클리블랜드 캐벌리어스Cleveland Cavaliers, 디트로이트 피스톤스Detroit Pistons, LA 클리퍼스LA Clippers 등에서 어시스턴트 코치를 했으며 최근에도 SK 나이츠의 자문을 맡고 있는 모 맥혼Mo Mchone 코치는 스텝백 사용 빈도의 증가에 대해 이렇게 설명한다.[3] "NBA 선수들은 갈수록 키가 커지고 있고, 강해지고 있습니다. 그러면서 선수들의 수비 또한 향상됐죠. 이런 상황이 선수들로 하여금 개인 기량을 향상시켜야 한다는 필요성을 일깨워준 것 같습니다. 스텝백 점프슛은 이런 상황에서 필요한 기술이죠. 선수들은 수비의 방해 없이 슛을 던질 수 있는 공간을 확보해야 했습니다. 스텝백 점프슛은 그 거리를 만들 수 있는 기술입니다. 노력이 많이 필요한 기술이지만, 내 것이 된다면 매우 효율적인 기술입니다."

밥 피어스 코치가 스텝백 점프슛의 위력을 처음 알게 된 것은 일본 리그에서였다. 오레곤 출신의 밥 피어스 코치는 현재 마이애미 히트Miami Heat의 아시아 지역 스카우트를 맡고 있으며, 일본 B리그와 중국 CBA 등에서 감독과 코치를 역임했다. 아시아 유망주들을 대상으로 매년 농구 캠프도 개최하고 있다. "저희 팀에 브루클린 출신의 신인가드롭 펠프스Rob Phelps란 선수가 있었어요. 프로비던스Providence 대학을 나온 선수였는데, 스텝백 점프슛을 즐겨 썼어요. 항상 팀 훈련이 끝나면 자신의 무기를 다듬었습니다. 그를 보면서 수비를 떨어뜨리는 데 스텝백 점프슛이 정말 효과가 있는 무기라는 것을 알게 됐고, 그 뒤로는 저희 팀 선수들에게도 스텝백 점프슛을 가르쳤습니다."

## 스텝백 점프슛 사용이 늘어난 이유

그렇다면 스텝백 점프슛이 증가하는 이유는 과연 무엇일까? 문태영 (서울 삼성)은 "상대를 따돌리고 점프슛을 던질 공간을 만들 수 있기 때문"이라고 설명한다. "갈수록 수비가 타이트해지고 있어요. 조금이라도 자기 공간을 만드는 데 있어 스텝백이 도움이 됩니다"라고 말한다. 댄 코넬리는 여기에 "공격 제한시간(24초)이 얼마 안 남은 시점이라면 페이크까지 곁들여 파울까지 얻어낼 수 있는 상황이 만들어집니다"라고 덧붙였다.

현역시절 최고 슈터 중 한 명이었던 정인교 전 신한은행 감독은 (NBA에서의 상황을) 조금 더 디테일하게 설명했다. "NBA는 픽앤롤이나 스크린을 이용한 공격이 보편적입니다. 예전에는 감독들이 장신선수들의 스위치⁴를 꺼리는 경향이 있었지만 지금은 장신선수들도 기동력이 생겨 내외곽에서 수비가 가능하죠. 그러다보니 어디서든 미스매치가 만들어지고 있습니다. 스텝백 기술은 이럴 때 유용하게 잘 쓸 수 있습니다."

대표적으로 스테픈 커리를 생각해보자. 리그 대표슈터인 커리에게

'스텝백 점프슛 장인'이라 불리는 제임스
하든 ⓒ 김은기

는 너나 할 것 없이 스위치해 붙을 때가 있다. 그러나 커리는 결코 당황
하지 않는다. 절묘한 드리블과 스텝으로 '셀프 오픈'을 만든 뒤 유유히
슛을 던진 뒤 돌아선다.

또한 제임스 하든은 2017-18시즌에 총 1,306개의 슛을 던졌는데 그
중 244개가 스텝백 점프슛이었다. 시도만 놓고 보면 2016-17시즌보다
112개가 늘어났다. 그는 244개를 던져 107개를 성공(43.8%)시켰다. C.J
맥칼럼C.J McCollum과 브래들리 빌 Bradley Beal은 각각 131개, 114개로 2위
~3위였다.[5] 두 선수 역시 스텝백 점프슛에 있어서는 자신만의 강점이
있다고 자부하는 선수들이다.

# 스텝백의 시작은?

스텝백 점프슛을 처음 선보인 선수는 누구일까? 사실 이 질문에 대한 답을 찾고자 애를 썼지만 정확히 기억하는 이는 없었다. 다만 전설적인 빅맨 전문 지도자 피트 뉴웰(작고) 코치는 자신의 저서 『플레잉 빅Playing Big』에서 키키 밴더웨이Kiki Vandeweghe(현 NBA 경기운영팀 총괄)가 이른바 '키키 스텝Kiki Step'으로 플레이를 개발해 잘 활용했다고 밝히고 있다. 다음은 그 부분에 대한 발췌·요약본이다.

"2m가 겨우 넘는 키키 밴더웨이는 장신이지만 같은 신체조건의 상대선수 위로 슛을 던질 만큼 크지 않았고, 발이 빠른 선수가 아니었다. 키키는 풋워크로 유명하고, 그것이 그를 1대1 플레이에 특화된 선수로 만들어주었다. 키키의 점프슛을 막기 위해 수비수가 왔을 때 드라이브를 시작하는 첫 스텝은 굉장히 보폭이 넓었다. 대다수 사람들의 하나 반에 해당하는 보폭의 스텝이었다."

"키키는 선수생활 초반에는 수비수가 충분히 빨리 그의 점프슛에 압박을 가하고, 그의 스텝을 따라 잡았던 시절이 있었다. 그는 자신의 점프슛을 위한 공간 확보가 가능한 방법이 필요했다. 필요가 발명의 어머니이듯 키키는 '키키 동작'이라 알려진 플레이를 개발했고, 이는 스텝백 동작이라고도 한다. 최초의 스텝을 내딛고 수비수가 따라오는 것을 파악하면 뒤로 물러나 수비수와 멀어졌다. 최초로 그가 이 동작을 시도했을 때, 그는 점프슛을 위해 완벽하게 오픈된 자신을 발견했다."

필자가 자문을 구한 대부분의 코치들이 이에 동의했다는 점에서 이 기술을 수면 위(?)로 올린 혹은 대중화시킨 주인공 중 한 명이 키키 밴더웨이였다는 점을 유추할 수 있었다. 모 맥혼 코치는 "키키는 운동능력이 좋은 선수가 아니었어요. 하지만 기술이 좋은 선수였죠. 그가 스텝백 점퍼를 처음 시도한 선수인지는 정확히 모르겠어요. 하지만 완벽한 기술을 보여준 것만은 확실합니다"라고 기억했다.

맥혼 코치에 따르면, 그 시절 NBA에는 지금처럼 기술 발전을 도울 코치가 없었다. 지금의 KBL과 같은 구조였다. 선수 개인이 스스로 기술을 습득하는 방법뿐이었다. 그래서 맥혼 코치는 "키키의 기술 향상이 다른 선수들로 하여금 늘 기량 발전을 위해 노력하는 데 눈을 뜨게 만들었다"고 평가했다.

1958년생인 키키 밴더웨이는 203cm의 포워드로, UCLA를 나와 1980년 드래프트에서 전체 11순위로 댈러스 매버릭스Dallas Mavericks에 지명됐다. 그는 전성기를 덴버 너게츠(1980~1984년)와 포틀랜드 트레일 블레이저스Portland Trail Blazers(1984~1989년)에서 보냈다. 그는 다른 흑인선수들처럼 득점력이 뛰어나진 않았지만 1982-83시즌에 득점 2위(26.7점)에 올랐고, 50득점도 여러 번 기록했다. 186-184로 NBA 역사상 한 경기 최다득점으로 끝난 디트로이트 피스톤스전에서는 51점을 넣기도 했다. 포틀랜드 합류 후에는 클라이드 드렉슬러Clyde Drexler와 짝을 이루어 활약했는데, 불의의 부상을 입기 전까지는 그 시대 최고의 득점원 중 한 명으로 명성을 떨쳤다.

밥 피어스 코치는 "키키가 스텝백을 개발했는지는 정확히 모르겠어요. 하지만 제가 처음 본 스텝백은 키키 밴더웨이의 것이었죠"라고 설명한다. "키키가 사용하던 기술들은 '키키 무브Kiki Move'라는 별칭이 붙었어요"라는 말도 덧붙였다. 〈시애틀 타임즈Seattle Times〉는 선수들의 말을 인용해 "리그 정상급 수비수를 붙여놔도 결국 그는 평균 득점을 달성할 것"이라고 보도하기도 했다. 그만큼 그는 잽 스텝Jab Step을 비롯한 풋워크가 뛰어났다.

그런데 취재 과정에서 흥미로운 사실 하나를 발견했다. 밴더웨이에게 '키키 무브'를 전수해준 사람이 따로 있다는 것이다. 그 장본인은 바로 NBA 로고의 주인공이자, 현역시절 '미스터 클러치Mr.Clutch'라 불렸던 제리 웨스트Jerry West였다.

밴더웨이는 현역시절 〈LA 타임즈LA Times〉와의 인터뷰에서 "아버지께서 웨스트의 주치의셨어요. 한 번은 그의 집을 따라갔는데, 그가 마당에서 제게 몇 가지 기술을 가르쳐주셨죠. 그 중 하나가 바로 발을 뒤로 빼는 것이었습니다"라고 말한 바 있다. 경기를 보면 그의 스텝은 스텝백 점프슛의 유형은 맞지만, 오늘날 커리나 하든이 쓰는 기술과는 조금 다르다. 다만 위에 참고한 코치들의 말대로 밴더웨이가 수면 위에 올려놓은 것은 맞는 것 같다.


## 전문가들이 생각하는 스텝백 마스터

그렇다면 NBA에서 스텝백 점프슛을 트레이드마크처럼 쓰는 선수는 누구일까? 가장 먼저 나오는 이름은 바로 'THE TRUTH' 폴 피어스Paul Pierce다. 폴 피어스 스스로도 이 동작을 자신의 시그니쳐 무브signature move라고 말할 정도다. 승부처에서도 이 동작으로 가장 많은 재미를 봤다. 피어스는 안정적이고 정확하다. 전성기에는 돌파와 마무리 또한 완벽했다. 레퍼토리가 다양하고, 기술뿐 아니라 밸런스가 좋고, 게다가 힘도 갖췄기에 상대가 수비하는 데 어려울 수밖에 없었다. 자신의 가치를 입증한 2015년 5월 애틀랜타 호크스Atlanta Hawks와의 플레

카이리 어빙의 드리블과 스텝, 슈팅 기술은 많은 농구 트레이너들이 참고할 정도로 막기가 힘들다.
ⓒ sound cat

이오프 준결승 시리즈 3차전에서도 그는 버저비터를 스텝백으로 처리했다. 덕분에 워싱턴 위저즈Washington Wizards는 103-101로 이기면서 2승 1패로 나아갈 수 있었다.

2016년 NBA 파이널 우승의 주역인 카이리 어빙Kyrie Irving은 코치들이 가장 많이 추천하는 선수다. 드리블에 관한한 어빙을 따라갈 선수가 많지 않다. 그의 드리블은 안정적이면서도 빠르다. 뺏기가 쉽지 않다. 밥 피어스 코치는 "어빙이 농구화 출시를 기념해 중국을 찾은 적이 있습니다. 그때 그는 학생들을 대상으로 스텝백 점프슛 노하우를 전수했죠. 정말 인상적이었던 시간으로 기억합니다. 그는 아마도 NBA에서 가장 자연스럽게 이 기술을 잘 쓰는 선수가 아닌가 생각됩니다"라고 말했다.

내가 기억하는 어빙 최고의 스텝백은 2013년 올스타 주간에 열린 라이징스타 챌린지에서 나왔다. 매치업 상대 브랜든 나이트Brandon Knight를 '배경'으로 만들면서 슛을 성공시켰다. 당시 기사에는 'ankle breaking stepback'이라는 표현이 쓰이기도 했다.

앞서 소개한 제임스 하든은 커리와 함께 미국의 스킬 트레이너들이 가장 많이 추천하는 대표적인 스텝백 점프 슈터다. 밥 피어스 코치는 "돌파 능력까지 훌륭한 선수이기 때문에 효율적으로 사용할 수 있는 거죠"라고 설명한다. 적지 않은 선수들이 하든에게 당하고 속았다. 한 솥밥을 먹었던 드와이트 하워드Dwight Howard는 하든의 스텝백 점프슛을 두고 '스텝 대디Step Daddy'라는 별명도 붙여줬다.

그 외 장신선수들의 스텝백 시도도 매년 꾸준히 늘고 있다. 앤드류 위긴스Andrew Wiggins(203cm), 해리슨 반즈Harrison Barnes(203cm), 케빈 듀란트Kevin Durant(206cm) 같은 포워드들의 스텝백 점프슛은 특히 위협적이다. 스피드나 탄력은 웬만한 가드 못지않게 좋은데다 보폭이 넓고, 타점까지 높기 때문이다. 카멜로 앤써니Carmelo Anthony(203cm), 덕 노비츠키Dirk Nowitzki(213cm)도 오래 전부터 스텝백 점프슛을 효과적으로 사용해왔다.


## 스텝백 점프슛, 한국에서는?

우리나라에서는 남녀 통틀어 변연하(은퇴)가 가장 위력적이었다. 외국인 선수 중에서는 찰스 민렌드Charles Minlend, 마퀸 챈들러Marquin Chanlder

부터 많은 포워드·가드 외국인 선수들이 스텝백 점프슛의 '진수'를 보여왔다. 최근에는 마리오 리틀Mario Little, 안드레 에밋Andre Emitt, 쉐키나 스트릭렌Shekinna Stricklen, 모니크 커리Mo Currie 같은 남녀 테크니션들이 돋보였다.

조성원 KBS N 해설위원은 여기에 이상민과 재키 존스Jackie Jackson도 꼽았다. "이상민 감독은 넓게 빼지는 않았지만 괜찮은 기술을 보였습니다. 재키 존스도 스텝 넣고 원 드리블 후 3점슛을 던졌는데 위력적이었죠."

하지만 스텝백 점프슛은 우리나라에서는 아직 대중화되지는 않은 기술이다. 한 마디로 경기중에 스텝백 점프슛을 사용하는 선수가 많지 않다. 성공률을 꾸준히 가져가는 선수가 몇 없다고 봐도 무방하다. 정인교, 조성원 등은 "배우기 대단히 힘든 기술"이라고 입을 모은다. 가장 큰 이유는 밸런스 때문. 두 전문가는 "하체의 힘과 밸런스가 정말 중요한 동작"이라고 입을 모았다. 여기에 기본적인 슈팅 능력도 있어야 한다.

스킬 트레이너들은 하체 밸런스뿐 아니라 공 컨트롤도 중요하다고 말한다. 국내 슈터들이 대부분 밸런스, 하체 힘만 이야기하는 것과는 달랐다. 타일러 랠프의 경우 "기술을 사용할 때 공을 보호하는 것도 중요해요. 스텝만 생각할 게 아니라 공을 몸쪽으로 붙여서 써야 합니다"라고 말했다. 2018-19시즌에 KBL에서 뛴 마커스 포스터Marcus Foster나 기디 팟츠Giddy Potts는 스텝백 점프슛에서 가장 중요한 비결 중 하나로 공을 뺏기지 않게 잘 보호하는 것이라고 말했다. 발 기술에만 신경을 쓰다가 공을 가로채기 당할 수 있기 때문이다. 사실 요즘처럼 경기중에 만들어진 오픈찬스조차 꺼려하는 선수들에게 스텝백 점프슛 기술

'삼산동 귀요미'라는 별명을 얻으며 사랑
을 받았던 전자랜드의 기디 팟츠. 팟츠의
스텝백 점프슛 기술 역시 '알고도 못 막
는' 무기였다. ⓒ 점프볼

은 그림의 떡일 수밖에 없다.

〈스포츠조선〉에서 개최한 '한국농구발전포럼'에서 유재학 현대모비
스 감독은 "기술은 본인이 원해서 해야 자기 것이 됩니다. 어릴 때 즐
기면서 습득한 것이 가장 좋습니다. 그렇다고 언제 그 좋은 스킬을 써
야하는지 모르면 아무 소용없죠. 자신의 기술을 언제 어떻게 지혜롭게
사용하는지가 중요합니다"라고 말한 바 있다.

그러나 환경적으로 국내선수들이 기술을 익히고 사용하기에 힘든
분위기라는 의견도 있다. 문태영에게 이를 물어봤을 때도 같은 이야기
를 했다. "개인 기술을 연마하기 위해서는 더 많은 시간과 노력이 필요
합니다. 하지만 한국은 시스템을 더 걱정하는 것 같습니다."

정인교 전 감독은 "예전처럼 스크린을 타고 나오는 농구 대신 외국인 선수에 집중되는 농구가 이뤄지면서 힘들어진 부분도 있습니다. 슈터들에게 나는 찬스라고는 더블팀에서 파생되는 찬스가 대부분이지요"라고 분석했다. 닭이 먼저냐, 달걀이 먼저냐의 문제겠지만 공을 갖고 뭔가 할 수 있는 권한이 주어진 국내선수는 그리 많지가 않다.

KBL을 너무나도 잘 아는 외국인 지도자들의 생각도 같았다. 밥 피어스 코치는 "스텝백은 습관이 중요합니다. 제임스 하든은 왼손잡이지만 공격의 방향에 한계가 없습니다. 어릴 때부터 드리블과 스텝을 동시에 익혔기 때문입니다"라며 어린 시절에 습관화시키는 것이 중요하다고 주장했다.

모리스 맥혼 코치는 조금 더 구체적으로 설명했다. "현재 KBL 코칭 스태프 구성은 예전의 NBA와 흡사하다고 생각합니다. 대부분의 지도자들은 기술 코치들에게 선수단을 맡기는 것에 약간의 거부감을 갖고 있는 것 같습니다. 한국에서 은퇴한 선수들 중 기술 코치의 가능성이 있는 이들이 있었지만, 기회가 부여되는 것 같지 않았습니다. 대부분의 팀들이 추가 코치 고용에 금전적인 부담을 느끼는 것 같았고, 여기에 지도자들도 거부감을 갖고 있기 때문이라고 생각됩니다."

그는 키키 밴더웨이의 성공 요인 중 하나로 기술 개발을 장려한 코치들을 꼽았다. "더그 모Doug Moe 감독[6]과 함께 선수 생활을 한 건 키키에게 대단한 행운이었습니다. 더그 모 코치의 오펜스 시스템에서 키키는 자신의 기량을 마음껏 발휘할 자유를 누렸죠."

덧붙여 그는 KBL도 이러한 시스템을 따라가야 한다고 말했다. 지금처럼 감독 한 명이 모든 걸 좌우하기보다는, 조금 더 분업화되고 개인의 기술 발전을 도울 만한 시스템이 마련되어야 한다는 것이었다. "현재 KBL은 젊은 아이디어를 사용해야 할 필요성이 있습니다. 감독들도 스킬 코치와 트레이너들에게 효율적인 지도를 할 수 있는 기회를 주어야 합니다. NBA는 이런 부분에 대해 아무런 간섭을 하지 않으며, 그런 기회를 마련해주고 있습니다. 저는 스텝백 점프슛이 KBL에서 매우 효율적으로 사용될 것으로 생각됩니다. 하지만 기술 습득을 위해서는 많은 시간과 개인의 노력이 필요하다고 생각합니다."

스텝백이든, 플로터든 선수에게 레퍼토리가 많으면 많을수록 관중들은 더 즐겁다. NBA 선수들이 시대의 변화에 따라 무기를 끊임없이 장착해가듯, 한국농구도 조금은 더 변화가 필요하지 않을까 싶다.

## 9장

# 기술의 시대를 맞은
# 한국농구

## 플로터는 기본기술이다

15년 전 국내농구 중계에는 플로터floater라는 단어를 들을 수 없었다. 플로터가 대중화되지 않았을 뿐 아니라 사용하는 선수도 극히 적었기 때문이다. 플로터는 NBA에서 크리스 폴Chris Paul이나 토니 파커Tony Parker 같은 선수들이 주무기로 사용했고, 이것이 전파를 타면서 익숙해졌다. 이 슛의 공식 명칭은 플로팅 점프샷floating jump shot으로, '띄우다'라는 사전적 의미에서 붙여졌다.

이미 이 책의 앞부분에서 여러 번 등장했던 밥 피어스 코치는 "플로터는 오버핸드 레이업에서 파생된 것으로 알고 있습니다. 가드 선수들이 돌파를 하다가 자유투라인 부근에서 빠르고 높게 던지곤 했죠. 주로 장신 선수들의 블록을 피하기 위해 던지는데, 최근에는 저도 농구 캠프를 열 때마다 단신 선수들에게 플로터를 알려주고 있습니다"라고

SK 김선형은 국내 가드 중에서 플로터를 비롯해 개인 레퍼토리가 가장 많은 선수 중 하나로 평가된다. 그 역시 '가드의 산실'이라 불리는 송도고등학교 출신이다.
ⓒ 점프볼

플로터에 대해 설명했다.

피어스 코치의 말처럼 플로터는 타점이 무척 높기 때문에 블록으로 저지하기가 쉽지 않다. 크리스 폴도 "어린 시절 단신의 한계를 극복하기 위해 여러 기술을 배웠는데, 그 중 하나가 플로터였습니다"라고 말한 바 있다. 그래서 그는 플로터를 '자이언트 킬러giant killer'라고도 표현했다.[1]

최인선 전 농구감독은 한때 '플로터 전도사'였다. 2004년, 〈수퍼액션〉 채널에서 나와 함께 NBA 중계를 했는데, 그때 그 기술을 보더니 "비기"라고 말했다. "우리 선수들에게는 플로터나 훅슛 같은 기술이 딱 맞습니다. 우리보다 큰 선수들이 많은 외국 팀들과 붙을 때도 우리가 신체적인 열세를 만회하려면 이런 기술들을 배워야 한다고 생각합니다." 그는 한동안 KBL 중계를 할 때마다 이 말을 해왔다.

하지만 플로터를 하는 방법을 알려주는 농구 교본은 한동안 나오지 않았다. 한 해 엄청난 양의 농구 교본이 나오는 미국에서조차도 플로터를 알려주는 책은 없었다. 디테일에 있어 세계 최고라 할 수 있는 일본 교재에서는 플로터에 대해 상세히 알려주고 있다. 그런 점을 본다면 일본이 신장의 한계를 극복하기 위해 얼마나 오랫동안 연구했는지 알 수 있다.²

## 한국 최초의 플로터 트레이너는?

하지만 우리나라에서 '플로터 전수'가 아예 시도도 되지 않았던 것은 아니다. '송도고 할아버지'라 불렸던 고故 전규삼 선생(1915~2003년)은 전술보다는 개인기를 중요하게 여겼던 지도자였다. 그의 밑에서 멕시코올림픽 국가대표 유희형을 시작으로 김동광과 이충희, 강동희, 홍사봉, 신기성, 김승현 등 수많은 국가대표가 배출됐다.

제1호 제자였던 유희형은 전규삼 선생을 "시대를 앞서간 지도자"라 말한다. 송도고 출신으로서 스킬 트레이너로 활동중인 김현중은 "가끔 이야기합니다. 어쩌면 대한민국 제1호 스킬 트레이너는 할아버지였을지도 모른다고요"라며 스승의 남다른 지도 방식에 감탄했다. 김동광 KBL 경기본부장도 동의했다. "지금도 대단하셨다는 생각이 듭니다. 플로터, 스텝백 점프슛, 페이더웨이… 어떻게 그 시절에 그런 기술을 가르치실 생각을 하셨을까 하고 말이죠."

전규삼 선생의 훈련은 유별났다. 대다수 학교가 운동장 달리기로 훈련을 시작하던 시절, 그는 달리기 대신 체조로 훈련을 시작했다. 신체 밸런스가 좋아야 자세도 잘 나온다는 이유에서였다. 떨어질 때 다치지 말라고 낙법도 가르쳤다. 공격할 때는 비하인드 백 패스behind back pass, 노 룩 패스no look pass 등을 장려했다. 대신 속공 상황에서 특정 선수가 드리블을 오래 하는 것은 싫어했다. 비효율적이라는 의미에서였다. 가드, 센터 할 것 없이 훅슛을 해보라고 했다. 1960년대부터 그래왔다.

지금처럼 유튜브도 없고, 인터넷도 안 되던 시절에 과연 전규삼 선생은 어떻게 이런 기술을 가르칠 생각을 했던 것일까? 제자들은 일본 유학시절에 보았거나, 송도 근처의 미군기지에서 미군들이 농구하는 것을 보고 영감을 받은 것 같다고 하지만 구체적인 근거 자료는 없다. 다만 그렇다 하더라도 50, 60세가 넘은 지도자가 몸소 시범을 보이며 선수들에게 이런 기술을 전수했다는 것 자체가 대단한 일이 아닐까 싶다.[3]

그러나 이런 기술들은 송도고를 벗어나면 흐름이 끊겼다. 당시 절대다수의 지도자들은 위험한 플레이를 선호하지 않았기 때문이다. 속공에서 3점슛 던지는 것을 허용한 것도 그리 오래되지 않은 일. 당시 지도자들은 실책을 유발하거나 성공 확률이 떨어지는 플레이는 엄격하게 금지시켰다.

지난 2018년 10월, 〈스포츠조선〉이 개최한 '제4회 한국농구 발전포럼'에 참석한 김승현은 "학교에서부터 기본기 위주로 가르쳐야 하는 건 당연하다고 생각합니다. 우리나라 학원스포츠가 기본기부터 탄탄히 하는 식으로 운동했으면 지금보다 수준이 높아졌을 거라고 생각합니다. 중·고등학교 때는 개인기를 강조하는 운동이 필요해요. 시스템은 이후에 맞추면 되고요. 어렸을 때 개인기를 갖추지 않으면 기술 발전이 더딜 수밖에 없습니다. 할아버지 스타일이 정답일 수는 없겠죠. 하지만 장점을 차용한 운동이 되어야 농구의 발전이 있다고 생각합니다. 현재 스킬 트레이닝이 유행처럼 번지고 있는 것도 이런 이유가 아닐까 싶습니다"라고 주장했다.[4]

## 개인 기술을 장려하는 시대

전규삼 선생과 그의 정신을 이어받은 김승현과 김현중까지, 많은 이들은 한국농구가 나아가야 할 길은 개인기 습득이라고 강조한다. 플로터도 그 중 하나다.

사실 미국에서도 플로터 연습은 당연한 것처럼 여겨진다. 신장이 작은 선수들에게는 필수 무기가 된 셈. 그런 면에서 KBL에서 플로터 같은 여러 공격 기술들이 보편화되고 대중화된 것도 2015-16시즌부터 시행된 '단신 외국인 선수 영입'이 영향을 줬다고도 볼 수 있다. (이런 생각도 해봤다. 우리에게는 플로터나 스쿱샷을 보고 배울 교재도 없었고, 자주 쓰는 선수도 없었다. 외국인 선수들도 대부분 센터와 파워포워드 위주로 선발하다 보니 실전에서 직접 눈으로 보고 배울 기회도 없었다. 과거에도 이런 선수가 없었으니, 당연히 감독과 코치 중에도 이런 기술이 익숙한 사람이 없었을 것이다. '보급'에 앞서 '인식 전환'이 늦게 이뤄진 이유다.)

스킬 트레이너 타일러 랠프Tyler Relph는 "미국에도 르브론 제임스Lebron James 같이 체격이나 운동능력이 좋은 선수들만 있는 건 아닙니다. 모두가 엄청난 운동능력을 갖고 있는 건 아니죠. 대표적인 스타가 스테픈 커리Stephen Curry겠죠? 커리는 운동능력은 훌륭하지 않지만 기술적인 관점에서는 전혀 약점이 없는 선수입니다. 하지만 이 정도의 경지에 오르기까지 얼마나 노력을 많이 했을까요? 미국이든 중국이든 자신의 약점을 기술적으로 메울 수 있도록 노력해야 합니다. 본인이 느끼기에 그것이 약점이 아니라고 생각될 때까지 노력해야죠."

KBL 원주 DB 김성철 코치는 2017년 미국 마이너리그(G리그) 연수 과정에서 이러한 분위기를 생생히 체험하고 왔다. "미국 선수들은 플로터를 잘 씁니다. 그리고 실제로 훈련 중에 플로터 연습을 굉장히 많이 합니다. 프로가 되면 주로 잘 통하는 기술만 쓰잖아요. 그런데 미국 선수들은 연습 때는 잘 안 되는 기술 보강을 위해 시간을 할애합니다. 스텝 연습도 많이 하고요. 개인적인 부분이 많습니다. 비디오 분석도 마찬가지인데요, 훈련 끝나고도 코치들이 개별적으로도 불러서 편집 영상을 보여주고 미팅을 갖습니다. 선수들도 자신을 위한 것이라 생각해서 코치들 주문을 받아들이죠. 그들의 목표는 NBA인 만큼 NBA선수가 되는 데 필요한 기술은 뭐든 흡수하려고 합니다."

국내 지도자들의 시각도 조금씩 바뀌고 있다. 앞서 말했듯, 플로터 같은 개인 기술에 대해서는 회의적인 시각이 있었다. "화려한 기술"이라고 말하는 이들도 있었다. "우선은 기본인 레이업부터 제대로 하고 배워라"라는 입장이다. 물론 그것도 맞는 말이다. 공을 잡는 방법, 패스, 드리블도 잘 못하는 선수가 플로터부터 배우고 사용한다는 것은 순서가 안 맞는다. 그래도 최근에는 플로터를 대하는 선수와 지도자의 온도차가 줄고 있다.

# 중요한 것은 반복 훈련이다

"코치님, 플로터는 기본기인가요, 개인기인가요?" 스킬 트레이너 제이슨 라이트Jason Wright에게 이렇게 물었을 때, 라이트 코치는 조금도 고민하지 않고 대답했다.[5] "플로터? 그건 그냥 기본기예요. 어느 레벨에서든 보편화된 것이죠."

라이트의 훈련을 참관할 기회가 있었다. 그는 선수들에게 장신 코치들을 앞에 두고 플로터를 시도하는 방법을 전수했다. 하지만 아직 점프 스톱이 익숙하지 않고, 점프슛을 던지던 습관이 있다보니 동작이 부자연스러웠다. 훅슛 동작이 되는 선수도 있다. 앞에서도 언급했지만 플로터는 방향이나 거리 조준이 쉽지 않다. 강도 조절이 안 돼 백보드를 맞고 세게 튕기는가 하면, 아예 백보드를 넘길 때도 있다. 정면과 베이스라인에서 시도할 때도 다르다. 그래서 프로선수 중에서도 연습 중에 포기하는 경우가 더러 있다. (언젠가 나도 집 앞 골대에서 따라해봤는데, 이들처럼 처음에는 굉장히 어설픈 자세가 나왔다. 백보드를 넘기기 일쑤였다.)

훈련 후 라이트는 선수들에게 재차 강조했다. "플로터든, 레이업이든, 점프슛이든 궁극적으론 반복 훈련이 중요합니다. 여기서 배운 걸 자기 것으로 만드는 것이 중요하죠."

국내에서 스킬 트레이너 시장을 개척한 안희욱 트레이너도 라이트 코치의 말에 동의했다. "기본적으로 선수들이 열심히 해주는 것이 중요합니다. 제가 가르친 부분을 지도자들이 원하는 부분과 잘 접목시켜서 훈련해야 해요."

트레이닝 센터를 개원한 뒤 안희욱 트레이너가 무슨 일이 있어도 등한시하지 않은 일이 있다. 대회 현장을 찾아 선수들의 플레이를 촬영하

스킬 트레이너들은 말한다. "어떤 기술이든 반복과 연습 없이는 결코 발전이 없다." ⓒ 점프볼

고, 격려하는 일이었다. 가르쳐준 부분을 얼마나 잘 수행하는지, 얼마나 열심히 하고 있는지를 본 것이다. "훈련을 받은 선수들은 꾸준히 자기 것으로 만들고자 하는 노력이 필요합니다. 또 그것을 과시하기보다는 팀에 접목시켜 '농구'라는 큰 틀 아래 이해하려고 애를 써야 합니다."

## 자신만의 주무기를 장착하라

작은 선수일수록 플로터 같은 기술이 반드시 필요하다. 2014년 인천 아시안게임 현장에서 만난 토가시 유키Togashi Yuki는 나에게 뼈 있는 이야기를 하나 해주었다. 그는 일본 프로리그 B리그의 최연소 베스트

5에 이름을 올린 포인트가드다. 빠르고 감각적이며 공격적인 농구를 펼치는 선수로, 2012년 일본에서 열린 'NBA 국경 없는 농구'에서 캠프 MVP가 되기도 했다. 이후 그는 미국 대학에 진학하고자 했지만 실패하자, 곧장 미국 G리그에 도전하기도 했다. 이 과정에서 유키가 익힌 슛이 바로 플로터였다. "저는 미국에서 뛰고 싶어서 훈련을 많이 했어요. 슛 정확도도 높이고 싶었고, 빠르고 강한 상대와 부딪치기 위한 연습도 했죠. 플로터도 배웠어요."

유키는 자신의 기술을 '슈퍼 플로터'라고 소개했다. "아버지가 중학교 코치님이셨어요. 어릴 때부터 키가 작은 것을 극복할 만한 나만의 기술을 만들어야 한다고 강조하셨죠. 그래서 익힌 기술이 바로 슈퍼 플로터죠."

유키는 2014년 NBA 서머리그까지 출전했지만 아쉽게도 NBA 정규선수가 되는 데는 실패했다. 그러나 일본에 돌아온 뒤에도 훈련을 이어간 덕분에 지금은 일본 프로농구에서 가장 유명한 농구선수가 됐다.

국내 교재에서 볼 수 없는 슛은 플로터만이 아니다. 스쿱샷scoop shot은 언더핸드 레이업underhand layup의 일종이지만, 슛을 얹어놓는 자세가 미세하게 다르다. 아래에서 위로 높이 띄우는 식이다. 국자로 국을 푸는 동작 같다고 해서 '스쿱'이라는 명칭이 붙었다.[6]

스쿱샷은 NBA 득점왕 조지 거빈George Gervin의 주특기였던 핑거롤finger roll과도 다르다. 레이업처럼 올라가 손가락 끝으로 부드럽게 감아 림에 놓고 오는 동작이다. 때문에 섬세한 감각이 필요하다. 오늘날에는 커리Stephen Curry, 드웨인 웨이드Dwayne Wade 등이 '전매특허'처럼 사용중이다.

스텝백 점퍼stepback jumper는 점프슛이지만 슛을 던지는 과정이 다르

'훅슛 장인' 카림 압둘-자바의 방한 당시 모습(2009년). 그는 "이게 과연 통할까 걱정도 했지만, 그래도 결국에는 '노력하길 잘했다'는 마음을 갖게 됐다"고 훈련 과정을 돌아봤다. ⓒ 점프볼

다. 드리블을 하다가 한 걸음 물러나서 던진다. 이러한 신속한 동작으로 상대 선수와의 공간을 벌려놓는다. 미세하게나마 타이밍의 우위를 점하는 방식이다.

미국 현지 코치들은 '득점원'이라면 누구나 수비를 흔들 만한 자신만의 비기가 있어야 한다고 말한다. 카림 압둘-자바 하면 먼저 떠오르는 '스카이 훅sky hook (상대의 머리 위를 넘겨 던지는 슛)'이나 마이클 조던의 '페이더웨이 점퍼fadeaway Jumper (눕듯이 뒤로 젖히면서 던지는 점프슛)'처럼 트레이드 마크가 되진 않더라도, 상대가 어떤 수비를 쓰든 대처가 가능한 자신만의 레퍼토리가 있어야 한다는 의미다. 실제로 앞서 언급한 커리, 하든, 듀란트 등은 레퍼토리가 다양하다. 플로터는 선수들의 수많은 무기 중 하나일 뿐이다.

'정식'의 범주에 넣긴 애매하지만 스티브 내쉬와 주희정(고려대 감독대행)은 전성기부터 자신만의 레이업 방식이 있었다. 흔히들 서커스 샷circus shot이라 하는데, 전혀 들어갈 것 같지 않은 밸런스와 타이밍에서 절묘하게 슛을 성공시키기에 이런 이름이 붙었다. 데릭 로즈Derrick Rose의 라커 스텝Rocker Step, 존 월John Wall의 시저 스텝Scissor Step 등 자신만의 특징을 살린 개인 기술도 있다.

## 실전에서 통하면 그게 내 기술!

주희정 감독대행은 이런 기술이 자신의 것이 되는 데 있어 '습관'과 '자신감'이 중요하다고 말했다. "내 것이 됐다는 것은 경기중에도 잘 써먹을 수 있다는 의미거든요. 실전에서 통하면 그게 내 기술이 되죠."

NBA에서도 이 과정은 다르지 않다. 커리는 "실패해봐야 왜 실패했는지 알 수 있다"는 말을 정말 많이 강조하는 선수다. "연습할 때는 괴상한 폼으로 이것저것 시도해봐요. 경직된 훈련만 하면 재미가 없잖아요. 말도 안 되는 슛이지만 일단 해봅니다. 동료들도 그게 재미있어 보이는지, 저를 따라합니다. 익숙해질 때쯤 되면 우리들 것이 되는 거죠. 자연스러워질 때까지 반복합니다."

실제로 경기중에 커리는 "저게 말이 돼?"라는 감탄이 절로 나올 만한 슛과 패스를 자주 시도한다. 하지만 이것은 결코 우연이 아니었던 것이다. 보스턴 셀틱스Boston Celtics 감독 브래드 스티븐슨Brad Stevenson 감독도 "커리를 보고 있으면 '항상 안 될 거야', '설마 … 안 하겠지' 하는 타이밍에 뭔가를 해내더군요"라며 기가 막혀했다.

결국 좋은 기술을 얻기 위해서는 경직된 자세에서 벗어나 내 것을 만들기 위한 노력을 이어가는 수밖에 없다. 그리고 자신의 플레이에 자신감을 가져야 한다.

남자프로농구 고양 오리온의 추일승 감독이 기자단에게 했던 말이다. "우리 선수들을 보면 돌파했다가 꼭 '유턴'을 합니다. 잘 치고 들어가다가도 블록슛에 걸릴지 모른다는 걱정이 들어 주변을 찾더군요. 미국 선수들은 그런 게 없어요. 그대로 치고 올라가요. 어릴 때부터 그렇게 배운 영향이죠."

추일승 감독 말처럼, 십수 년 농구를 해오며 몸에 밴 습관과 버릇을 버리기란 쉽지 않을 것이다. 현대모비스 유재학 감독도 "대학생 때도 늦습니다. 프로에 왔을 때는 이미 고치기 힘든 상태일 때도 많습니다. 그래서 저도 연습할 때 하루에도 몇 번씩 지적하고 혼낼 때가 있습니다"라고 말했다.

어릴 때부터 개인 기술을 연마하는 것이 중요한 이유다. 플로터도 그렇다. 누군가에게는 멋 부리는 기술처럼 보일지도 모르나 정상적인 맞대결이 불리할 때, 즉 신체조건이 열세일 때는 이 기술이 수비를 혼란시킬 수 있는 무기가 될 수 있다. 즉 적어도 우리에게만큼은 기본기 못지않게 중요성이 강조되어야 할 기술이란 의미다.

중요한 건 이러한 중요성이 프로가 아닌 청소년기부터 강조되어야 한다는 사실이다. 뭐든 흡수가 빠른 시기에 그 중요성을 깨닫고 실전처럼 훈련해 궁극적으로 경기에서 써먹을 수 있을 때, 그 기술적인 수준도 한층 더 발전하게 될 것이다.

또한 선수들에게는 포기하지 말라는 말도 해주고 싶다. 종종 유망주 중에서는 자기 발전 속도가 늦어져 힘들어하는 이들이 있다. 그런 선수들을 볼 때마다 문자메시지 등을 이용해 '스카이 훅'의 대가인 압둘-자바가 했던 말을 그대로 전달해주었다. "나는 스카이 훅을 완벽하게 소화하기 위해 셀 수 없이 많은 시간을 연습했습니다. 최고가 되기 위해 노력하는 동안 선수들은 많은 절망감을 경험하고, 이 동작이 이렇게 많은 시간과 노력을 들일 만큼 가치가 있는 것인가에 대한 의구심을 가지게 됩니다. 그렇지만 지금 나는 노력하길 잘했다고 생각합니다."

# 10장

힘차게 밟아보자,
유로 스텝

## 유로 스텝은 어디에서 왔나?

농구만큼 기원과 발전 과정이 명확히 명시된 구기 종목도 없다. 농구를 누가 만들었고, 어떻게 'basketball'이라 불리게 됐고, 첫 경기가 언제 어디서 어떤 규칙으로 열렸는지도 명확하다. 그런데 언제, 어떤 식으로 유행하기 시작했는지에 대한 정보가 불분명한 것들도 농구엔 간혹 있다.

대표적인 게 바로 '기술'이다. 그 중에서도 '유로 스텝euro step'은 기회가 될 때마다 국내외 베테랑 코치, 기자들에게 그 시작을 물어도 "이래서 이런 거야"라는 구체적인 답을 듣지 못했다. "아마도 이랬을 거야"라는 의견만 많았다. 기원을 정확히 알아야 취재를 속 시원히 할 수 있을 것 같아 기사 진행이 한참 더뎠다. 고민을 많이 했다.

영국 드라마 '닥터 후Doctor Who'처럼 타디스tardis를 타고 옛날로 돌아

마누 지노빌리는 유로 스텝에 있어 실력이 남다른 선수였다. ⓒ FIBA

갈 수 있다면, 노진구처럼 도라에몽에게 부탁해 그날로 돌아가 확인할 수 있다면 참 좋으련만, 그러지 못해 애석할 따름이다. 확실한 건 유로 스텝이라는 기술의 명칭이 NBA나 세계농구에서 통용되기 시작한 건 2000년대 중후반 이후의 일이란 것이다. 2007년 한국농구연맹 KBL을 통해 발간된 『농구용어사전』이란 책이 있었다. 이 책의 작업은 이미 2002년경부터 이뤄졌다. 당시 나는 집필자인 농구원로 이우재 선생 작업을 도왔는데, 그때도 유로 스텝이라는 단어는 없었다.

　마누 지노빌리Manu Ginobili는 유로 스텝이라는 명칭이 처음 유행할 '당시' 이 스텝의 일인자였다. 그의 유로 스텝은 어찌나 절묘하던지 처음에는 선수들조차 "트래블링이 아니냐"는 말을 했을 정도였다. 그러나 지노빌리가 이를 코트에서 자연스럽게 구사해 점수를 쌓고, 지노빌리를 후원하던 나이키NIKE가 이를 활용한 교육 영상을 만들면서 자연스럽게 이 스텝을 배우고 쓰는 선수들이 늘었다. 실제로 라저 메이슨 주니어Roger Mason Jr.(2014년 이후 소속 없음)는 "샌안토니오 스퍼스에 있을 때 지노빌리와 토니 파커Tony Parker에게서 직접 배웠다"고 인터뷰했다.

하지만 없던 스텝이 갑자기 생겨난 건 아니었다. 예전부터 사용되던 '스터터 스텝stutter step'이 진화 혹은 폭이 넓어진 것이라 보는 의견을 가진 코치도 있고, 보편적으로 알려진 것처럼 NBA의 '1세대 유럽선수' 사루나스 마르셜오니스Sarunas Marciulionis가 NBA에서는 시초였다고 생각하는 코치도 있었다. (사실 '시초'라 보기는 어렵다. 마르셜오니스가 데뷔하기 훨씬 전인 엘진 베일러Elgin Baylor와 줄리어스 어빙Julius Erving, 조지 거빈George Gervin, 그들에 앞서 밥 쿠지Bob Cousy, 패트 매러비치Pete Maravich 같은 테크니션들도 비슷한 스텝을 '이류' 전에 사용하는 영상을 볼 수 있었다.)

명칭도 다양했다. 마르셜오니스의 기술은 국제농구연맹FIBA 기사에서 '오른쪽에서 왼쪽 드라이브(right to left drive)'로 표현됐다. 일본의 한 서적은 '지노빌리 스텝'이라 소개하기도 하고, 국내 농구인 사이에서는 '지그재그 스텝'이라고도 불렸다.

최인선 전 감독도 "나에게는 '지그재그 스텝'이란 용어가 더 친숙하게 다가온다"라고 말한 기억이 있다. 아예 처음 본 기술이 아님을 의미했다. 또 드웨인 웨이드Dwyane Wade는 〈NBA TV〉와의 인터뷰에서 이 기술을 '원-투 사이드 스텝'이라고 소개했다. ('투 스텝'이라 부르기도 했다. 웨이드는 "장신의 수비를 피해 쉽게 점수를 딸 수 있는 방법"이라고 했다.)

# 유로 스텝을 대중화시킨 마르셜오니스

유로 스텝 취재는 농구 커뮤니티에서 필명 'DR.J'로 활동중인 한준희 박사의 조언이 결정적인 도움이 됐다. NBA뿐 아니라 농구에 대한 깊은 식견을 지닌 그는 "이 동작의 실질적인 창시자는 마르셜오니스라 생각한다"고 말했다. 즉 마르셜오니스를 이 기술을 대중화시키고 가장 잘 써먹었던 선수로 본 것이다. "마르셜오니스의 유로 스텝은 미국 선수들과 달리 2번째 스텝의 보폭과 꺾이는 각도가 굉장히 컸습니다. 그 부분 덕분에 마지막 레이업을 올리기 직전에 수비수의 타이밍을 뺏는 것이 유리했죠."

마르셜오니스는 1989년 NBA에 건너올 당시만 해도 구소련 소속이었다. 1988 서울올림픽도 구소련으로 출전했다. 그런 그를 NBA로 데려온 이는 바로 골든스테이트 워리어스의 돈 넬슨Don Nelson 전 감독의 아들, 도니 넬슨Donnie Nelson(현 댈러스 매버릭스 단장 겸 농구단 사장)이었다. 우연히 마르셜오니스와 친분을 갖게 된 그가 "너의 기술이라면 NBA에 충분히 올 수 있을 것"이라고 설득했던 것이다. 그때만 해도 냉전이 확실히 종식이 안 됐고, 공산주의 영향이 있었기에 마르셜오니스의 NBA 진출은 쉽지가 않았다. 그래서 도니 넬슨은 "거의 탈출시키다시피 했다"고 데뷔 과정을 설명하기도 했다.

마르셜오니스의 NBA 데뷔는 성공적이었다. 골든스테이트에서 보낸 1992년과 1993년에는 '올해의 식스맨sixthman of the year' 투표에서 2년 연속으로 2위에 올랐고[1], 통산 12.8득점을 남기고 은퇴했다. 그가 NBA에 적응하는 과정에서 미국인들을 가장 놀라게 한 부분은 생각보다 강한 피지컬과 기술이었다.

유럽 선수들은 '소프트하다'는 인식이 강했지만, 마르셜오니스는 날 다람쥐처럼 수비 틈을 빠져나가며 점수를 올렸다. 그때 종종 보인 기술이 바로 유로 스텝이었다. (마르셜오니스는 자신의 재능과 영향력을 가장 잘 사용한 인물이기도 했다. 은퇴 후 그는 리투아니아 농구협회를 창립해 회장이 됐으며, 자신의 이름을 딴 농구 아카데미를 열어 신진 양성에도 힘썼다. FIBA 명예의 전당뿐 아니라 미국농구 명예의 전당에도 이름이 올라있다.)

한준희 박사가 마르셜오니스만큼이나 강조한 선수가 한 명 더 있었다. '유러피언 매직' 혹은 '핑크 팬더'라 불렸던 '유럽 시절'의 토니 쿠코치Toni Kukoc다. NBA 팬들에게 쿠코치는 1990년대 시카고 불스Chicago Bulls에서 3번 우승을 차지한 올-어라운드 플레이어 혹은 전문 식스맨으로 유명하다. 그는 1995-96시즌에 '올해의 식스맨' 상도 수상했다. 시카고에서 쿠코치는 미스매치를 노린 포스트업, 공 없는 상황에서의 커트인, 외곽슛 등이 주무기였다. 필자가 기억하는 쿠코치는 부드러운 스핀 무브로 공을 올려놓거나, 마이클 조던, 스카티 피펜Scottie Pippen과의 기브-앤-고give-and-go, 속공 전개 등이 뛰어난 선수였다. 그는 패스워크도 훌륭했다.

하지만 한준희 박사는 NBA와 유럽 무대에서 쿠코치가 보인 스타일은 다소 차이가 있다고 전했다. "1980년대 후반부터 1990년대 초반까지 쿠코치의 전성기 경기를 보면 입이 쩍 벌어졌습니다. 왜 제리 크라우스(전 시카고 불스 단장)가 쿠코치를 영입하려 했는지 이해가 갔죠. 당시 쿠코치의 주무기가 유로 스텝이었습니다. 탑top(정면)에서 시작하는 공격은 엇박자 드리블과 유로 스텝, 반 박자 빠른 패스로 정리할 수 있는데 그 긴 다리로 자유자재로 방향을 바꾸고, 큰 보폭에서 레이업, 덩크, 플로터, 패스 등이 연결되다보니 수비하기 힘들어 했습니다"라고 기억했다.

이야기를 듣고 쿠코치의 유럽 시절 경기를 다시 보면서 나는 내가 많은 것을 놓치면서 봤다는 것을 알게 됐는데, 속공 상황이나 돌파 상황에서 넓은 보폭으로 수비를 현혹시킨 뒤 재빨리 골밑의 동료에게 룸서비스room service를 건네는 쿠코치의 장면도 볼 수 있었다. 그러나 마르셜오니스의 경우 고질적인 무릎 부상으로, 쿠코치는 소속팀의 환경적 요소(트라잉앵글 세트 플레이, 마이클 조던)에 의해 유럽 시절처럼 자유롭게 이어가진 못했다.[2]


## 유로 스텝의 마스터는 지노빌리

유로 스텝이 하나의 기술로 대중에게 인식된 것은 2002년, 아르헨티나 국적의 지노빌리가 NBA에 데뷔하면서부터였다. 전성기의 지노빌리 역시 상상을 초월하는 테크니션이었다. 흑인들처럼 점프력이 놀라울 수준은 아니었지만, 풋워크와 밸런스는 그 어느 선수 못지않게 훌륭했다. 많은 전문가들은 당시 풋워크 일인자 중 하나로 지노빌리를 꼽았고, 토니 파커 역시 지노빌리에게 적지 않은 영향을 받은 것으로 알려졌다.

축구가 넘버원 스포츠인 아르헨티나에서 태어난 그는 축구의 풋워크로부터 많은 영향을 받았다고 말한다. 중남미와 유럽 등 축구가 큰 영향력을 끼치는 나라에서 자란 선수들 중에는 지노빌리 같이 축구의 발재간으로부터 풋워크를 발전시킨 선수들이 더러 있다. 은퇴한 스티브 내쉬Steve Nash도 알아주는 축구 마니아이자, 스텝의 일인자였다.

제임스 하든은 지노빌리와 웨이드를 보며 유로 스텝을 연마했다고 말했다. ⓒ stance

　지노빌리의 경우 스피드와 탄력도 나쁘지 않았고, 특유의 리듬으로 상대 타이밍까지 절묘하게 뺏으며 공격에 공헌했다. 점프 후 이어지는 마무리 기술도 다양했다. 또한 지노빌리 역시 시야가 넓고 여유가 있어 유로 스텝 과정에서 동료들을 활용하는 플레이로 쏠쏠한 재미를 보기도 했다.

　휴스턴 로케츠의 제임스 하든은 〈다임DIME〉지와의 인터뷰에서 "지노빌리, 웨이드 플레이를 보면서 연습을 시작했습니다. 바스켓을 향해 갈 때 누군가 공격자 파울을 얻어내고자 앞에 서있을 때 종종 사용합니다"라고 말했다. 더마 데로잔(샌안토니오)도 "지노빌리의 플레이에서 영감을 많이 받았습니다"라고 말했다.

　웨이드는 미국 빅맨 코치들에게도 '배워야 할 풋워크'를 갖춘 선수로 추천받는 선수다. 2008년 타계한 전설적인 빅맨 지도자 故 피트 뉴웰Pete Newell은 자신의 저서에서 웨이드를 이렇게 평가한다. "NBA에서 웨이드만큼 훌륭한 풋워크를 갖춘 선수는 없다. 첫 스텝은 대단히 빠르고, 2번째 스텝은 강했다. 덕분에 그가 폭발적으로 달려가 높이 올라갈 수 있도록 도왔다." 피트 뉴웰 코치는 또한 "웨이드를 특별하게 한 것은 보폭이나 점프력이 아닌 볼을 다룰 때의 풋워크였다. 드라이브할 때의 강점은 미식축구의 런닝백 같은 방향전환과 속도조절에 있었다. 게다가 리듬이 있었다"라고 설명했다.

## 유로 스텝은 언제 사용하나?

2016-17시즌 여자프로농구에서 KEB하나은행의 김지영이 농구팬들을 깜짝 놀라게 한 장면이 있었다. 속공 상황에서 유로 스텝으로 상대를 제치고 더블클러치 스타일로 레이업을 얹어놓은 것이다. 중계를 하던 캐스터도, 보던 팬들도 놀랄 수밖에 없는 장면이었다. KBL에서도 국내선수 중에는 김선형(SK)을 제외하면 자주 볼 수 없었기 때문이다.

스킬 트레이닝 아카데미 '프리 드로우free throw'의 변기수 트레이너는 유로 스텝의 장점에 대해 다음과 같이 설명했다. "수비자가 오펜스 파울을 얻어내기 위해 기다리고 있을 때가 있습니다. 이때 유로 스텝은 유용한 기술이죠. 오른쪽-왼쪽, 왼쪽-오른쪽 등으로 크게 수비를 따돌리면서 올라갈 수 있습니다."

켄터키Kentucky 대학의 존 칼리파리John Calipari 감독은 유로 스텝이 더 빠른 페이스로 골대에 접근하거나, 파울을 얻어낼 수 있다는 측면에서 효율적인 기술이라고 설명했다. 그래서 선수들에게 유로 스텝 사용법을 가르치는가 하면, 고교생들을 대상으로 진행하는 클리닉의 정규 커리큘럼에도 포함시켰다. 실제로 내가 만나온 미국 스킬 트레이너들은 "농구를 배우는 단계가 낮을수록 습관으로 만들기 수월하다"는 배경에서 초등학생, 중학생 선수들에게 유로 스텝을 전수하고 있다고 귀띔했다.

웨이드의 한 경기 장면을 떠올려보자. 생생히 남아있는 장면 중 하나인데, 야오밍이 아직 휴스턴 로케츠 센터로 뛰던 시절이었다. 웨이드를 막기 위해 자유투 라인에서 조금 아래 지역에서 기다리고 있었다. 드리블로 들어오던 웨이드는 오른쪽으로 가는 것처럼 스텝을 놓더니 다시 왼쪽으로 2번째 발을 내딛어 야오밍의 중심을 흔들고선 그대로 리버스 레이업을 성공시켰다.

서있는 수비자가 아니라, 뒷걸음질하면서 따라오는 수비자는 더 불리하다. 러셀 웨스트브룩Russell Westbrook이나 제임스 하든은 실제로 시선까지 이용해 상대를 속이고선 동작을 옮기는데, 이때 수비자들은 뒷걸음질 상황이라 더 불리할 수밖에 없다. 하든의 경우 유로 스텝에 다양한 동작을 가미하고 있다. 이제 그에게 유로 스텝은 하나의 트레이드마크이자 가장 쉬운 아이템 중 하나가 됐다. (유로 스텝을 안 쓰는 선수도 있다. 워싱턴 위저즈의 존 월John Wall 같은 경우는 "나의 기술은 아닌 것 같다. 유로 스텝만 밟으면 공격자 파울을 범한다"라며 "하든과 지노빌리 같은 선수들은 수비를 끌어 모으는 데 일가견이 있지만, 나는 그게 편하진 않다"라고 말한 바 있다.)

이처럼 세계적으로 대중화되고 있는 기술이지만, 국내 지도자 중에서는 유로 스텝에 대해 회의적인 시각을 가진 이들도 있다. "잘못 쓰면 다 트래블링에 걸린다"는 이유가 첫 번째이고, "겉멋이 든 플레이다"라는 것이 2번째 이유다. 그래서 스킬 트레이너를 초빙할 때도 "이 부분(유로 스텝)은 제외하자"고 주문하는 이도 있는 것으로 알려졌다. (드롭 스텝drop step도 같은 이유로 고운 시선을 안 보내는 이들이 있다.[3]) 물론 모두가 그런 것은 아니다. 연령대가 낮아지고, 말 그대로 영상을 통해 '신기술'을 접할 수 있는 기회가 몰라보게 늘어나면서 기술 습득에 대해 개방적인 자세를 취하는 지도자들도 늘고 있다.

김지영과 이주연(삼성생명)이 경기중에 이런 기술을 사용할 수 있었던 것도 결국 그들에게 개인기술의 중요성을 강조한 인성여고 안철호 코치와, 그들의 장점이 경기중에 발휘되게끔 유도한 이환우 감독(전 KEB하나은행), 임근배 감독(삼성생명)의 선택이 영향을 주었을 것이다.


## 유로 스텝은 어떻게 연습해야 할까?


"기술을 배우면서 느꼈습니다. '이런 기술들을 진작 배웠더라면…' 하고 말이죠. 저도 써보니 재미있더군요. 선수들도 기술을 정확히 알면 더 재미있을 것입니다." 스킬 트레이닝 센터 '퀀텀Quantum'을 운영하는 김현중 코치의 말이다. 은퇴 후 김현중은 유명 트레이너 마이카 랭카스터Micah Lancaster로부터 커리큘럼을 사사받아 새 커리어를 시작했다.

최근에는 스킬 트레이닝이 활성화되고, 온라인에서도 훈련 영상이 많이 배포되면서 실전에서 유로 스텝을 쓰는 젊은 선수들이 늘고 있다. 정보가 많다보니 캐치도 빠르고, 새로운 정보를 받아들이는 데 있어 거부감이 없다. '스킬 트레인Skill Train' 대표 안희욱 트레이너는 "기성세대들은 두려워하는 면이 있습니다. 반대로 어린 선수들은 연습 때 흉내를 내면서 금방 몸에 익히더군요"라고 말했다.

사실 유로 스텝은 '쉬워 보이는' 기술이다. 그러나 프로선수는 '흉내 내기'에 그쳐서는 곤란하다. 이 기술을 실전에 써먹어서 점수를 올리느냐가 중요하다. 그것에 따라 내 기술이냐, 아니냐가 결정된다. 또 한 번 쓰는 것이 아니라 몸에 부담이 안 가는 동시에 상대가 알고도 못 막는 경지에 올라야 '나의 트레이드마크'가 될 수 있다. 이미 하든과 켐바 워커Kemba Walker(샬럿 호네츠Charlotte Hornets), 러셀 웨스트브룩(OKC 썬더Oklahoma City Thunder) 등은 그 경지에 올랐다.

그렇지만 유로 스텝은 충분한 준비 없이는 하체에 부담이 많이 가는 기술이다. 폭발적인 첫 스텝에 이어 급격한 방향전환change of direction 동작이 포함되어 있으며, 2번째 스텝을 디딤돌 삼아 추진력을 얻어야 하기 때문이다. 어설프면 정말로 트래블링에 걸릴 수도 있다.

김지영(KEB하나은행), 이주연(삼성생명) 등을 가르친 인성여고 안철호 코치는 "더블 클러치나 그런 기술들은 기술 그 자체로도 유용하지만 근육의 힘을 키우는 데도 도움이 됩니다. 주로 드릴drill을 짜서 연습시킵니다. 하지만 그에 앞서 필요한 근육부터 발달시켜 밸런스를 잡는 것이 제일 중요하죠. 햄스트링, 대퇴부 근육 등 기초가 안 잡힌 상태에서 하면 밸런스가 안 잡혀서 실전에서 그런 동작이 나올 수가 없습니다. 일단 자세를 배우면 그 뒤에는 잊을 만한 시점에서 다시 반복시켜 내 것으로 만들게 합니다"라고 귀띔했다.

신체능력을 타고났다고 하는 흑인 선수들이라고 해서 다를 것이 없다. 밀워키 벅스Milwaukee Bucks의 야니스 아테토쿤보Giannis Antetokounmpo는 유로 스텝의 떠오르는 신성이다. 아테토쿤보는 211cm의 장신으로,

'그리스 괴인'인 야니스 아테토쿤보는 211cm의 큰 키에 스몰포워드 같은 움직임을 자랑하는 신세대 스타다. 넓은 보폭에 빠른 스피드, 탄력을 앞세운 유로 스텝은 막을 방법이 없어 보인다. ⓒ 점프볼

2018-19시즌 동부 컨퍼런스 올스타 팬 투표에서 가장 많은 표를 얻은 스타다. 예전 같으면 골밑 플레이를 해야 할 신장이지만, 소속팀에서 그는 과거 마이클 조던이나 트레이시 맥그레이디 같은 선수들이 했던 역할을 하고 있다. 득점도 올리고, 플레이메이커playmaker 역할도 해내는 것이다. 워낙 운동능력과 탄력이 좋은데다 보폭도 크고, 팔도 길다 보니 상대 입장에서는 수비할 때 진땀을 뺄 수밖에 없다. 특히 가속도 상황에서 수비를 제치고 올라가는 동작이 위력적이다. 이 상태에서 덩크를 위해 올라가는 장면은 가끔 만화 〈원피스〉의 주인공인 루피처럼 '고무고무 열매'를 먹은 게 아닌가 싶다. 팔다리가 늘어나는 게 아닌가 생각이 들 정도이니 말이다.

하지만 아테토쿤보도 이 스텝을 경기중에 제대로 쓴 것은 그리 오래 되지 않았다. 하체가 갑작스럽고도 격렬한 방향 전환에 이은 점프를 견딜 수 있게 된 뒤에야 비로소 경기중에 이 기술을 자연스럽게 써 먹었다. 지금도 밀워키 트레이너들이 아테토쿤보에게서 가장 신경을 쓰는 부분이 바로 밸런스라고 한다. 자칫하다가는 무릎에 큰 충격이 갈 수 있고, 착지 과정에서 무릎이든 발목이든 큰 부상을 입을 수 있기 때문이다. 변기수 트레이너도 이에 공감한다. "레이업을 올라가는 러닝스텝과는 다릅니다. 하체 힘이 부실하면 방향 전환이 쉽지가 않습니다."

유로 스텝은 필요에 의해 익히는 선수도 있지만, 최근에는 배우는 단계에 유로 스텝이 과목으로 포함된 곳이 많다. 그만큼 효율적이기 때문이다. 그렇다면 유로 스텝을 배우는 단계에서 과연 중요하게 생각해야 할 부분은 무엇일까?

취재 과정에서 나는 키퍼 사익스Keifer Sykes라는 외국인 선수와 유로 스텝에 대해 이야기를 나누었다. 사익스는 2016-17시즌 KBL 안양 KGC인삼공사에서 활약했던 선수로, 당시 정규경기 1위와 챔피언결정전 우승에 힘을 보탠 바 있다. "대학 시절 그리고 졸업 후 스킬 트레이닝 아카데미를 찾아 기술을 보완했습니다. 트레이너들이 내 영상을 보면서 부족한 점을 짚어주면, 그 부분을 함께 보완하는 식이었죠. 어렸을 때는 데릭 로즈, 지금은 러셀 웨스트브룩을 많이 보고 배우고 있습니다. 폭발적이고 빠른 스타일을 지향하기에 두 선수를 많이 참고했습니다. 2015년 클리블랜드 캐벌리어스 서머리그 팀에 있을 때였습니다. 조르디 페르난데스Jordi Fernandez라는 스페인 코치가 계셨는데, 그 분이 제게 유로 스텝 풋워크를 알려주셨죠. 그 기술을 경기에서 제대로 쓰기까지는 1년 걸린 것 같아요. 정말 엄청난 반복 훈련이 필요했거든요. 풀 스피드 상황에서 수비를 읽고 정확한 타이밍에 나아가야 합니다. 그러면서도 밸런스를 유지해야 하는데, 이걸 정말 편하게 쓰기까지는 시간이 좀 걸렸던 것 같습니다. 유로 스텝에서 가장 중요한 것은 처음 놓는 스텝입니다. 추진력을 얻어야 하므로 이때 폭발적으로 첫 발을 내딛어야 한다고 생각합니다."

다른 스킬 트레이너들도 대부분 비슷한 의견을 내놓았다. 다음은 국내에서 활동중인 스킬 트레이너들의 의견이다. 변기수, 안희욱, 박대남, 양승성 등을 시작으로 점차 스킬 트레이너들이 활성화되고 있다. 이들을 받아들이는 선수와 학부모, 프로 및 아마추어 지도자들의 생각은 2년 전, 1년 전에 취재할 때와는 달라져 있었다. 서서히 '필요하다'는 인식을 갖게 된 것이다. 그 뒤에는 '겉멋 든 기술' 혹은 '정식 코치가 아닌 사람'이라는 편견을 깨고자 했던 이들의 노력도 있었을 것이다. 지금 소개할 이들은 단순히 유튜브 영상을 보고 코치하겠다고 나선 이들이 아니다. 각자 현지에 가서 고민도 하고, 가르치면서 경험했던 시행착오를 수정해가며 자신들만의 색깔을 만든 상태였다.

우선 김현중의 말이다. "수비를 유인하는 것이 중요합니다. 함정을 파는 것이지요. 스텝만 밟으면 막히기 때문에 공을 갖고 할 때의 동작이 중요합니다. 막혔을 때도 당황하지 않고 후속 동작을 할 수 있게끔 스킬을 준비해야 합니다."

안희욱의 말이다. "첫 발을 내딛은 방향이 정말로 내가 가려는 길이라고 수비가 인지하게끔 만들어야 합니다. 속이는 거죠. 그러기 위해서는 본인이 가고자 하는 쪽으로 첫 발을 꾹 눌러줘야 합니다. 스텝만 그렇게 하는 게 아니라 공을 잡고 있는 손도 중요하죠. 2번째 스텝을 위해 반대로 전환할 때 공도 같이 움직여줘야 합니다. 흉내는 금방 냅니다. 다만 반복이 중요합니다. 본능적으로 쓸 줄 알아야 합니다."

박대남의 말이다. "궁극적으로는 실전에서는 스피드를 죽이지 않고 사용할 수 있어야 합니다. 스탠스stance, 스피드가 모두 중요합니다. 스텝도 스텝이지만, 공을 간수하는 것도 중요하다고 생각합니다. 힘 있게 팔을 스윙하는 등 의식적으로 공을 지키는 동작도 자연스럽게 연결시키면서 자신의 공격을 만들어가야 하죠. 유로 스텝으로 파울도 얻어낼 수 있고, 수비도 제칠 수 있지만 무엇보다 제일 좋은 결과는 앤드 원(득점과 함께 자유투까지 얻어내는 것)이 아닐까 싶습니다."

마지막으로 변기수의 말이다. "운동능력이 필요한 기술은 아니지만, 하체가 부실하면 방향 전환이 쉽지 않습니다. 따라서 하체 단련도 중요합니다. 또 앞에 있는 수비자를 보고 동작을 취할 수 있는 여유와 센스가 필요하죠. 아무리 가르쳐도 그 여유가 없으면 못할 수도 있습니다."

재능도 필요하지만 훈련과 반복을 대신할 수 있는 것은 없다. 뮤지션들이 라이브 공연에서 기가 막힌 애드리브와 쇼맨십을 펼치면서도 CD에서 재생되는 듯한 연주가 가능한 것은 그만큼 개인 실력과 팀워크를 위한 합주가 끊임없이 이뤄진 덕분이다. '프로농구'도 어떻게 보면 그 팀을 이기기 위해 준비한 부분을 보여주는 무대다.

하지만 글로 풀면 쉬워보여도 막상 해보면 안 되는 게 참 많다. 여전히 배운 만큼 못 써먹는 선수들도 있다. "부담이 있을 것입니다. 실수가 나오면 어떡하나 걱정하기 때문이죠. 개인 훈련 때 잘하는 친구들이 경기에 나가서는 써먹지 못하는 걸 보면 안타까워요. 즐기면서 하고, 용기를 내야 하는데 습관처럼 안 되어 있다보니 그런 것 같습니다.” 김현중 트레이너의 말이다.

변기수 트레이너도 이에 공감한다. “아무래도 외국인 선수들이 있다보니 주눅이 들 때가 있는 것 같습니다. 제 타이밍에 방향을 잘 잡고 올라가야 하는데, 그게 국내선수와 외국인 선수가 서 있을 때 다가오는 느낌이 다르기에 그런 게 아닐까 싶습니다.”

하지만 최근 중·고등학교 무대에서는 조금씩 이 기술들을 써먹는 선수들이 늘고 있다. 2016년, FIBA 남자농구대회에서 한국 최초로 8강 진출을 이끈 이정현(연세대) 같은 선수들은 스킬 트레이닝 효과를 톡톡히 보인 선수들이다. 유로 스텝은 아니더라도, 국가대표 양홍석(부산 KT)도 배운 기술을 꾸준히 복습해왔다. 안희욱 트레이너는 “결국 코트에서 써봐야 희열을 느낄 수 있습니다”라고 말했다. “제가 가르친 선수가 아니더라도, 트레이너들은 공감할 것입니다. 어린 선수들이 경기에 많이 나오고, 좋은 기술을 보일 때 선수들만큼이나 기분이 좋아진다는 것을 말입니다.”

## 11장

# 감독들이 리바운드를
# 강조하는 이유

## 그들이 몸풀기 때 리바운드를 한 까닭

선수들이 몸을 풀고 경기를 준비하는 웜 업warm up 시간은 프로가 정말 프로다워졌다는 것을 느끼게 해주는 또 다른 시간이다. 획일적으로 스트레칭하고 달리는 데 집중하던 예전과 달리, 이제는 팀에 꼭 필요한 것을 강조해 몸을 푼다. 2인 1조로 서로 몸을 밀어가면서 코트를 왕복한다든가, 공 2개를 갖고 드리블하며 컨트롤 감각을 끌어올리는 훈련도 진행된다.

그런데 2018-19시즌의 어느 날, 서수원칠보체육관에서 열린 OK저축은행[1] 경기를 보면서 재밌는 장면을 목격했다. 트레이너가 공을 아무렇게나 던져 백보드에 맞추면 선수들끼리 몸싸움을 하다가 지정된 선수가 뛰어오르는 것이다. 이는 다름 아닌 박스 아웃box out과 리바운드rebound 훈련을 가미한 웜 업이었다. 리바운드가 약한 팀 체질을 바꾸고자, 그 중요성을 주입시키고자 팀을 맡은 정상일 감독이 그런 웜 업을 지시한 것이다. 그도 그럴 것이 OK저축은행은 리바운드를 상대보다 더 잡아낸 경기에서의 승률이 70%를 넘겼는데, 정작 그런 경기가 손에 꼽을 정도로 적었다는 것이 문제였다.

"경기 승패보다는 리바운드부터 제대로 잡아주면 좋겠습니다."
"재미없고 힘들지 몰라도 결국 리바운드입니다."
"수비를 잘해놓고 정작 리바운드를 뺏겨 실점할 때가 많습니다. 허탈합니다."

시즌 내내 정상일 감독이 했던 말이다. OK저축은행은 38.2개의 리바운드를 잡아내며 6개 구단 중 5위에 그쳤다. 다른 팀들보다 평균 6~7개씩 덜 잡으면서 꼴찌에 머물렀던 2017-18시즌보다는 나았지만, 시즌 내내 본능적으로 뛰어오르기 위한 연습을 반복했던 정상일 감독 입장에서는 아쉽기는 마찬가지. 게다가 이 팀의 속공 전개능력은 6개 구단 중 정상급 수준이었기에 더 입맛을 다실 수밖에 없었다. 속공이 전개되기 위한 '트리거'가 바로 리바운드이기 때문이다.

그런데 리바운드를 강조하는 것은 '잘 나가는' 팀들도 똑같다. 6년 연속 정규경기 1위, 챔피언결정전 우승을 차지해 '통합우승 6연패'를 달성한 우리은행의 위성우 감독은 '리바운드 신봉자' 수준이다. 다른 훈련강도는 떨어뜨려도 리바운드 훈련만큼은 타협을 용납하지 않는다. 신인 선수가 입단하면 반드시 이겨내야 할 부분도 바로 리바운드 훈련이다.

위성우 감독은 공이 떨어지는 곳에 누군가 한 명은 반드시 달려 들어갈 기대한다. 한창 때는, 즉 우리은행이 몸 안에 '우승 DNA'를 이

식해갈 무렵에는 경기를 이겼어도 리바운드 성적이 안 좋으면 다시 훈련을 했을 정도였다. 또 유망주들이 득점을 올린 경기에서는 시큰둥해도 리바운드를 많이 잡아냈을 때는 기자회견실에서 일부러 선수 이름까지 언급해가며 칭찬했다. 이처럼 리바운드를 강조하는 풍조는 동서고금을 막론하고 항상 같았다.

## 리바운드를 항상 강조하는 이유

감독들과 코치들은 항상 강조한다.

"수비의 완성은 리바운드다."
"리바운드를 제압하는 자가 경기를 이긴다."
"리바운드는 이기고자 하는 의지가 가장 잘 나타나는 부분이다."

프로팀 중에는 연습체육관 벽에 'REBOUND'라는 단어를 큼지막하게 붙여놓은 곳도 있다. 항상 보고 떠올리라는 의미다. 경기 시작 전에 다 같이 모여서 주먹을 모은 채 "리바운드!"를 힘차게 외치고 나서는 팀도 있다.

이처럼 감독과 농구팀이 리바운드를 강조하는 이유는 무엇일까? 그만큼 리바운드가 팀 승패에 끼치는 영향이 크기 때문이다. 농구는 상대보다 1점이라도 더 넣어야 이길 수 있는 경기다. 슛 성공률이 항상고정되어 있는 것이 아니기 때문에 감독들은 매 경기마다 어떻게든 공격권을 한 번이라도 더 확보하기 위해, 공격권을 내주지 않기 위해 리바운드를 따낼 것을 요구한다. 한국프로농구의 경우, 2017-18시즌 정규경기 1위팀 원주 DB와 2018-19시즌 정규경기 1위팀 울산 현대모비스 모두 시즌중 리바운드 선두를 달렸다.

리바운드 한 개가 경기에 끼치는 영향력은 이루 말할 수 없다. 2017년 10월 25일, 부산사직실내체육관에서 열린 DB와 KT의 경기를 돌이켜보자. DB는 이날 경기에서 김주성의 팁 인tip in으로 79-77로 짜릿한 승리를 거두었다. DB는 4쿼터 종료 직전, 팀 동료 두경민이 레이업을 실패할 때만 해도 연장전을 준비했다. 그러나 버저가 울렸을 때는 표정이 달라져있었다. 김주성이 함께 따라 들어와 그가 놓친 공을 툭 쳐서 넣었기 때문이다. 이처럼 공격 리바운드에 이은 득점을 세컨 찬스 득점second chance points이라고 하는데, 속공을 막느라 리바운드를 소홀히 여긴 KT 선수들 입장에서는 굉장히 뼈아픈 패배였다. 반면 DB에게는 리바운드의 소중함과 김주성의 노련함을 한 번 더 확인할 수 있는 장면이었다. 은퇴시즌을 보내고 있던 베테랑 김주성은 이날 4쿼터에만 13점을 기록했는데, "경기 들어가기 전부터 이기든 지든 리바운드에 끝까지 가담하고자 마음먹었습니다. 마지막 상황에서도 끝까지 골밑에서 리바운드에 참여했는데, 덕분에 득점을 올릴 수 있었습니다"라고 당시 상황에 대해 설명했다.

2019년 2월 레바논에서 열린 FIBA 농구월드컵 예선경기에서도 리바운드에 대한 적극성이 팀을 살렸다. 한국은 레바논에서 시리아, 레바논과 2연전을 치르고 있었는데, 첫 상대였던 시리아 전에서는 이기긴 했어도 리바운드 실적이 썩 좋지 않았다. 공격 리바운드를 많이 내준 탓이었다. 그러나 레바논과의 경기는 달랐다. 84-72로 승리한 이날 경기에서 한국은 리바운드 대결(43-41)에서도 웃었다. 공격 리바운드도 16개나 잡아냈는데, 덕분에 세컨 찬스 득점으로 21점을 올릴 수 있었다. 귀화선수 라건아(공격 리바운드 11개)가 큰 힘이 됐다.[2]

# 한국농구가 그간 겪어온 '리바운드' 설움

한국농구는 오래 전부터 '작음'의 설움 속에서 살아왔다. 키가 작다 보니 세계대회에서는 이리 치이고, 저리 치였다. 특히 리바운드는 늘 하위권이었다. 타임아웃 때 "리바운드"를 목청껏 외쳤던 감독들은 고개를 절레절레 흔들었다. 마치 하나의 레퍼토리처럼, 국제대회가 끝난 뒤에는 '리바운드'가 키워드처럼 꼭 따라붙었다. 그리고는 어김없이 이런 말들이 나왔다. "리바운드가 약하다." "리바운드 하려는 의지가 없다." "리바운드의 요령이 없다."

2015년 FIBA 아시아선수권대회가 한창이던 2015년 9월 말의 중국 창사. 우리 대표팀은 '꼬인' 대진으로 인해 8강에서 강호 이란을 만나는 악재를 맞게 됐다. 누구의 잘못이랄 것 없이 예선에서 충분히 승수를 더 벌지 못한 우리의 잘못이었다. 경기 전날, 호텔에서 주장 양동근을 만났을 때 그는 이란의 높이와 조직력을 걱정하고 있었다. 양동근은 "이란은 조직력이 훌륭한 팀이에요. 리바운드도 1위고요. 반대로 우리가 리바운드 하위권이라고 들었어요"라며 한숨을 푹 쉬었다.

8강전을 기준으로, 한국은 리바운드 34.8개로 참가국 중 16위에 그치고 있었다. 반대로 이란은 평균 50.5개로 1위였다. 김동광 감독(현 KBL 경기본부장)도 이 숫자가 갖는 의미를 잘 알고 있었다. "숙제가 될 것 같습니다. 리바운드를 해내지 못하면 어려운 경기가 될 것 같아요."

라건아의 등장은 대한민국의 리바운드
숙제를 해결해주었다. ⓒ 점프볼

이 이야기가 낯설게 들리지 않았다. 9월 초, 대표팀이 중국으로 떠나기 전이었다. 대표팀 취재를 위해 진천선수촌을 찾았을 때도 김 감독의 얼굴에는 근심이 가득했다. 선수들에게 호통을 친 것이 마음에 걸렸던 것이다. 동시에 그럼에도 불구하고 숙제가 해결될 기미가 보이지 않는다는 점도 그를 답답하게 했다. "오전에도 리바운드와 박스아웃 훈련을 했습니다. 하지만 키 큰 친구들이 습관이 안 되어 있다보니까 자꾸 밀려나오게 된다는 말이죠. 남은 시간이 얼마 없긴 하지만 그 부분에 대한 훈련을 더 집중하려고 합니다."

우리는 이란에게 62-75로 졌다. 리바운드는 24-44로 밀렸다. 이란은 4강전에 진출해 3위를 차지했고, 한국은 6위로 대회를 마감했다. 팀에서 키가 가장 컸던 김종규와 이종현이 잡은 리바운드는 도합 9.8개에 불과했다. 전체 리바운드 34.7개 중 30%가 안 되는 낮은 수치였다. 물론 리바운드가 둘만의 책임은 아니다. 그렇지만 포스트를 사수해야 할 이들의 열세는 수비의 열세로 이어졌다. 손쉽게 공격 리바운드 후 세컨 찬스 득점을 내주고, 수비 리바운드를 뺏겨 속공을 허용했던 것이다.

이 경기에서 우리 선수들이 자리를 안 잡았던 것도 아니고, 박스아웃을 소홀히 했던 것도 아니다. 공간을 지키고자 했지만 밀리고 말았다. 218cm의 하메드 하다디Hamed Haddadi는 키도 컸을 뿐 아니라 덩치와 힘도 좋아 원하는 자리를 쉽게 선점했다. 이쯤 되자 선수들도 적잖이 충격을 받은 듯했다.[3] "체격과 힘에서 많이 밀렸던 것 같아요. 숙제를 하나 얻게 된 것 같습니다." 당시 경기 후 믹스드 존mixed zone에서 만났던 이종현의 말이다.[4]

궁금했다. 국내에서 이종현과 김종규는 마음만 먹으면 더블-더블이 가능한 선수들이었다. 리바운드도 원하는 만큼 걷어낼 수도 있다. 키가 크고, 팔이 길며, 영리하기 때문이다. 김종규는 탄력과 스피드가 좋고, 중거리슛도 계속 연마중이다. 그런데 유독 국제대회에 가면 리바운드에서만큼은 힘을 못썼다.

나는 취재를 마치고 귀국하자마자 여러 코치들에게 자문을 구했다. 상명대 이상윤 감독은 '현실'을 말해주었다. "이종현과 김종규 정도면 우리나라에서 가장 크고 잘하는 선수들이잖아요. 그 친구들이 굳이 대학에서 평소 이상의 힘을 쏟을 일이 있었을까요? 두 선수가 대충한다는 의미가 아니라, 지금 국내 무대에서는 그들을 능가할 리바운드 경쟁자가 없었다는 말입니다. 팔만 뻗어도 가져올 수 있으니까요." 이것이 수년간 이어지다보니 습관이 그렇게 들었다는 것이다. "리바운드 하나가 얼마나 중요한지 계속 가르치고, 주입을 해야겠죠. 그렇게 알고 있어도 극복이 쉽지 않은 게 리바운드에요."

이상윤 감독이 말을 이어갔다. "종현이나 종규는 어디서든 본인이 당하는 입장이었죠. 상대에게 견제를 받아왔으니까요. 하지만 국제대회에 가면 입장이 바뀌죠. 본인들이 밀어내고 견제를 해야 하는데, 이것이 습관화되어 있지 않으니 편하지도 않은 거예요. 절박함이 부족하다는 지적도 있지만, 그건 본인만이 알고 있는 문제겠죠."[5]

유재학 감독은 '현실'을 조금 더 깊게 파고들었다. 그는 2010년 광저우 아시안게임(은메달), 2013년 FIBA 아시아선수권대회(3위), 2014년 인천 아시안게임(우승)에서 대표팀을 이끌었다. 귀화 선수 영입을 비롯해 고질적인 높이와 인프라 문제 해결을 위한 주장도 많이 펼쳤다. "습관은 고치기 힘들어요. 계속 시켜야 하는데, 대표팀은 준비 기간이 짧다아서 더 힘들어요. 종규나 종현이뿐 아니라 모두의 문제입니다." 그러면서 그는 대표팀에서의 경험을 하나 이야기해주었다. "우리 선수들이 노력을 안 했던 건 아니에요. 리바운드를 하려고 자리도 잡고, 앞선에서도 뒤에서 못 들어오도록 열심히 막았죠. 그런데 밀리더라고요. 힘과 스피드, 타이밍에서 밀리니까 상대가 쉽게 낚아챘죠."

## 한국농구의 '라건아 효과'

한국은 2015년 대회 패배 후에도 이란에게 이겨보지 못했다. 2016년에는 아시아 챌린지 Asia Challenge 대회에서 2번(2라운드, 결승)이나 만났는데 두 경기 모두 47점 밖에 올리지 못했다. 이란은 각각 38점, 30점차로 대승을 거두며 높이의 위력을 자랑했다. 단순히 키 차이 때문에 완패를 당한 것이 아니었다. 몸싸움에서 밀리고, 리바운드를 위한 훈련도 되어 있지 않았다.

이 가운데 한국은 2018년 자카르타–팔렘방 아시안게임과 농구월드컵을 위한 귀화 작업에 돌입, 마침내 든든한 파트너를 영입하는 데 성공했다. 그가 바로 라건아다. 라건아는 리카르도 라틀리프Ricardo Ratliffe라는 이름의 '외국인 선수'로 데뷔해 현대모비스에서 3년 연속 우승을 맛보았고, 더블-더블double-double 신기록도 세웠다. 마음만 먹으면 리바운드 20개씩은 거뜬히 잡아낼 수 있는 선수로, 체력이 좋을 뿐 아니라 속공 가담 의지도 강해 감독 입장에서는 그보다 든든할 수가 없었다.

아시안게임에서는 아쉽게 '라건아 효과'를 누리진 못했다. 4강전에서 이란을 만나 또 졌던 것. 라건아 탓이라기보다는, 라건아를 어떻게 활용해야 할지 진지한 고민이 부족했던 코칭스태프의 잘못이었다.

그러나 아시안게임 이후에 대표팀의 행보는 달랐다. 고민으로 남았던 리바운드 대결에서도 성과를 올리면서 다시 대표팀은 궤도에 올랐고, 2회 연속 월드컵 진출을 확정지었다. 물론 전적으로 라건아에게만 리바운드를 의지해서는 안 될 일이다. 그러나 라건아가 30~35분씩 골밑에서 버티고 겨뤄주는 것만으로도 국내선수들은 큰 힘을 얻을 수 있었다. '우리가 놓쳐도 잡아줄 것'이라는 믿음도 생겨났다.


## 리바운드, 습관이 전부는 아니다

그러나 라건아를 활용할 수 있는 기간도 한계가 있다. 레바논 원정 경기에서처럼 선수 전원이 미친 듯이 리바운드를 잡고자 달려들어야 한다. 설사 내가 못 잡더라도 동료가 리바운드를 걷어낼 수 있도록 몸 싸움을 해서 자리를 잡아야 한다. 리바운드 범위에 진입하지 못하도록 차단해야 한다. 이런 과정을 블록 아웃block out이라고 한다.

그렇다면 이런 과정에서 가장 중요한 것은 무엇일까? 정말로 농구인들이 늘 강조하는 '의지'인 것일까? 나는 위성우 감독에게 질문을 던졌다. "감독님, 리바운드는 정말로 의지가 중요한 걸까요?"

굳이 위성우 감독에게 전화를 걸어 리바운드에 대해 물은 이유는 따로 있었다. 2015-16시즌 여자프로농구 개막을 앞두고, 동료 기자들과 '개막특집' 인터뷰를 진행했다. 그때 우리은행을 대표해 센터 양지희(185cm)가 나왔는데, 그녀는 잊지 못할 한 마디를 해주었다. "(위성우) 감독님이 정말 좋은 점은, 요령을 안 가르쳐주는 다른 감독님들과 다르다는 거예요. 다른 감독님들은 리바운드가 안 되면 '박스아웃 안 해?'라고 하시는데, 감독님은 박스아웃을 어떻게 해야 하는지 구체적으로 알려주세요. '리바운드라는 건 마음만으로 잡을 수 있는 게 아니다'라면서 요령에 대해 지도해주시죠. 제가 배운 것을 경기에서 시도하면 칭찬도 해주세요."

양지희와의 인터뷰를 마치고 바로 위 감독에게 메시지를 남겼다. "훈련 마치면 전화 부탁드립니다."

마침내 통화가 성사됐다. 그에게 양지희가 했던 말을 전하자 흐뭇해하는 웃음소리가 들려온다. 이내 자세한 설명이 이어졌다. 자신의 경험담과 함께. "가만 생각해보니 저도 선수 시절에는 '박스아웃을 열심히 해라!'라는 말만 들었지, 배워본 적은 없더라고요. 팀을 맡은 후 매일 '박스아웃! 박스아웃!' 소리를 질렀지만, 생각해보니 아이들은 열심히 하려고 하는데 모르고 한다는 느낌이 들었습니다. 저희도 어릴 때

우리은행 위성우 감독은 '습관'을 기르기에 앞서 '방법'을 디테일하게 전수함으로써 우리은행 왕조를 구축하는 데 성공했다. ⓒ 한국여자농구연맹

하다보니 터득한 요령으로만 농구를 했고요. 다행히 시대가 좋다보니 영상 자료가 많더라고요. 그걸 보고, 선배들에게 조언도 들으면서 저도 배웠죠. 우리가 흔히 말하는 박스아웃 종류도 정말 여러 개가 있다는 걸 알게 됐습니다. 또 국가대표팀 감독을 하면서 다른 나라 선수들이 연습하는 것도 유심히 봤고요."

"그러면 우리은행 선수들에게도 그런 부분을 전수하신 건가요?"

"먼저 우리 선수들을 지켜봤죠. 그런데 정말 방법이 제각각이더군요. 타이밍도 모르고요. 그래서 반복 훈련을 했어요. 처음에는 선수들이 많이 힘들어했지만, 계속 하다보니 점점 리바운드하는 요령이 생긴 것 같아요."

"그렇다면 감독님은 리바운드에서 '의지'가 차지하는 비중은 어느 정도라고 보세요?"

"저도 리바운드의 '의지'라는 것을 부정할 수가 없을 것 같아요. 한 50% 정도? 일단은 그런 과정을 기꺼이 겪겠다는 의지가 있어야 하니까요. 그렇지만 여기에 기술적인 부분이 보완된다면 더 바랄 것이 없겠죠."

## NBA 전설이 말하는 리바운드

NBA 스타 매직 존슨도 저서 『Magic's Touch』에서 리바운드를 강조했다. 매직 존슨은 "리바운드는 농구경기에서 가장 힘들고 추한 기술이다"라고 말했다. 한마디로 리바운드는 '잘해도 빛을 못 보는 기술'이라는 것이다. "생각해보라. 상대와 몸을 계속 부대껴야 한다. 팔도 끼워넣고, 엉덩이로 밀어내야 한다. 팔꿈치로 맞을 때도 있다. 그래서 나는 리바운드를 좋아하지 않았다. 그렇지만 리바운드를 잡아야만 이길 수 있다는 걸 깨닫게 됐다. 남에게 의지해서도, 미뤄서도 안 되는 일이 바로 리바운드다. 자발적으로 나서는 선수가 많은 팀일수록 이길 수 있다. 내가 현역으로 뛸 때, 팻 라일리Pat Riley 감독께서는 늘 그 부분을 강조했다.[6] 덕분에 LA 레이커스의 쇼 타임도 탄생했다."[7]

매직 존슨은 리바운드와 관련해 다음 3가지를 강조했다. 첫째, 열정이 전부는 아니다. 어떻게 해야 좋은 포지션을 가질 수 있는지 몸으로 깨닫고 연구해야 한다. 둘째, 박스아웃 당하는 것을 허용해선 안 된다. 선점해야 한다. 셋째, 동료들을 파악해야 한다. 모제스 말론Moses Malone은 동료들의 슈팅 습관을 일일이 체크해 외워두었다. 슛 줄기를 유심

히 보면서 주로 림의 어느 쪽을 맞추는지를 살펴봤다.[8]

3번째 항에 언급되는 말론은 매직 존슨에게 '리바운드의 중요성'을 깨닫게 해준 선수였다. 1981년 NBA 플레이오프 1라운드에서의 일이었다. 1980년 NBA 우승팀이었던 레이커스는 휴스턴 로케츠라는 복병을 만나 예상외의 패배를 당했다. 40승 42패로 플레이오프조차 간신히 오른 팀에게 완패(시리즈 전적 1승 2패)를 당한 것이다.

경기 패배 후 매직 존슨은 "그는 어디에든 있었다"라는 한마디를 남겼다. 여기서 말하는 '그'는 모제스 말론이었다. 매직은 "말론의 위력에 호되게 당했다. 계속 제공권에서 밀려 고전했다"라고 말했다. 매직은 그 뒤부터 말론이 이적하는 팀들은 늘 경계하고 방심하지 않았다는 후문이다.

말론의 리바운드 방법은 데니스 로드맨에게도 영향을 주었다. 로드맨은 리바운드와 수비만 잘해도 NBA 스타가 될 수 있다는 것을 증명한 선수다. 로드맨은 기이한 헤어스타일과 코트 밖에서의 기행으로 큰 화제가 됐지만, 코트 위에서만큼은 선수로서 '잘하는 것'을 소홀히 한 적이 없다. 로드맨은 리바운드 1위를 7번(1992~1998년) 차지했고, '올해의 수비수'에는 2번(1990~1991년)이나 선정됐다. NBA 디펜시브 퍼스트 팀에도 7번이나 이름이 올랐다. 우승 5회도 빼놓을 수 없다. 전문가들은 로드맨을 "하드웨어와 소프트웨어를 모두 가진 선수"라고 표현한다.

하드웨어는 신체조건을 의미한다. 키가 201cm였던 로드맨은 동물적인 감각을 타고났으며, 운동능력이나 순발력, 민첩성 등이 워낙 좋았다. 게다가 팔도 길어 공도 잘 낚아챘다. 로드맨을 지도했던 필 잭슨 Phil Jackson 감독은 그의 능력에 대해 "상상할 수 없는 범주에 있다"라고도 말했다.

소프트웨어는 기술이다. 로드맨은 스스로 "트레이닝 캠프를 지각한 적은 있어도, 몸을 안 만들어온 적은 없었다"라고 말한다. 그는 은퇴 후 한 인터뷰에서 "사람들은 나를 몰지각한 사람이라 생각할지도 몰라요. 하지만 농구에 관해서만큼은 늘 준비된 자세로 임했습니다. 여름에 비디오를 돌려보며 동료들의 슛을 연구했고, 그들이 놓친 슛을 잡기 위해 달리기를 멈추지 않았습니다"라고도 말했다.

로드맨은 선수들의 슛 줄기를 꿰고 있었다. 1995년, 그가 시카고 불스로 이적해왔을 때 가장 먼저 한 일은 팀에서 슛을 가장 많이 던지는 마이클 조던과 스카티 피펜의 습관을 연구하는 일이었다. 슛을 넣는 장면이 아니라, 슛이 안 들어간 장면만 편집해서 봤다는 것이다. 로드맨의 방식은 훗날 타이슨 챈들러Tyson Chandler나 엘튼 브랜드Elton Brand에게도 영향을 주었다.


## 리바운드에 집착했던 팻 라일리

"팻 라일리의 훈련은 굉장히 효율적이고 정확했다. 거의 분☆ 단위로 정확하게 이뤄졌고, 훈련의 목적이 정확히 이해된 상태에서 진행됐다. 선수들도 무엇을 해야 하는지 알았다." 매직 존슨은 레이커스 시절, 함께 금빛 영광을 일군 팻 라일리 감독에 대해 이렇게 설명한다. 라일리는 선수들에게 종종 원성을 살 정도로 집요했다. 그 중에서도 그는 리바운드를 특히 중요하게 생각했다.

프로선수라면 당연히 하겠거니, 당연히 할 수 있겠거니 싶지만 정작

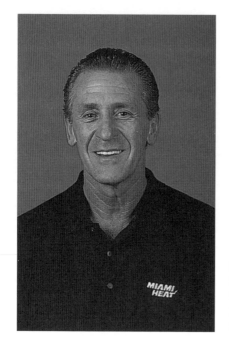

팻 라일리 감독은 선수들의 리바운드 훈련에 병적인 집착을 보였다. 그만큼 경기에서 리바운드가 차지하는 비중이 크다고 생각했기 때문이었다. ⓒ NBA-아시아 제공

결정적일 때 실력 발휘가 되지 않아서 승패를 좌우하는 기술이 대표적으로 2가지 있는데 하나는 볼 컨트롤이고, 다른 하나는 리바운드다.

NCAA 역사상 최초로 남자, 여자 대학농구에서 NCAA 토너먼트 '파이널 포'에 모두 올라본 앨버트 브라운Albert Brown 코치는 지도자들이 단순히 "리바운드를 잡아야 해"라고 강조하는 것은 바르지 않으며, 리바운드 훈련을 위한 자신만의 방법이 있어야 한다고 말했다. 코치라면 이를 위한 차트도 갖고 있어야 하며, 리바운드 노하우만큼이나 멘탈과 토킹 스킬도 중요하다고 강조했다. 아이오와, UCS 등에서 대학 감독으로 활동했고, 1980년대에 이들을 이끌고 한국으로 전지훈련을 오기도 했던 조지 래블링George Raveling 감독도 "리바운드는 학습되어지는 것

이다"라고 말했다. "데니스 로드맨 같은 최고의 리바운더도 경기마다 연구를 한다"며 말이다.

라일리는 이런 명장들의 철학을 잘 따라갔다. 매직 존슨이 "이 사람은 리바운드에 있어서만큼은 사람을 정말 짜증나게 할 정도"라며 혀를 내둘렀을 정도다. 라일리는 팀이 지면 일차적인 패인을 리바운드에서 찾았다. 리바운드를 따냈는지, 그렇지 않다면 적어도 리바운드를 잡으려고 노력은 해봤는지를 캐물었다. 그리고는 "그 노력이 가장 중요하다"고 강조했다.

그는 그런 면에서 전설적인 빅맨 지도자 피트 뉴웰의 영향을 많이 받았다. 그는 "리바운드를 항상 잡을 수는 없다. 그건 나도 이해한다. 하지만 노력은 해야 한다"고 말했다. 그 방법 중 하나로 선수들의 '무한 발전'과 '무한 경쟁'을 유도했다.

라일리 밑에서 일했던 코칭스태프는 경기가 끝나면 비디오를 분석해 선수들의 포지션별, 항목별 점수를 매겼다. 그리고 그걸로 라인업을 만들고 분석했다. 2차 스탯이 대중화된 2010년대 NBA에서는 더이상 이걸 '전문적이다'라고 표현하지 않는다. 각 구단마다 기록 및 통계전문가들을 고용해 굉장히 디테일하고 광범위한 부분까지 계산하고 있으니 말이다. 그러나 이때가 30년 전인 1980년대의 일이라 생각해보면 상당히 앞섰다고 볼 수 있다.

매직 존슨은 당시엔 이 방식을 선호하지 않았지만 도움이 됐다고 고백한 바 있다. "학생도 아니고 성과를 채점당하는 것을 좋아할 사람은 없을 것입니다. 그렇지만 나 자신을 평가받고 끌어올리는 데 있어 점수만큼 정확한 것도 없을 것 같아요. 추상적인 설명보다는 낫죠"라며 말이다.

리바운드에 관해서는 뉴웰 코치가 라일리의 분석표를 소개한 적이
있다.

- 가능한 리바운드 : 내가 잡을 수 있었던 리바운드는 몇 개였나?
- 리바운드 시도 : 그런 상황에서 리바운드를 잡기 위해 몇 번이나 뛰었나?
- 잡은 리바운드 : 그래서 리바운드를 몇 개를 잡았나?

그는 이를 토대로 리바운드 퍼센트를 계산했다. 선수들은 다음 훈련
때 그 성적표를 전달받았다. '가능한 리바운드 / 리바운드 시도'를 토
대로 '리바운드 노력 퍼센트'라는 항목도 만들었는데 선수들의 평균
'노력 퍼센트'가 90%까지 올라가도록 유도했다. 즉 내게 10번의 리바
운드 기회가 발생했다면, 이를 위해 노력한 횟수는 적어도 9번이 되어
야 한다는 것이었다.

뉴웰은 이러한 라일리의 방식을 "광기狂氣"라 표현했다. 특히 장신
백업 선수들을 대상으로는 자체 연습경기 때도 이를 기록했고, 조를
나누어 기록한 다음에 수치가 가장 낮은 선수가 원정에서 조원들에게
식사를 사도록 했다.

흥미롭게도 비록 라일리가 이런 기록을 들이밀며 선수들에게 노력
을 강조했지만, 정작 주변인들에게는 "기록은 허상일 뿐"이라는 말
을 한 것으로 알려졌다. 그저 그는 그 수치로 인해 선수들이 리바운드
에 무의식적으로 더 참가하길 바랐던 것이다. 실제로 선수들의 수치가
90%를 달성해도 "마침내 90%에 도달했어! 앞으로 더 열심히 해봐"
같은 말은 하지 않았다.

레이커스는 라일리와 함께하는 동안 리그 전체 리바운드 상위권

(1~5위권)에 올랐던 적이 거의 없었다. 그러나 적어도 상대보다 평균 리바운드에서 뒤진 적도 없었다. 덕분에 리바운드를 잡고, 수비에 성공하면 열심히 달리고 신나게 마무리할 수 있었다.

1990년 6월 11일, 라일리가 LA 레이커스 감독 자리에서 내려올 때까지 9시즌 동안 4번 우승하며 '쇼 타임' 신화를 만든 가장 결정적인 배경이었다. 그는 정규시즌에서 533승 194패를 기록했고, 승률은 무려 73.3%였다. 플레이오프에서도, 올스타전에서도 '승자'로 남았다. 참고로 그가 꼽은 레이커스 시절 최고의 우승은 1985년 '라이벌' 보스턴 셀틱스를 꺾은 것이었고, 가장 아쉬웠던 파이널은 1989년이었다. 당시 시간 여유가 있어서 파이널에 대비해 리바운드와 몸싸움 훈련을 추가로 잡았는데, 이때 바이런 스캇과 매직 존슨이 차례로 햄스트링 부상을 당했다.

그런가 하면 NBA에는 돈으로 리바운드에 대한 '의지'를 만들어낸 감독도 있었다. 2014년 작고한 잭 램지 박사다. 1955년부터 1988년까지 지도자 생활을 하며 통산 864승 783패(승률 52.5%)를 기록한 그는 필라델피아 세븐티 식서스 시절, '매치업 상대가 공격 리바운드를 잡으면 벌금 15달러, 그 상대가 슈터일 경우에는 25달러'라는 규칙을 만들었다. 그만큼 리바운드가 중요하다는 사실을 알고 있었던 것이다. 요즘의 NBA선수에게 25달러는 '껌 값'도 안 되는 수준일지 모른다. 그러나 연봉 체계가 안 잡혀 있던 1960년대 필라델피아 선수들에게 25달러는 꽤 크게 다가왔을 것이다.

비슷한 예로 2012년 은퇴한 제프 포스터Jeff Foster는 아버지 때문에 리바운드 습관을 갖게 된 선수다. 211cm의 포스터는 1999년 드래프트에서 21순위로 인디애나 페이서스Indiana Pacers에 지명된 후 은퇴할 때까지 줄곧 한 팀에서만 뛰었다. 텍사스주립대 출신의 포스터는 공격력은 형편없었지만, 리바운드 하나만큼은 믿고 맡길 수 있는 선수였다. 출전 시간과 리바운드 숫자가 정확히 비례했다. 2004-05시즌에는 겨우 26.1분만을 뛰고 리바운드 9개를 잡아냈다. 통산 평균 20.6분을 뛰었지만, 기록에는 6.9개의 리바운드가 남아 있다.

이 기록에는 사연이 있다. 학창 시절, 포스터의 부모님이 용돈을 리바운드에 따라 책정했던 것이다. 이는 부친의 아이디어였는데, 포스터가 리바운드 한 개를 잡으면 1달러를, 10개가 넘으면 2달러를 더 주었다. 부친은 일찌감치 포스터가 선수로 성공하려면 무엇이 필요한지 잘 알고 있었던 것 같다.

그러나 포스터가 리바운드에 헌신한 것은 단순히 돈 때문만은 아니었다. 텍사스에서 나고 자란 포스터의 어릴 적 우상은 '해군제독'이라는 별명을 가진 데이비드 로빈슨David Robinson이었다. 포스터는 "로빈슨은 내게 신神과 같았다"라며 그처럼 성장하는 것이 꿈이었다고 고백했다. 그가 어릴 적, 로빈슨을 만난 것이 NBA 선수로 성장하는 데 큰 영감을 주었다며 말이다.


## 리바운더는 외롭고 괴로운 역할


리바운드 역시 '잘하고 싶다'라는 동기부여가 중요하다. 리바운드가 각광받을 일은 없기 때문이다. 저널리스트 크리스 발라드Chris Ballard는 "리바운드는 전혀 섹시하지 않다. 생각해보라. 나이키 덩크dunk라는 신발은 있어도 나이키 박스아웃이란 신발은 없다. 'Be Like Mike'란 슬로

건은 있어도 '리바운더처럼 되자'라는 슬로건은 없다. 그만큼 리바운더는 힘들고 외로운 역할이다."

인성여고 출신의 유영주(178cm)는 1995년, 농구대잔치에서 여성 포워드 중에서는 처음으로 통산 1천 리바운드를 돌파해 화제가 된 적이 있다. 115경기 만에 1천 개의 리바운드를 잡아냈던 것이다. 언론에서는 이 기록을 두고 '신화 창조'라는 수식어도 붙여줬다. 그런 활약은 국제대회에서도 이어졌다.

그런 유영주에게도 제프 포스터처럼 리바운드에 헌신하게 된 계기가 있다. 고등학생 때의 일이었다. "상대가 누구인지, 어디서 했던 경기였는지는 기억이 안 나요. 하지만 190cm가 넘는 큰 언니를 상대로 제가 리바운드를 건져낸 적이 있어요. 그때 전율을 느꼈죠. 지금 생각해도 소름이 돋네요. 그때 '리바운드가 참 재밌구나, 중요하구나'라는 걸 느끼게 됐어요. 그 뒤로 위치 선정 같은 세세한 부분을 연구하고 공부하게 됐죠."

유영주는 "리바운드와 박스아웃의 중요성은 늘 강조해도 부족하지 않다"면서도 "몸으로 느끼기 전에는 쉽게 움직여지지 않을 것"이라고 말했다. "리바운드는 기본적으로 하고자 하는 생각이 없으면 동작이 안 나와요. 저도 코치를 할 때 많이 답답했죠. 박스아웃 한 번이 승부에 영향을 준다는 생각을 아이들이 해야 하는데, 안일하게 생각하는 것 같았죠. 혼나지 않기 위한 동작이라고 해야 할까요? 리바운드를 잡아야 한다는 동기부여가 있어야 하죠. 승부에 기여했다든가, 큰 선수를 상대로 건져냈다든가, 본인이 '소중하다'라고 느낄 만한 기억이 생기면 그 뒤부터는 자동적으로 자세가 나와요."

그녀는 국가대표팀에서는 특히 그런 마인드가 중요하다고 덧붙였다. "선생님들이 강조하셨죠. '못 잡아도 된다. 그냥 같이 죽자는 마인드로 밀어붙여야 한다'고요. 껴안듯 엎드려서 개도 못 잡고, 나도 못 잡게 만드는 거죠. 큰 애들과 붙어서 같이 못 주으면 저희가 이득이니까요. 하하."

오늘도 내일도 감독들은 선수들에게 '리바운드'와 '박스아웃'이라는 두 단어를 주입시키기 위해 애를 쓸 것이다. '마지막 한 개'의 리바운드로 웃을 수 있길 기대하며 말이다.

## 12장

# 감독들이 말하는
# 사이드 스텝의 중요성

## 수비의 진짜 목적은 무엇인가?

사이드 스텝Side Step 혹은 슬라이드 스텝Slide Step은 수비 자세의 기본이다. 공격자를 쫓아가며 움직임을 가장 효율적으로 방해할 수 있는 동작이다. 현대모비스 유재학 감독은 초보자든 국가대표선수든 사이드 스텝은 반드시 갖춰야 할 부분이라고 강조했다.

래리 브라운 감독은 말한다. "수비자는 모든 슛과 경합을 벌여야 하며, 언제나 낮은 자세로 빠르게 움직여야 하며, 서성거리거나 주변에서 있어서는 안 됩니다." 샌안토니오의 그렉 포포비치 감독도 "공을 가진 선수를 막는 건 수비의 본질적인 의무입니다. 쉽게 슛을 허용하지 말아야 합니다"라고 강조한다.

시대가 지나도 변하지 않는 것이 있다. 아무리 공격을 잘해도 상대 슛을 막지 못하면 이길 수가 없다는 것이다. 동서고금을 막론하고 지도자들이 가장 강조해왔던 것은 수비이며, 경기 후 가장 많이 나온 키워드도 수비다. 수비의 완성도를 높이고자 하는 지도자들의 노력은 매년 여름, 아니 매 경기 계속되고 있다. 그리고 그 완성도를 높이는 시작 단계는 바로 '자세'와 '마인드'를 바로잡는 것이다.

"KBL 선수들의 나쁜 습관 중 하나가 수비를 포기하는 거예요. 일단 한 번 드리블에 타이밍을 뺏기면 멈춰버린다는 거죠. 끝까지 따라가야 하는데 그걸 안 해요. 특히 상대가 스크리너를 이용해서 나가면 우리도 그걸 요령껏 따라가서 싸워야 하는데, 스크리너와 부딪쳐서 싸우고 있어요. 아주 나쁜 습관인 거죠. 선수들에게 계속 강조를 해요. '끝까지 스텝을 밟아라. 골을 먹더라도 끝까지 싸워야 한다.' 그래야 확률을 떨어뜨릴 수 있고, 어렵게 슛을 던지게 할 수 있죠." 현대모비스 유재학 감독의 말이다.

유재학 감독이 맡은 팀은 사이드 스텝으로 웜업을 대신한다. 국가대표팀도 그렇고, 소속팀도 그랬다. 마치 '의식'과도 같이 느껴진다. "우리 팀은 수비를 강조한다는 것을 의식적으로 깨닫게 들어가게 되죠. 아무리 힘들어도 해야 하는 것이라는 걸요. 수비를 안 하면 안 된다는 마음가짐부터 갖게 해요."


## 사이드 스텝의 중요성

풋워크footwork에는 2가지 종류가 있다. 사이드 스텝side step(혹은 슬라이드 스텝slide step)과 크로스 스텝cross step이다. 크로스 스텝은 말 그대로 다리를 교차해가며 따라가는 동작이다. 이때 상반신은 공격수를 향하

사이드 스텝 ① 발은 어깨 너비보다 조금 더 넓게 잡고, 무릎을 굽혀 중심을 낮춘 뒤 오른발 앞꿈치에 힘을 줘 펜싱 스텝과 흡사하게 진행 방향으로 내디딘다. ⓒ 한국중고농구연맹 제공

사이드 스텝 ② 왼발은 내디딘 오른발 쪽으로 바닥에 끌어서 움직인다. 시선은 바닥이 아닌 정면을 응시한다. ⓒ 한국중고농구연맹 제공

슬라이드 스텝 ① 발은 어깨 너비보다 조금 더 넓게 잡고, 무릎을 굽혀 중심을 낮게 잡는다. ⓒ 한국중고농구연맹 제공

슬라이드 스텝 ② 시선은 정면을 응시하고, 양 팔을 최대한 옆으로 벌린다. ⓒ 한국중고농구연맹 제공

1981년생 베테랑 양동근은 어느덧 '노장' 축에 속하게 됐지만, 여전히 사이드 스텝으로 쫓는 수비는 리그 정상급으로 꼽힌다. ⓒ 점프볼

고, 하반신은 진행방향으로 향한 채 빠르게 따라간다. 이는 상대가 빨리 달릴 때 사용하는 스텝이고, 평상시 수비 때는 사이드 스텝을 사용해야 한다. 사이드 스텝은 낮은 자세가 생명이다. 한 발을 먼저 옮긴 후 다른 발을 끌어당기는 방식이다.

유재학 감독은 사이드 스텝과 크로스 스텝은 사용하는 목적이 아예 다르다고 강조했다. "선수들이 구별을 잘 못해요. 뭔지는 알겠지만 무의식적으로 크로스 스텝을 사용합니다. 농구를 처음 배울 때 항상 '내 등이 바스켓을 향해야 한다'고 합니다. 그 자세는 사이드 스텝이 아니면 안 돼요. 크로스 스텝은 늦었을 때 뛰어가는 스텝입니다. 그런데 우리 선수들은 상대가 원 드리블을 시작하면 무의식적으로 크로스 스텝이 되어버려요. 크로스 스텝 상황에서는 상대가 갑자기 멈추면 대책이 없어요. 그 자세에서는 점프도 제대로 못 뛰거든요. 그래서 사이드 스텝 훈련을 매일 시켜요. 대표팀에서도 마찬가지예요."

유재학 감독이 설명을 이어갔다. "상대가 볼 쪽으로 미트아웃을 하는 척하다가 백도어 컷을 한다고 생각해보세요. 이때 수비가 뛰어가면서 사용하는 스텝에 따라 상대 공격의 성패가 갈려요. 크로스 스텝으로 쫓아가든, 같이 달려 나가든 마무리는 사이드 스텝이 되어야 해요. 런닝으로 하면 갑자기 방향전환을 할 수가 없어요. 처음에 훈련을 할 때 그런 부분에 대해 설명을 충분히 하고 시작하죠."

실제로 현대모비스의 웜업 드릴 중에는 사이드 스텝으로 시작해서 런닝으로 전환했다가 다시 사이드 스텝으로 전환하는 부분도 있었다. 선수들 입장에서는 고역 그 자체다. 옆에서 지켜보던 성준모 코치도 "한 번 하면 진짜 말이 안 나와요"라며 혀를 내둘렀다. (유재학 감독은 "일반인들도 이런 훈련을 하면 수비가 얼마나 힘든 것인지 잘 알게 될 것입니다. 게다가 하체나 허리 운동에도 도움이 됩니다. 자신감도 생기게 됩니다"라고 훈련 효과를 설명했다.)

## 사이드 스텝의 생명

미국 취재를 갔을 때 놀랐던 장면이 하나 있다. 많아야 7살 정도 되는 유소년 선수들이 훈련을 앞두고 우리 국가대표 선수들이 했던 사이드 스텝 드릴을 그대로 하는 것이었다. 그들은 3바퀴 정도를 돈 뒤 본격적으로 몸을 풀기 시작했다. 사이드 스텝 드릴은 현대모비스에서는 하루도 거르지 않는 운동이다. 그만큼 사이드 스텝은 수백, 수천 번 강조해도 지나침이 없는 기본 중의 기본이며, 그러다보니 선수들조차 무의식적으로 소홀해지기 쉬운 부분이다.

NBA 어시스턴트 코치 경력만 30년이 넘는 짐 보일런Jim Boylan 코치도 이 부분에 있어선 유재학 감독과 철학을 함께한다. 2007년에 가진 인터뷰에서 보일런 코치는 "어린 선수들은 대개 공격을 더 좋아합니다. 하지만 이기려면 수비가 필요하다는 것을 깨달아야 하죠. 사실 어린 선수들에게 수비가 얼마나 중요한지를 깨닫게 하는 것은 힘든 일입니다. 그래서 수비적인 면에서의 발전이 공격보다 더딘 것이죠. 제일 재미없는 것이지만 제일 필요한 것이기 때문에 어떻게든 의무적으로 익힐 수 있도록 유도해야 합니다"라고 말했다.

그렇다면 사이드 스텝에서 가장 강조하는 부분은 무엇일까? 유재학 감독은 '자세'를 꼽았다. "일단 자세가 낮아야 돼요. 공격에서든 수비에서든 낮게 자세를 잡아야 밸런스를 잡고, 상대에게 기민하게 대처할 수 있습니다. 또한 사이드 스텝을 할 때는 두 발이 붙지 않게 해야 합니다. 그런데 이 부분은 힘들다보면 어쩔 수 없이 붙게 되더라고요. 또 방향을 바꿀 때 점프를 뛰거나 두 다리가 동시에 움직이는 일은 없도록 강조하고 있습니다."

유재학 감독은 사이드 스텝 훈련에 1대1을 가미한 훈련으로 대표팀에서 효과를 보기도 했다. 2014년 인천 아시안게임 훈련 당시였다. 그는 훈련 코스 중 하나로 가드와 장신의 1대1을 넣었다. 중동의 발 빠른 가드들을 잡기 위해 김종규, 이종현 등에게도 준비를 시켰던 것이다. 이미 NBA와 유럽에서는 빅맨들이 스위치가 되더라도 가드들을 쫓아다니고 압박하는 것이 흔한 현상이 됐다.

2016년 NBA 파이널에서도 트리스탄 탐슨Tristan Thompson과 케빈 러

사이드 스텝 드릴 장면. 베이스라인, 하프
라인을 지날 때는 땅을 짚고 이동한다. ⓒ
점프볼

브<sub>Kevin Love</sub>가 스테픈 커리를 끝까지 쫓아다니면서 슛 찬스를 방해했다.
유재학 감독은 "빅맨들이 사이드 스텝을 잘 쓰면 더 유리해요. 폭이 넓
잖아요. 가드를 막을 때 유리하죠. 다 효과를 봤어요. 그동안에는 안 해
봤으니까 습관이 안 된 거죠"라고 이 훈련의 이유를 설명했다.

2018-19시즌에는 MVP 박지수가 스위치 상황에서 가드들을 견제하
는 장면도 자주 볼 수 있었다. 박지수 역시 긴 팔과 넓은 보폭, 큰 신장
으로 가드들의 중앙 돌파를 쫓아다니며 상대 공격 전체를 위축시켰는
데, 유재학 감독의 말처럼 사이드 스텝시 '낮은 자세'가 굉장히 인상적
이었다. 이런 수비 움직임이 있었기에 박지수의 소속팀 KB스타즈 역
시 정규시즌 1위를 차지할 수 있었다.

이처럼 좋은 수비수가 되기 위해서는 정신력만큼이나 기본기가 중
요하다. 그리고 그 시작점 중 하나는 바로 스텝이다. 지루하고 힘들지
몰라도 익혀두면 반드시 도움이 된다는 점도 잊지 말자.

참고로 사이드 스텝 드릴 체크포인트로는 크게 4가지를 제시할 수

있다. 첫째, 베이스라인, 하프라인은 땅을 짚고 이동한다. 둘째, 사이드는 디나이deny 자세를 취하며 이동한다. 셋째, 3세트를 반복한다. 넷째, 중요한 것은 낮은 자세다.

## 13장

# 플라핑은 반드시
# 단절되어야 할 악습

## 악습 중의 악습인 플라핑

2018년 봄, 나는 취재원으로부터 부끄러운 이야기 하나를 들었다. 서울 모 중학교의 주전 선수가 경기 중 할리우드 액션을 '저질렀다'는 것이다. 사실 이는 그리 놀라운 일은 아니다. '악' 소리와 '플라핑 flopping'이라 불리는 이러한 액션은 동네농구부터 프로농구까지 만연한 '악습'이니까.¹ 취재원에 따르면 그 선수는 결국 코치로부터 "네가 선수냐"라며 꾸중을 들었다. 고마운 일.

내가 놀란 건 중학생이 플라핑을 했기 때문은 아니다. 놀란 이유는 따로 있었다. 그 학생이 플라핑을 했던 '이유'다. 그 학생은 플라핑을 '프로농구 스타들의 기술'로 여기고 따라했다는 것이다. 그 학생은 프로농구 국가대표 고액연봉 선수의 이름을 대며 "그가 사용하는 기술 아니냐"라고 오히려 반문했다고 한다. 이것이 내가 놀란 이유다. 뭔가 잘못 돌아가고 있다는 생각이 들었다.

몇 년 전 이재민 경기본부장이 KBL에 재직하던 시절, 트래블링 규정을 강화한 적이 있다. 당시 그는 내게 유소년 농구 이야기를 들려줬다. "프로에서는 (이렇게 해도) 휘슬을 안 불던데, 여기(유소년 경기)는 분다"며 부모들이 항의를 했다는 것이다. 이것이 바로 트래블링 기준이 강화된 배경이었다.

이 논란도 다르지 않다. 언젠가는 프로에 올 선수들. 프로 무대는 대다수 학생들의 종착지이자 최고 직장이다. 당연히 보고 배우고 느끼게 된다. 성인 농구는 그렇게 잘못된 행위를 대물림해왔다.


## 로드 벤슨의 매서운 일침

미국 프로레슬링WWE에서는 자신의 기술을 정말 리얼하게 접수해주는 상대를 가장 선호한다. 릭 플레어Ric Flair, 숀 마이클스Shawn Michaels, 더 락The Rock 등은 쇼맨십을 십분 발휘해 카리스마를 발산하면서도 동시에 상대의 필살기도 기가 막히게 받아준다. 정말 다치기 일보 직전의 느낌으로 리얼하게 뒹군다.

그런데 KBL은 WWE가 아니다. KBL을 처음 찾은 외국인 선수들은 국내선수들의 '기술 접수' 실력에 코웃음을 친다. 어떤 선수들은 일부러 흉내를 내기도 한다. 종종 해외에서 방문하는 코치 및 관계자를 에스코트할 일이 있는데, 그들 역시 KBL 농구를 보면서 선수들의 리액션에 놀라워했다. 중국에서 일하고 있다는 한 미국인 코치는 "중국은 저 정도는 아니야. 그냥 싸우고 말지"라고 말했다. (물론 싸우는 것도 정상적인 현상은 아니다.)

수비 전문 코치로 유명한 델 해리스Del Harris 감독은 자신의 저서 『위닝 디펜스Winning Defense』에서 "심판을 적절히 이용하는 것이 좋다"라고 말한다. 심판의 주의를 끌기 위해서는 적당한 연기도 필요하다며 말이다. 하지만 그것이 '할리우드 액션'을 의미하는 것은 아니다. 과도한 연기는 오히려 선수 본인의 품위를 떨어뜨리는 결과를 낳는다.

2018년 KBL 챔피언결정전 2차전을 치르던 중, 원주 DB의 디온테 버튼Deonte Burton은 서울 SK 안영준에게 몇 마디 말을 건넸다.[2] 서로의 표정을 보니 "동생, 농구 참 잘하네.", "아유, 형님도 참~." 같은 알콩달콩 대화가 오간 것 같지는 않았다.

둘은 경기 중 몇 차례 접촉이 있었다. 4쿼터 막판 버튼이 공을 받으러 가는 과정에서도 안영준이 버튼과 충돌해 넘어지는 일도 있었다. 비디오판독을 통해 심판은 정상 플레이라고 결론지었다. 경기가 끝난 후 마침 버튼이 수훈선수 자격으로 기자회견실에 들어왔다. 어떤 이야기를 나눴는지 궁금해서 아까 상황에 대해 물어보자, 같은 팀의 센터였던 로드 벤슨Rod Benson이 질문 내용을 캐치한 듯 말을 쏟아내기 시작했다. 버튼은 발언권을 벤슨에게 넘겼다.[3]

벤슨은 작심한 듯 말을 했다. "농구는 힘을 겨루는 거친 스포츠다. 그 과정에서 선수들의 플라핑이 너무 많다고 생각한다." 벤슨은 이야기를 하는 동안, 넘어지고 아파하는 시늉을 자주 했다. "상대는 플라핑이 많다. 거짓으로 아픈 척하며 파울을 유도한다. 이건 분명 잘못된 일이다. 그래선 안 된다. 누가 가르쳤는지 모르겠다."

벤슨이 지적한 장면은 농구팬들에게 낯설지 않다. 사실 충돌의 강도는 멀리서 지켜보는 입장에서는 정확히 알 수 없다. 이번 챔피언결정전 논란을 떠나서 넘어질 때는 레슬링 기술을 맞은 듯 아파하면서도 파울이 불리지 않으면 금세 일어나는 장면은 봐도봐도 적응이 안 되는 것이 사실이다. 벤슨과 버튼은 입을 모았다. "농구를 해야 한다. 남자가 되어라."

## 해외에서의 논의와 움직임

인터뷰중에 이런 말도 나왔다. 〈뉴시스〉 박지혁 기자가 로드 벤슨에게 "미국에서는 이런 기술을 가르치는가"라고 묻자, 벤슨은 "상대가 골밑에 파고 들 때 자리를 지키고 있다가 충돌하면 넘어지는 동작은 가르친다. 공격자 반칙을 끌어내기 위해서다"라고 했다.

로드 벤슨의 말처럼, 미국에서는 페인트존에서 공격자 파울을 얻어내는 행위에 대해서는 별다른 문제없이 넘어가고 있다. 오히려 정면에서 뛰어드는 선수와 정면충돌해 공격자 파울을 끌어내는 플레이는 동료들 사이에서도 높은 평가를 받는다. 가속도가 붙은 거구의 돌진을 몸으로 직접 부딪쳐 넘어지는 것이니 그럴 만도 하다. 이 부분에 대해 한 선수가 몇 개나 파울을 끌어냈는지에 대한 랭킹도 있다. 한동안 공식화되지 않았던 이 기록은 몇 년 전 NBA닷컴이 기록 사이트를 대대적으로 개편하면서 공식화됐다.

그러나 플라핑 이슈는 미국 대학농구(NCAA)에서도 비판의 대상이 될 때가 많다. 지난 2015년에 〈스포츠 일러스트레이티드〉는 "지도자들 모두 경기 중에 플라핑을 잡아내는 것은 한계가 있다는 것에 동의한다"는 현지 분위기를 전하면서 동시에 "파울을 얻기 위한 거짓행동은 경기에서 필요없다"는 지도자들의 목소리도 기사에 담았다. 실제로 당시 기사에서는 선수들에게 하지 말라고 지시하는 감독들의 이야기를 다루기도 했다. "It was time to cut the act"라며 말이다.

이 기사에 등장한 웨이크 포레스트Wake Forest, 퍼듀Perdue 등의 대학 감독들은 "정당하게 공격자 파울을 끌어내는 행위는 괜찮다. 그건 플라핑이 아니다. 오래 전부터 있었던 농구 경기의 일부다"라는 의견을 내면서도, "속이거나 연기하지 말고, 가서 득점을 따와라"라고 학생들에게 주문했다.

그럼에도 불구하고 여전히 경기 중에 플라핑을 하는 선수들은 나오고 있다. 심지어 지난 2017년 11월에는 포트웨인Fort Wayne 대학의 재비어 테일러Xavier Taylor란 선수가 켄터키대학Kentucky과의 경기 중 사이드라인의 존 칼리파리John Carlipari 감독과 부딪친 후 얼굴을 감싸고 쓰러져 "감독한테도 파울을 얻어내려고 하냐"는 비아냥을 받기도 했다. 당시 이 영상은 〈ESPN〉과 〈CBS 스포츠〉 등 여러 공신력 있는 매체를 통해 보도되기도 했다. 〈CBS 스포츠〉는 당시 기사에서 "루즈 볼을 잡으려고 뛰어든 선수가 공을 구하는 대신 A + 학점급 연기를 했다"고 비꼬기도 했다.

국제농구연맹(FIBA)는 경기 중 플라핑에 대해 경고를 할 수 있도록 해두었지만 앞서 언급됐듯, 경기 중에 이를 정확히 잡아낼 방법은 많지 않다. 유로리그Euroleague는 10년 전부터 플라핑에 대한 논의가 있었다.[4] 감독-심판 정기회의에서 "플라핑이 경기에서 사라져야 한다는 의견에 반대할 사람은 그 누구도 없을 것"이라는 의견이 나왔다. 심지어 강력하게 벌을 줘야 한다는 의견도 있었다. 다만 유로리그도 FIBA 규칙을 기반으로 하고 있기에 경고와 테크니컬 파울 외에는 아직 이렇다할 규정은 도입되지 않은 상황이다. 스페인의 프리랜서 기자 테레사 노빌로 페래즈Teresa Novillo Pelaez는 내게 "스페인 대표팀의 후안 까를로스 나바로Juan Carlos Navarro, 루디 페르난데스Rudy Fernandez도 플라핑을 했다가 기자는 물론이고 팬들에게도 비난을 받았다"고 전했다.[5]

2017년 12월, 호주 출신의 저명 칼럼니스트 파울로 케네디Paulo Kennedy는 FIBA에 기고한 칼럼에서 경기 중에 이뤄지는 공개적인 경고와 함께 NBA처럼 사후 적발 시스템으로 징계를 주는 방식이 병행되어야 한다고 주장했다. 그의 요지도 그간 나를 비롯해 국내 매체, 국내 팬들이 주장해온 부분과 비슷하다. 이름을 공개하고 망신을 주면 플라핑이 줄어든다는 것이다. 파울로 케네디 칼럼니스트는 "시스템이 도입된 후부터 NBA의 플라핑은 눈에 띄게 줄었다"고 주장했다. (플라핑이 아예 없어졌다는 의미는 아니다.)

NBA는 실제로 플라핑과 관련해 제재를 받는 사례가 줄고 있다. 2012년 10월에 NBA는 안티-플라핑 규정을 도입했다. "no place in our game"이라며 반복해서 적발되는 선수는 징계를 내리겠다고 발표했다. 6번째 적발되면 한 경기를 뛸 수 없다. 정말로 경기를 못 뛴 선수는 없지만 벌금 사례는 있다.

NBA에서는 "좋은 게 좋은 거다"가 통하지 않았다. 안티-플라핑 규정 도입 첫 시즌에 경고를 받거나 벌금을 받은 사례는 19건이었는데, 르브론 제임스와 제임스 하든, 크리스 보쉬Chris Bosh 같은 대형 스타도 5천 달러씩 벌금을 냈다. 최근에는 스테픈 커리도 벌금을 냈고, 그가 플랍을 한 장면은 여전히 유튜브를 비롯한 여러 사이트에서 쉽게 찾아볼 수 있다. 그러나 2015-16시즌에는 단 한 명만이 벌금을 냈다. 마커스 스마트Marcus Smart가 마지막이다. 올림픽 국가대표 드마커스 커즌

NBA스타 드마커스 커즌스는 "플라핑은 농구가 아니다"라며 할리우드 액션을 하는 선수들을 강하게 비난했다. ⓒ 점프볼

스DeMarcus Cousins는 "플라핑은 농구가 아니다"라며 몇몇 선수들을 공개적으로 저격하기도 했다.

물론 NBA 규정상 첫 번째가 경고이고, 2번째가 벌금이니 경고만 받은 사례도 꽤 많을 것이다. 그렇지만 벌금 사례가 줄고 있다는 것은 그만큼 '경고의 효과'가 강력했다는 의미로 해석될 수 있을 것이다. 한동안 NBA도 플라핑 적발 사례를 미디어 사이트를 통해 친절하게 공지했는데, 그 횟수가 줄자 이제는 따로 공지하지 않고 있다. 이쯤 되면 세계적으로도 플라핑이 결코 정상적인 행위로 인정받지 못한다는 것을 알 것이다. 팬들이나 매체들이 괜히 이걸 지적하는 것이 아니다.

# 정말로 중요한 일은 따로 있다

여전히 몇몇 감독들은 '근성'과 '열정'에서 나오는 행동이라며 플라 핑을 노련한 기술로 포장하지만 팬들은 그 상품의 단점을 더이상 보길 원치 않는다. 정말로 근성과 열정이 있다면 몸으로 부딪치고 실력으로 겨루어야 한다.

KBL도 여론을 의식한 듯 2018-19시즌부터는 플라핑에 대해 경기 후 분석을 통해 적발된 선수에 대해서는 경고와 제재금을 내리고 있다.[6] 또한 2차례의 기자 간담회를 통해 적발 선수의 명단을 공개하는 강수를 두기도 했다. 이 과정에서는 플라핑 사례 영상을 틀어주기도 했는데, 어찌나 연기들이 리얼하던지 한바탕 웃음꽃을 피우기도 했다. 나를 포함한 몇몇 기자들은 "이게 진짜 컨텐츠가 될 것 같다"며 "대중에게도 공개해야 한다"고 주장하기도 했다. NBA처럼 모두에게 공개되고 놀림을 받다보면 부끄러워서 안 할지 모르니 말이다.

플라핑은 사전적으로 '털썩 주저앉다'라는 의미를 갖고 있지만 또 다른 뜻으로는 '완전 실패하다'라는 뜻도 있다. 선수들이 한두 번 거짓 행위로 파울을 얻어내 자유투를 던지고 팀을 이기게 할 수는 있지만, 이것이 누적되다 보면 결국 리그는 병들고, 신뢰를 잃고 말 것이다.

서두에 언급했듯, 농구를 하는 중학생과 고등학생들이 보고 배운다. 그러니 '의식적으로' 플라핑을 안 해줬으면 좋겠다. 플라핑의 심각성을 깨닫고 NBA의 사례처럼 사후에라도 적발한 내용들을 공개해서 '농구경기'라는 상품을 어떻게 더 잘 포장할지 고민해야 한다.

3부

# 톱니바퀴처럼
# 팀플레이가 이뤄지기 위해선

## 14장

# 공을 만나러 가는 길,
# 미트아웃

## 영혼 없는 움직임이 경기 흐름을 망친다

언젠가 프로선수 출신 중학교 농구부 코치와 '기본기'를 주제로 이야기를 나눈 적이 있다. 내가 "슛, 드리블, 패스, 피벗이 기본기인 줄 알았는데, 기본기라는 것은 정말로 무궁무진하네요"라고 운을 떼자 그는 "기본기는 끝이 없어요. 영상을 보며 계속 공부 중이에요. 선수들도 프로가 될 때까지, 아니 프로선수가 되고 나서도 훈련은 계속해야 한다고 생각합니다"라고 말했다.

그 기본의 범주에 들어가는 기술도 무궁무진하다. 아주 사소한 발놀림 하나조차도 코트 위 다른 동료 4명에게 영향을 줄 수 있기 때문에 준비가 잘 되어있어야 한다. 그래서 트라이앵글 오펜스Triangle Offense로 NBA를 평정했던 필 잭슨 사단의 수석 코치, 고故 텍스 윈터Tex Winter는 이런 말을 했다. "기본에 충실하다는 것은 공을 갖고 있지 않을 때의 움직임도 훌륭하다는 것을 의미한다."

농구 경기에서는 선수들의 영혼 없는 움직임이 경기 흐름을 망칠 수 있다. UCLA의 명장 존 우든John Wooden이 "모든 움직임에는 목적이 있어야 한다"고 가르쳤던 이유와도 일맥상통한다.

## 유기적이고 적극적으로 움직여라

시즌을 준비하는 남녀농구단 과제 중 하나는 공이 없는 쪽에서 이뤄지는 선수들의 움직임을 체계적이고 조직적으로 만드는 데 있었다. 유기적으로 움직일수록 수비 진영을 망가뜨리고 더 많은 찬스를 낼 수 있기 때문이다. 감독들은 "서있지 말라"고 많이 주문한다. 수비를 반응시켜야만 우리 쪽 공격 찬스도 날 수 있기 때문이다.

"아무리 좋은 패턴을 던져주더라도 선수들이 제대로 수행하지 못한다면 무용지물이기 때문에 외국인 선수든, 국내선수든 책임감을 갖고 움직여야 합니다. 유기적으로 움직여야만 찬스가 날 수 있습니다." 전자랜드 유도훈 감독의 말이다.

DB 이상범 감독도 비슷한 말을 했다. 2018년 가을, 일본 나고야에서 그들의 전지훈련을 취재했다. 당시 이상범 감독은 "외국인 선수들에게만 의존해서는 안 됩니다. 한쪽에만 치우친 공격은 과부하가 따를 수밖에 없기 때문이죠. 선수들이 반대쪽에서 적극적으로 해주면 좋겠습니다"라고 바람을 전했다.

이상범 감독은 2018-19시즌을 치르면서도 이 이야기를 수도 없이 반복했다. 선수들의 분발을 촉구한 것이다. DB는 국내선수층이 얇다

KBL 최고의 득점원 이정현. 어느 팀도 그가 경기 중에 여유 있게 슛을 던지게끔 놔두지 않는다. 상대 수비가 끊임없이 쫓고 막는 만큼, 이정현도 수비를 따돌리기 위한 확실한 움직임을 취하고 있다. ⓒ 점프볼

보니 공격력에 한계가 있는 팀이었다. 국내선수가 15점 이상을 올린 경기가 54경기 중 14경기 밖에 되지 않을 정도였다. 2명이 10점 이상을 올린 경기도 19경기뿐이었다. 나머지는 외국인 선수들의 득점력에 의존했다. 이상범 감독은 국내선수들이 한계를 깨고 올라와주길 바랐다. 이를 위한 첫 단계가 바로 '적극적인 움직임'이었다. 찬스를 피하지 않고 정면으로 마주하라는 것이었다.

또한 감독들은 "패스를 정확하게 하라"는 말을 자주 한다. 나고야에는 DB 외에 또 다른 팀이 와있었다. 안양 KGC인삼공사다. 일본은 음식이나 기후 등이 우리와 잘 맞는 면이 있다. 선수 수준이나 시스템도 흡사하다보니 이처럼 여러 팀이 같은 기간에 같은 도시를 찾는 경우를

종종 볼 수 있다. (취재하는 입장에서도 비용 절감에 도움이 된다.) KGC인 삼공사 김승기 감독은 "저는 패스 자세가 굉장히 중요하다고 생각합니다. 자세가 정확해야 합니다. 안 좋으면 '다시'라는 말을 많이 합니다. 하나라도 그냥 넘어가지 않고 짚고 갑니다. 그래야 실수도 줄고, 응용도 가능하다고 생각하거든요"라고 말했다.

사실 패스를 주고받는 건 우리가 종종 간과하는 기본기 중 하나다. 대단히 쉬운 것 같지만 알고 보면 패스미스로 인해 경기 분위기가 기우는 경우가 꽤 많다. 패스를 받으러 나오는 A선수, 그런 A에게 패스를 주는 B의 합이 정확히 맞아야 한다. 유소년 농구 교육과정에서도 '공 주고받기'가 빠지지 않는 이유다. 이 부분에 대해 세밀하게 지도하고 습관을 들여야 한다. 예컨대 받을 때의 팔, 손동작, 받을 때의 다리와 발, 이후 동작 등 말이다.

공을 받으러 나오는 동작도 마찬가지다. 공격하는 선수가 공을 받으러 나가는데 이를 멍하니 보고만 있을 수비수는 이 세상에 없다. 그렇기에 수비를 떼어놓고자 하는 타이밍이 중요하다. 수비에 큰 방해를 받지 않고 공을 잡아야 하기 때문이다. 이를 위해서는 무엇보다 패스를 주는 사람, 패스를 받는 사람 모두 신경을 많이 써야 한다.

"패스를 주는 선수에게 '아, 수비에게 뺏길 수도 있겠구나'라는 생각을 갖게 해서는 안 돼요. 본인 수비는 본인이 어떻게든 떼어놔야죠." 삼성생명 코치 이미선의 말이다. 현역시절 리그 최고의 포인트가드였던 이미선은 은퇴 후 친정팀에서 코치를 맡고 있다. 그는 선수들에게 공을 주고받는 사이에서 신뢰가 깨져서는 안 된다고 강조했다. "뺏기고, 흘리고… 그러면 상호신뢰가 깨지게 되거든요. 다시 패스를 주는걸 꺼리게 돼요. 그래서 호흡이 중요해요. 언제, 어떻게 주면 '딱' 맞겠구나하는 걸 느껴야 해요. 저랑 (박)정은 언니(전前 삼성생명 코치)가 그랬죠." 이미선 코치의 말은 일리가 있다.

마이클 조던은 현역시절 자신과 손발을 맞춘 가드들에게 자기가 공을 잡은 뒤 바로 공격을 할 수 있게 공을 달라고 했다. 패스의 강도, 방식 등에 대해 의견을 조율할 때가 많았다. 매직 존슨Magic Johnson은 본인이 선수들에게 맞췄다. 예를 들어 A는 어느 쪽에서 공을 잡으면 어떻게 공격을 하고, B는 어느 쪽에서 슛을 던지는 걸 잘하는지 여러 특성을 훈련중에 파악했던 것이다. 그리고 그는 동료들에게도 자신이 공을 줄테니 공을 받기 위해 약속한대로 움직여줄 것을 요구했다.

그런가 하면 안드레 이궈달라Andre Iguodala는 주는 사람의 역할에 대해 "포인트가드는 볼을 줄 때 받는 사람이 받기 쉽게 줘야 합니다. 한 걸음 더 나아가서라도 리시버를 편하게 해주어야 합니다"라고 강조하기도 했다. 또 오늘날 갈수록 공격적으로 진화하고 있는 농구 트렌드에 맞게 "무조건 패스만 생각하지 말고 일단은 한번 자기가 공격할 수 있는 상황인지도 살펴봐야 합니다"라고 말하는가 하면, "득점원들은 공을 잡았을 때 적어도 파울이라도 얻을 수 있도록 공격적으로 움직여야 합니다"라고 주문하기도 했다.


## 공을 만나러 가는 길

이처럼 공을 받기 위해 움직이는 과정, 흔히들 중계중 감독들이 자주 쓰는 '미트 아웃meet out' 과정이다. 단어가 섞이면서 '미드아웃'이나 '미다웃' 등으로 들릴 때도 있다.

'미트'는 공을 받으러 가는 과정이다. 그런데 이 과정에서 수비를 떼어놓는 것이 키워드다. 스텝을 이용하거나 순간적으로 방향을 틀어 수비를 떨어뜨린 뒤 공을 받는다. '볼을 받을 땐 볼에 미트meet한다'는 식으로 표현한다.

　고<sub>故</sub> 이성구 선생은 저서 『농구의 기본적 배경(2000년 발간)』에서 "공을 소유하지 않은 공격자는 늘 같은 위치에 있지 말고 항상 움직여야 하며, 그 움직임은 반드시 목적이 있어야 한다. 공격자는 수비를 떼어놓고 패스를 받아 슈팅할 수 있어야 하며 이를 위해 훼이크, 체인지 오브 디렉션 등을 해야 한다. 플로어 밸런스를 잡기 위해 동료들끼리 몰려 있으면 헤어지고, 거리가 멀면 고립되지 않도록 가까이 간다"라고 기술했다.

　농구전문가 딕 바이텔도 "선수들이 가만히 서서 패스를 기다릴 때가 있다. 코치들은 '먼저 공격적으로 움직여서 패스를 받아야 수비를 고생시킬 수 있다'라고 항상 말한다. 수비가 가로채거나 가로막을 기회를 줄이는 것이 중요하다. 그럴 때 'come meet the pass!'라고 한다"라고 기술했다.

　그렇다면 감독들은 언제 "공에 미트 좀 해라", "미트아웃을 잘해야 한다"라고 강조할까? 중앙대, LG 감독을 역임했던 김태환은 이렇게 설명한다. "선수들이 경기를 하다 서있는 경향이 있습니다. 어떻게든 움직여줘야 하죠. 컷인을 하든가, 받으러 나와주든가, 스크린을 이용해서 반대로 나와주든가, 그렇게 찬스를 만들면서 공을 달라고 해야 합니다. 그런 움직임이 안 나올 때 선수들에게 '미트아웃을 잘해야 한다'고 말합니다."

　서서 공이 오기만을 기다리는 행위는 공격 정체현상의 주범이다. 김태환 전 감독의 말처럼 감독들은 서서 공을 받지 말라고 지적한다. 설사 눈앞에 수비가 없다 하더라도 말이다. 수비자들은 늘 매의 눈으로 패스를 차단할 기회만 기다리고 있기 때문이다. 주는 사람이나 받는 사람 모두 수비의 위치를 읽고, 수비를 반응시킬 수 있어야 한다. 주득점원들이 2배, 3배 더 고단한 이유다.

흔히 말하는 '오프 더 볼 무브off the ball move'가 중요하다. 이것은 공이 없을 때의 움직임을 뜻하는데, 지도자들은 이 과정이 대단히 폭발적이어야 한다고 강조한다. "득점원들이 수비를 달고 나오는 상황이 자주 발생해요. 패스를 받아 공격하려고 나오는데, 수비가 바싹 붙어서 나오면 공을 주는 의미가 없죠. 그렇기 때문에 자기가 페이크를 줘서 아예 따돌리든지 V컷[1]이나 백도어 컷backdoor cut[2] 등으로 수비를 떼어놓고 공을 잡으려는 움직임을 가져가야 합니다. 그러면 공을 잡는 과정이나, 공을 잡은 뒤에 타이밍이 앞서기 때문에 파울이라도 얻을 수 있어요. 사실 여자농구에서는 컷cut만 잘해도 좋은 찬스를 정말 많이 잡을 수 있거든요." 삼성생명 임근배 감독의 말이다.

그는 "서서 하지 말라"는 말을 종종 한다. "한 마디로 '내가 지금부터 공격할거야'라고 예고를 하는 것과 같죠. 마음의 여유가 필요해요. 수비를 반응시킨 다음에 움직여야 해요. 그러려면 본인이 먼저 급해서는 안 됩니다. 여유를 갖고, 스크린이 오는 시간적인 부분도 이용할 수 있어야 하죠."

가장 좋은 방법은 스텝이다. 공을 갖고 있을 때만 중요한 게 아니다. 김선형(서울 SK)은 2016년 여름, 미국 얼바인에서 가진 스킬 트레이닝을 통해 이 부분을 강화하는 데 심혈을 기울였다. 이제는 그냥 움직여서는 수비를 쉽게 떼어놓을 수 없다는 걸 알았기 때문이다. "공간 창출이라고 할까요? 예전에는 그냥 빠르게만 움직였어요. 하지만 이 부분을 체계적으로 가져가려고 연습을 많이 했어요. 붙으면 역으로 이동하는 거죠. 키보드로 따지면 9개 자판을 활용할 수 있게 됐다고나 할까요? 좌우로까지 다양하게 움직임을 주면서 수비를 떼어놓는 연습을 많이 했습니다."

김선형의 게임 스타일도 진화하고 있었다. 플레이가 다양해지면 상대도 수비하기 곤란해지는 건 당연한 일. "예전에는 주로 외국인 선수와 2대2를 해서 마무리하는 게 많았다면, 이제는 주는 부분까지 생각하고 있다"며 말이다.

부산중앙고 박영민 코치는 이러한 진화가 중요한 이유를 실전에서 일깨워줬다. 지금은 KBL을 대표하는 '영스타'가 된 양홍석(부산 KT)의 이야기다. 양홍석은 중앙대학교 1학년만을 마치고 프로에 진출해 2시즌 만에 올스타전 팬투표 1위를 차지하고, 성인 국가대표팀까지 선발된 선수다. 이미 부산중앙고 시절부터 '초고교급' 선수로 평가되어 〈점프볼〉이 투표를 통해 선정한 '올해의 농구인'상도 받았다.[3]

부산중앙고를 2016년 전국체전 우승으로 이끈 양홍석은 고교시절부터 돌파와 슈팅에 능한 선수였다. 자신의 영향력도 잘 알고 있었다. 자신이 움직이면 수비가 1~2명이 따라 붙는다는 걸 잘 알고 있었기에 빈자리를 맞은 동료들의 찬스도 잘 살렸다. 공격 리바운드 가담도 우수하며, 속공에서도 고교무대에서는 양홍석의 코스트 투 코스트를 막아낼 자가 없었다.[4]

그러나 그런 양홍석과 부산중앙고가 가장 고전할 때가 있으니, 바로 양홍석 홀로 공을 오래 갖고 있는 상황이었다. 상대는 모두 양홍석이 뭘 할지 알고 있는 상황. 동료들도 우두커니 서있기만 하니 선택의 여

2016년 캐나다 토론토에서 열린 글로벌 농구 캠프 현장. 볼에 효율적으로 미트하는 훈련, 그 움직임을 차단하기 위한 수비 훈련은 어느 캠프에서든 빠지지 않는 교육 과정이다. ⓒ 손대범

지가 사라진다. 그래도 워낙 개인 능력이 좋은 선수이니 초반에는 점수도 곧잘 따낸다. 하지만 후반이 되면 지칠 수밖에 없고, 선수들도 공을 자주 만져보지 못해 감이 떨어지게 된다. (우리는 지금 러셀 웨스트브룩 같은 NBA 선수들 말고 '지구인' 이야기를 하고 있다. 웨스트브룩 같은 선수들을 '상식'선에 놓지 말자.)

2016년, 군산고와의 전국체전 4강전에서 박영민 코치는 양홍석에게 이 부분을 또 한 번 지적했다. "두어 번만 찬스를 만들도록 해봐. 그러면 수비도 떨어지게 될 거고, 동료 선수들 사기도 덩달아 올라갈 거야." 양홍석은 코치의 조언을 그대로 실행에 옮겼다. 패스를 하면서 동료들의 3점슛이 쏙쏙 꽂히면서 분위기를 냈다. 양홍석도 개인플레이 비중을 줄였다.

이런 스타들이야말로, 공이 없을 때의 움직임이 대단히 중요하다. 학창시절에 원맨팀 에이스였던 경우, 대학과 프로를 거치면서 공이 없는 상황에 대해 아예 새롭게 배우는 선수들도 많다. 습관이 덜 되어 있기 때문이다. 우리은행 전주원 코치는 한국농구 현실에서는 스타 플레이어일수록 그런 움직임이 중요하다고 강조한다. 수비가 최대한 늦게 따라 나오게 하는 본인만의 노하우가 필요하다고 말이다. "요즘 선수들은 볼 컨트롤을 정말 잘해요. 운동능력도 뛰어나죠. 하지만 분명 힘을 덜 들이고 쉽게 갈 수 있는 방법이 있거든요. 공이 없는 상태에서 수비를 떨어뜨려놓고 조금이라도 먼저 공을 잡으면 되는 건데, 사실 NBA 선수들이야 워낙 1대1 능력들이 좋으니까 그럴 필요가 없다고 느낄 수도 있을 것 같아요(웃음)."

## 풋워크 + 차분함 + 팀워크

문태영(서울 삼성)은 2009년 KBL 데뷔 후 2015-16시즌까지 딱 한 시즌을 제외하면 한번도 국내선수 득점 1위를 놓친 적이 없는 선수다. (2013-14시즌에는 KT 조성민이 국내선수 득점 1위였다.)

문태영은 개인기가 좋아 손쉽게 찬스를 만든다. 그렇지만 그런 문태영도 공을 운반해오는 역할이 아니기에 세트 상황에서는 수비를 떨구고 공을 받아야 한다. 그는 그 과정에 대해 "풋워크와 인내심이 정말 중요하다"라고 말했다. 정확하게 해야지, 급해서는 안 된다는 것이다. (그래서 농구인 중에서는 "농구는 발의 전쟁"이라고 표현하는 이들도 있다.) "제가 공을 받은 뒤 바로 (슛을) 올라갈 수 있게, 혹은 트리플 스렛triple threat'을 취할 수 있는 좋은 리듬에 받을 수 있게 달라고 주문합니다.[5] 사실 프로선수라면 어떻게 패스를 줘야 한다는 걸 다들 잘 알고 있죠. 그렇지만 합슴이 맞지 않는 경우가 있다면, 유독 안 좋은 패스가 오는 날이 있다면 제가 따로 주문을 하는 편입니다."

크로아티아 출신의 삼성 코치, 대니얼 러츠Daniel Rutz도 비슷한 답을 전했다. 러츠 코치는 선수들에게 드리블뿐 아니라 경기에 필요한 전반적인 기술 강화에 주력했던 코치였다. 그 역시 풋워크가 중요하다고 지적했다. "오픈찬스를 만드는 데 있어 풋워크는 정말로 중요한 기술입니다. 우선은 자세를 낮추고, 스탠스를 넓게 가져가야 합니다. 패스를 받은 뒤 예비동작까지 생각해야 하죠. 그런데 선수들은 '빠르게 나오는 것이 중요하다'라고 오해하는 경향이 짙습니다. 스피드로 따돌리는 건 한계가 있어요. 만약 자신보다 더 빠른 수비가 붙으면 그때는 어떻게 하죠? 중요한 건 스텝을 안으로 한 번 내딛는 식으로 페이크를 줘서 수비를 반응시킨 뒤 다시 빼면서 공간을 만드는 등 자신만의 노하우를 갖추는 것이 중요합니다."

러츠 코치로부터 이 이야기를 들었을 때, 나는 NBA '국경 없는 농구Basketball without Borders' 캠프 현장에서 배웠던 이야기가 생각났다. 사실 'NBA'라고 해서 가르치는 내용이 엄청나게 특별하지는 않다. 유튜브에 올라오는 화려한 드리블 기술을 가르치는 곳은 더더욱 아니다. 단지 TV에서보던 글로벌 대스타들이 한 마디 한 마디 해주는 것이 선수들에게 더 자극이 되고, 영감이 된다. 현장의 지도자들도 "매일 똑같은 잔소리를 듣는 것보다는 나을 것"이라고 말한다.

NBA가 개최하는 캠프에서 항상 빠지지 않는 드릴drill이 몇 개 있는데, 그 중 하나가 커트cut와 스크린을 이용해 수비를 빠져 나오는 것이다. 이 기본 동작을 바탕으로 픽앤롤이나 다른 연계 플레이까지 확장시켜간다. 심지어 슈팅 클리닉 시간에도 이 연습이 바탕이 된다. 그런데 대륙을 막론하고 똑같이 지적을 받는 부분이 하나 있었다. 그것은 바로 페이스 조절이다.

"항상 빨라요. 페이스 조절을 잘 못 하죠. 스피드를 조절해가면서 폭발력을 발휘할 때 발휘하고, 아낄 때는 아껴야 하는데, 계속 빠르게만 가려 하죠. 그러면 상대를 속일 수 없습니다. 오히려 나만 지칩니다." 캠프 디렉터 브루스 미크Bruce Meek의 이야기다. 그는 "아이들이 감독이 시킨 걸 그저 해야겠다고만 생각하니 급해지는 경향이 있습니다. 스크린을 활용할 때, 스크린을 설 때 등 여러 디테일한 부분에서 특히 더 그래요. 코치들도 그 부분을 꾸준히 지적하고 있는데, 사실 어느 나라 할 것 없이 학생들은 그런 성향이 있기 때문에 꾸준히 다듬는 게 좋을 것 같습니다"라고 덧붙였다.

수비는 날로 세밀해지고 있다. 이정현이나 조성민 같은 국가대표 선수들은 스크린 활용이 무의미해질 때도 있다. 스크리너 수비자가 바로 스위치해서 공을 잡아도 다음 동작을 이어가기 어렵게 만들 때가 많기 때문이다. 다른 한편으로 지도자들은 스크리너가 잘 못 해서 슈터들이 죽는 경우도 있다고 지적한다. 그저 걸어주는 게 중요한 것이 아니라, 롤을 할 것인지, 팝아웃을 할 것인지 확실히 해줘야 하는데 어중간하게 서 있다가 주득점원들을 고생시킨다는 것이다. 그래서 판단이 중요하다.

이는 핸드오프 상황도 마찬가지로, 러츠 코치를 비롯한 많은 이들은 "핸드오프 상황을 하나의 스크린이라 생각하라"고 말한다. 주는 인물이 하나의 벽이 될 수도 있다는 것. 그러나 이미선은 "핸드오프라고 해서 꼭 공을 건넨다고만 생각해서는 안 된다. 주는 선수 재량껏, 주는 척 하다가 치고 들어갈 수도 있다. 정은순 언니(현 KBSN 해설위원)가 정말 잘했다"라고 돌아봤다.

한편 지도자들 중에서는 다이어그램을 그릴 때 습관적으로 화살표를 꺾는 지도자도 있다. 예를 들어 그냥 직선으로 그려도 될 부분을 한 번 꺾어서 그리는 것이다. 최인선 전 감독도 그 중 한 명이었다. 그는 스승이었던 방열 감독 영향을 받았다고 말한 바 있다. "움직임 하나를 가져가더라도 정직하게 움직이지 말라는 거죠. 드리블을 하든, 커트인을 하든, 아니면 단순히 공을 받으러 나가든, 한 번 페이크를 줘서 수비를 조금이라도 떨어뜨려놓고 하라는 뜻에서 다이어그램을 그릴 때도 습관적으로 방향을 한 번 꺾곤 했습니다."

농구도 찰나의 틈이 큰 결과를 초래할 수 있는 종목이다. 간발의 차이라 하더라도 상대보다 먼저 공을 잡느냐, 얼마나 안전하고 빠르게 위치를 선점해 패스를 받느냐가 중요하다. 농구가 상대보다 공을 많이 넣어야 이기는 종목이지만, '발의 전쟁'이라고도 불리는 이유다.

## 15장

# 공이 없을 때의 움직임이
# 상대 수비를 뒤흔든다

## '해결사' 조성민에 대한 추억

2013년 창원에서 열린 프로농구 KT와 LG의 경기, LG에게 2점 차로 리드당하던 KT가 마지막 작전타임을 요청했다. 남은 시간은 9.3초. 2점슛을 넣어 동점을 만들 것인가, 3점슛으로 깨끗하게 승부를 볼 것인가? 어떤 감독이든 고민할 수밖에 없는 상황이었다. "(조)성민이가 수비가 쫓아 나오면 컬curl로 돌아." "스크린 정확하게 서주고." "오펜스 파울 하면 안 돼!"

이때 조성민이 감독에게 한 가지 제안을 한다. "3점슛 쏴도 되나요?" 이에 전창진 감독은 시원하게 화답했다. "3점슛 OK야. 자신 있게 해!"

경기가 재개됐다. 사이드라인sideline에서 조성민이 전태풍에게 패스를 건넨다. 조성민은 외국인 선수 커티스 위더스Curtis Withers의 스크린을

2014년 인천 아시안게임 금메달리스트 조성민은 리그 최고의 3점 슈터로 명성을 떨쳤다. 성공률도 훌륭했지만, 찬스를 잡기 위한 기민한 움직임 역시 교과서적이었다. ⓒ 점프볼

받아 반대 코트로 이동하는 척하다 기습적으로 방향을 전환, 다시 패스를 줬던 원점으로 돌아왔다. 이어지는 전태풍의 정확한 패스! 완벽한 오픈 찬스였다. 조성민의 수비를 맡은 박래훈이 뒤늦게 쫓아 나왔지만, 타이밍은 늦었다. 조성민은 깨끗하게 3점슛을 꽂는 동시에 파울까지 얻어냈다. 점수는 87-85로 KT의 승리. 이날 조성민은 3점슛 6개와 함께 26득점(자유투 100%)으로 팀의 승리를 주도했다. 이는 '조성민' 하면 잊을 수 없는 장면이 됐다.

경기 후 조성민은 "원래 3점슛을 던지는 것도 있었고, 안으로 들어가는 것도 있었어요. 그런데 저는 승부를 보고 싶었어요. 아이라 클라크(현 모비스)도 5반칙 퇴장을 당한 상태여서 무조건 3점슛을 던져야겠

다는 생각뿐이었죠. 감독님께서도 자신 있게 하라고 답을 해주셨습니다"라고 상황을 설명했다.[1]

당시 장면에서 2가지 의미를 찾을 수 있다. 첫째, '해결사' 조성민이 보인 배포는 정말 대단했다. 오늘날 프로농구에 선수로 등록된 이들 중 과연 조성민 같은 배짱을 보일 선수가 몇이나 될까? 배짱도 그렇지만, 그 순간에 그 정도의 정확도를 보일 선수는 또 몇이나 있을까?

둘째, 그 과정에서 이루어진 기가 막힌 컷 페이크를 뺄 수 없다. 만약 처음부터 조성민이 그 자리에서 3점슛을 던지려 했다면 어땠을까? 그러니까 단순히 위더스의 스크린을 받아 슛을 시도했다면? 아마도 그날의 승리팀은 LG가 됐을 것이다. 조성민이 무엇을 할지 알았으니 집중 견제를 했을 것이다. 그러나 조성민이 반대로 갈 것처럼 움직였다가 돌아오는 페이크를 주면서 정확한 찬스가 생겼다. 이른바 '볼 없는 움직임move without ball'이 상대 수비를 완전히 흔들어놓은 것이다.


## 농구는 5명이 움직이며 하는 운동

그간 취재를 해오면서 전·현직 코치들에게 가장 자주 들은 이야기가 2가지 있다. 하나는 "농구는 서서 하면 안 되는 운동"이라는 이야기이고, 나머지 하나는 "농구는 5명이 하는 운동"이라는 이야기다. 사실 이 2가지는 결코 떼놓고 이야기할 수 없는 부분이다.

'서서 하면 안 된다'는 주제로 이야기를 시작하면 '농구는 5명이 하는 운동'으로 결론이 맺어질 것이다. 반대로 '농구는 5명이 하는 운동'이란 주제로 이야기를 시작하면, 결국 결론은 '서서 하면 안 되는 운동'으로 결론이 맺어질 것이다.

동서고금을 막론하고 감독들은 선수들에게 "많이 움직이라"는 주문을 한다. "서서 하지 말라"는 이야기와 내용은 동일하다. 많이 움직이면서 수비를 반응시켜야 찬스가 난다는 뜻이다. 생각해보면 간단하다.

A팀의 에이스가 'J'라고 생각해보자. 상대는 J가 공격을 시도할 것이란 사실을 잘 알고 있다. 경기 내내 견제가 들어갈 것이다. 통계를 보니 J는 오른쪽 베이스라인에서의 중거리슛을 가장 좋아한다. 그래서 그 자리에서 슛을 자주 던진다. 아마 이번에도 그쪽에서 서 있다가 공을 잡을 것이다.

만약 A팀 전체가 서서 패스만 돌린다면, J에게 공이 가기도 전에 가로채기를 당할 것이다. 루트를 뻔히 읽힐 테니 말이다. 또한 J가 운 좋게 공을 잡더라도 이미 상대가 J를 밀착 마크하고 있을 테니 제대로 슛을 던질 일도 없을 것이다.

반대로 J가 왼쪽에 있다가 A팀의 2중 혹은 3중 스크린을 받고 오른쪽으로 이동한다면? 상대를 조금 더 흔들 수 있을 것이다. 상대는 J가 오른쪽에서 백발백중이란 사실을 알고 있을 것이다. 그래서 상대는 수비자 2명을 붙일 수도 있다. 그러면 A팀은 고맙다. J에게 2명이 몰린다는 것은, A팀의 다른 한 명에게 수비자가 안 붙는다는 의미가 될 테니 말이다. 움직인다는 것은 이런 긍정적인 효과를 가져올 수 있다. 그리고 또 하나, J가 돌파를 시도한다고 해도 다른 동료들이 움직이지 않는다면 모두가 J의 돌파만 견제할 것이다. 그러면 동선이 겹쳐서 실책이 나올 가능성도 있다.

그래서 '5명' 모두가 경기에 참여해야 한다. 서로 일사불란하게 움직이며 부지런히 스크린을 걸고 커트인해야 한다. 만화 〈슬램덩크〉를 떠올려봐도 좋을 것 같다. 지친 정대만이지만 기어이 승부처에서 3점 슛을 터트리며 '불꽃남자'라는 환호를 받던 그 장면을 생각해보자. 정대만의 3점슛이 나오기 전에 채치수의 듬직한 스크린이 있었고, 정확한 타이밍에 패스를 건넨 송태섭이 있었다. 정대만이 3점슛을 시도할 때는 강백호가 혹시 모를 '실패'를 예상하고 자리 싸움을 한다. 이처럼 한 팀이 각자 역할을 잘해낼 때 최고의 장면이 나올 수 있다. 조성민의 역전 3점슛 옵션이 생기기에 앞서 전창진 감독도 조성민에게 "스크린 이후 동료와 수비의 반응을 모두 살펴라"라는 말을 전달했다.

존 우든 감독은 『코칭 바스켓Coaching Basket』에 기고한 '볼 없이 움직이기'라는 칼럼에서 앞선 상황을 강조한다.[2] "코트에 올라온 선수들이 실제로 공을 갖고 있는 시간은 전체 플레잉 타임의 10%에 불과하다. 그렇다면 나머지 90%의 시간에는 무엇을, 어떻게 할 것인가? 팀의 승리는 볼을 갖고 있는 10%보다도 볼이 없는 90%의 시간을 얼마나 잘 활용하느냐에 달려 있다고 볼 수 있다. 공수 양면에서 볼 없이도 효율적으로 움직이며 개개인의 역할을 다해낼 때, 팀은 비로소 승리한다. 나는 우리 선수들에게 경기를 통틀어 공을 갖고 있을 시간은 길어야 4분 정도임을 강조해왔다. 모든 선수들에게 동등하게 기회를 준다 해도 4분 이상을 넘기긴 힘들다. 따라서 나는 그들에게 '공을 갖고 있을 때 무엇을 하는지는 중요하지 않다. 공을 갖고 있지 않을 때의 움직임이 더욱 중요하다. 공 없이 움직일 그 오랜 시간 동안 무엇을 해야 할지 신경 쓰고, 결코 그 시간을 낭비하지 말라'고 지시했고 늘 강조해왔다."

2018년 자카르타-팔렘방 아시안게임 3대3 농구대표팀 감독을 맡았던 정한신은 조성민의 볼 없는 움직임이 가져오는 효과가 대단히 교과서적이라며 극찬했다.[3] "요즘 공격 좀 한다는 선수들도 공이 없을 때의 움직임이 약해요. 수비를 안 보고 움직일 때가 많거든요. 때로는 공의 진행 방향을 거스르는 움직임을 보일 때도 있어요. 이러면 공을 주는 사람이 답답해 미칩니다. 하지만 조성민은 달라요. 스위치가 될 상황까지도 미리 파악하죠. 리듬도 상당히 잘 가져가고요. 공을 잡은 상황에서 수비가 붙어도 스텝으로 빼고 공간을 만들 능력이 있기 때문에 더 무서운 선수라 생각합니다."

그동안 남자프로농구에는 꽤 많은 슈터들이 존재했다. 하지만 승부처에서 외국인 선수 이상의 존재감을 뽐내며 에이스로 올라간 선수는 손에 꼽을 정도였다. 조성민이 성장하고 문태종이 등장하기 전에, 문경은, 조상현, 방성윤 정도를 제외하면 공이 없는 상황에서 그리 영리한 움직임을 보인 슈터가 없었다.

"꽤 많은 선수들이 연습을 하고 성장을 했지요. 하지만 눈을 뜰 시점에 군대(상무)에 간다거나, 부상을 당한다거나 하는 일이 있었어요. 그러면서 완성도가 떨어지게 됐죠. 움직임이 줄어버리거나 효율성을 잃게 되는 겁니다. 게다가 상대는 이미 그 선수가 어떤 선수인지 알기 때문에 견제는 더 심하게 들어가고요. 그렇게 아까운 선수들이 몇 있었어요." 정한신 감독의 말이다.


## 볼 없는 움직임이 부족한 이유

10년 전쯤의 일이다. LA 클리퍼스LA Clippers와 포틀랜드 트레일 블레이저스Portland Trail Blazers의 경기를 함께 중계하던 최인선 전 감독은 한 선수를 지목하며 답답해 미치겠다는 듯 나에게 말했다. "내가 하나 말해줄게. 저 선수는 저렇게 하면 기록은 잘 나올지 모르겠지만, 팀은 죽게 돼있어."

그 선수는 코리 매거티Corey Maggette였다. 2013년 은퇴한 매거티는 통산 평균 16득점을 기록할 정도로 득점력이 뛰어났던 포워드였다. 하지만 정작 1999년부터 14년 가까이 NBA 선수생활을 하면서 플레이오프에 오른 경우는 딱 한 번뿐이었다. 약체팀에서만 뛴 탓도 있지만, 기본적으로 팀을 살릴 '에이스'라는 평가까지는 못 받았다. 최 감독은 그 이유를 설명했다. "내 말이 틀린가 보라고. 저 정도 실력이면 수비를 떨군 다음에 개인기로 1대1을 해도 충분히 점수를 올릴 수 있는 선수인데, 저렇게 혼자 볼을 오래 끌고 있잖아."

꽤 괜찮은 득점력을 갖춘 선수일지라도 볼이 없을 때 움직임이 낯설게 느껴질 때가 있다. 국가대표팀이나 이른바 '스타 군단'이라 불리는 팀들일수록 더 그렇다. 혼자 있을 때는 날고 기던 선수들이 서로 동선을 못 찾아 헤맨다든가, 위력을 발휘하지 못하는 것이다. 나는 이런 생각을 해봤다. '습관이 안 되어 있는 것일까? 경험이 없어서? 아니면 센스가 부족한 탓일까?'

2016년 7월, 리우올림픽Rio Olympics에 출전하는 미국 농구대표팀의 훈련 현장을 찾은 적이 있다. 미국 대표팀은 국제대회가 있을 때마다 라스베이거스에 모여 훈련을 갖는다. UNLV 대학 체육관을 빌려 3~4일간 집중적으로 손발을 맞추고, 그 다음부터는 평가전을 가지면서 부족한 부분을 메워간다. 가끔은 '평가전 상대가 너무 약한 것이 아닌가' 생각도 해본다. 아르헨티나 같은 강적도 있지만, 대부분 중국, 푸에르토리코 등 한 수 아래 팀들이다. 미국 대표팀과 같은 후원사(나이키)를 두고 있는 팀들만 섭외를 하는 것인지도 모르겠다. 어쨌든 며칠을 훈

2016년 리우올림픽에 출전한 미국국가대표팀의 훈련 현장. 지미 버틀러 같이 NBA팀에서 에이스 역할을 하던 선수들이 모이다보니 훈련 초반에는 각자들 공이 없을 때의 움직임이 정체되는 부작용을 겪었다. ⓒ 손대범

런하든 NBA 스타 선수들로 구성된 미국 대표팀은 항상 문제점에 대한 해답을 찾고 개선을 해왔으니 이 시스템이 바뀔 것 같지는 않다.

대표팀 분위기는 항상 밝다. NBA를 대표하는 스타들만 모여있다보니 서로를 존중하고 인정하는 분위기다. 코칭스태프 역시 마찬가지. 선수들 컨디션을 수시로 체크하고, 의사를 존중해준다. 그런데 최고들만 모인 팀이라고 해도 자세히 들여다보면 분위기를 주도하는 리더가 있는가 하면, 적응하지 못해 전술적으로 겉도는 선수들도 볼 수 있다. 특히 팀플레이를 연습할 때면 이런 장면이 확실히 드러난다. 공을 갖고 있을 때 뿐 아니라, 공이 없을 때도 활발히 움직이며 감독으로부터 "잘했어"라는 한마디를 끌어내는 선수가 있는가 하면, 전술훈련중에 움직임을 맞추지 못해 몇 번이고 반복하게 되는 선수도 있다.

이 선수의 실력이 모자라서가 아니다. 분명 이 선수도 소속팀에서는 A+급 해결사다. 다만 에이스로만 뛰다가 갑작스럽게 역할이 축소되거나 바뀌다보니 적응하지 못해 우왕좌왕하는 것이다. 대표적인 선수가 바로 지미 버틀러Jimmy Butler였다. 2016년 올림픽 당시에는 시카고 불스Chicago Bulls 소속이었던 버틀러는 이미 NBA 올스타였고, 평균 20득점을 넣던 선수였다. 다만 공 없이 하는 플레이가 숙달이 안 됐다보니 헤맸던 것 같다. (물론 그는 금세 이에 적응했고, 평가전과 올림픽에서는 제법 좋은 활약을 보였다. 솔직히 말하면 올림픽에서 만난 대부분의 상대들은 미국이 준비했던 여러 패턴을 다 사용할 필요조차 못 느낄 정도로 수준 차이가 많이 났다.)

버틀러의 적응 과정을 보면서 '습관의 차이'에 대해 이야기해준 정선민 코치가 기억났다. "나로 인해서 공간을 확보하고 찬스가 열린다는 것을 알게 되면, 그런 마음가짐을 갖게 되요. 그러려면 그림을 그릴 줄 알아야 돼요. 공만 쳐다보고 있으면 안 되고, 전체적인 공의 흐름을 꿰고 있어야 하죠. 수비는 어떻게 움직이는지도 파악하고요. 우선은 내 앞의 수비자를 잘 알아야 해요. 결국 수비도 공의 흐름을 따라 움직이니까요. 수비를 확실히 떼어놓을 수 있어야 해요. 여러 속임 동작으로 수비를 반응하게 만들어야죠."

다시 한국으로 돌아와보자. 한국 역시 중·고등학생 때부터 주득점원 역할을 해오던 선수들이 대학교에 진학하고, 또 그 중 "잘한다"고 인증을 받은 유망주들이 프로에 간다. '내가 해결해오던' 그 습관과 버릇이 남아있던 선수들은 프로에 가서 고생을 하는 경우가 많다. 특히 중위권 대학에서 15~20점 이상씩을 올려오던 선수들이 그런 유형이다.

유재학 감독은 그런 '버릇'이 팀플레이의 저해 요소가 될 때가 많다고 귀띔한다. "어린 선수들은 대학 때 버릇이 아직 남아 있어요. 공이 없을 때는 그냥 서 있고, 정작 볼이 있을 때는 엉뚱한 플레이를 하죠. 엉뚱한 곳에서 잡아서 말도 안 되는 타이밍에 던지기도 하고요."

"엉뚱한 곳이요?"

"선수들이 밀려나면서 잡다보니 그래요. 약속했던 자리가 아니라 밀려나서 공을 잡는 거죠. 공격적으로 나서줘야 하는데, 겁이 나는지 3점 슛 라인에서조차 멀리 떨어진 곳에서 공을 잡아요. 실수가 나오면 자신감도 떨어지고…. 그러다보니 공격 전개가 안 되죠."

유재학의 '넘버원 제자' 양동근은 이런 경향에 대해 어린 선수들을 변호한다.[4] "실수에 많이 의기소침해지는 경향이 심하죠. 어리다보니까 스스로들 실수를 더 크게 보는 경향도 있고요."

연세대 은희석 감독은 그 어린 선수들에 의한 스트레스를 많이 받는 인물이다. "대학은 직업을 갖기 직전의 단계잖아요. 내 직업을 찾기 위한 전공을 공부하고 능력을 강화하는 곳입니다. 운동선수들에게도 마찬가지에요. 나쁜 습관을 갖지 않고, 기능적으로도 더 훌륭한 선수가 되어야 프로에 갈 수 있습니다. 이 선수들이 가져야 할 최선의 직업이 바로 프로선수이니까요. 저도 선수들에게 실수를 하더라도, 원했던 1차 공격이 안 풀리더라도 서있지 말라고 합니다. 많이 움직이면서 다음 공격 전개를 찾아보라고요. 그렇게 우두커니 서있는 시간이 줄어들면 줄어들수록 좋은 팀이 되는 것 같습니다."

이상범 DB 감독 역시 같은 생각으로 "어린 선수들은 공격이 안 풀리면 공격으로 만회하려 해요. 수비부터 잘하면서 리듬을 찾아가면 되는데, 무리를 하죠. 그러다보면 팀 전체 밸런스가 깨져요. 공이 안 돌기 시작하죠"라고 말했다. 그러나 이 감독은 "나쁜 것도 경험해봐야 다음에 안 하죠. 괜찮습니다"라고 선수들을 독려했다. 인내하고 성장하길 기다린 것이다. 그 결과물이 바로 2011-12시즌 우승팀의 일원인 박찬희와 이정현이었다.[5]

역시 농구를 이해하는 일은 쉽지가 않다. 개인 기술이 아무리 좋다 하더라도 40분 내내 기교를 부리기란 힘든 법. 그렇기에 동료들을 활용하고, 동료들과 함께해야 한다.

오래전, 방열 회장은 티 타임중에 이런 말을 한 적이 있다. "국제대회에 나가면 우리보다 키가 다 큰 선수들밖에 없어요. 이런 선수들을 상대로 계속 드리블하면서 공격하면 우리가 먼저 지쳐 쓰러집니다. 실제로 허재, 이충희 등이 같이 뛰면 그랬어요. 너 한 번, 나 한 번 슛 던지고 그랬는데, 결국 후반전에 제 풀에 지쳐 지더라고요…. 상대도 막기 수월해지고요. 그래서 스태거드staggered라든지, 스택stack 등의 패턴을 도입해서 활용하도록 했습니다."[6]

KBL 역사상 3점슛을 가장 많이 넣은 문경은 감독의 생각은 어떨까? '람보슈터'가 별명이었던 문경은은 2004년 2월, 307경기 만에 개인 통산 1천 개째 3점슛을 성공시켰다. 은퇴할 때 그는 통산 1,669개의 3점슛을 남기고 떠났다. 1,669개의 3점슛이 들어가는 동안, 문경은은 자신의 스타일을 계속 업그레이드해나갔다. 한때는 탄력과 힘이 좋아 덩크슛도 가능했던 그였지만, 외국인 선수가 등장하면서 2대2 플레이를 익혔으며, 공이 없는 상황에서의 움직임에서도 노하우를 쌓아갔다. "감독님들께 움직임을 많이 가져가야 한다고 지시를 받았죠. 주전 선수로서 제 의무는 상대 수비를 흔드는 것이었어요. 가만히 서 있다가 패스받아 슛만 던지려 할 때면 감독님의 불호령이 떨어졌죠."

문경은 감독은 외국인 선수의 등장으로 슈터들의 역할이 축소되고,

이것이 기능의 퇴화를 가져온 것 같다는 의견을 전했다. 어디까지나 남자농구의 이야기다. "하지만 언젠가부터 슈터들의 성격이 바뀌기 시작했어요. 외국인 선수들이 오고 난 뒤부터였죠. 예전에는 항상 슈터들이 제1옵션이었죠. 삼성의 김현준, 기아의 허재 등 말이죠. 그런데 외국인 선수들이 오면서 그 옵션이 바뀌었어요. 슈터들은 계속 뛰면서 감을 잡아야 하는데 그게 어려워졌어요. 그 과정에서 무리한 슛이 나오면 바로 교체가 되고, 그러다보니 슈터들도 위축이 되고 말았습니다. 언젠가부터 스몰포워드의 역할이 수비만 잘하고, 외국인 선수에게서 나오는 공이나 처리하는 포지션이 되고 말았습니다. 한국형 슈터들이 등장했다고나 할까요?"

## 고수들의 충고, "내가 급해져선 안 된다!"

사실 볼 없는 움직임은 '3점슛'만을 위한 것이 아니다. 그렇다고 '슈터'를 위한 것도 아니다. 또한 꼭 스크린이 필요한 것도 아니다. 움직이는 모양에 따라 V-컷, L-컷 등 동작이 다양하다. 또 기습적으로 방향을 전환해 기회를 잡는 플레어flare도 있다. '얼마나 상대를 잘 속이냐'의 중요성은 현대농구에서 더 많이 언급되고 있다.

KBL에서는 오리온의 김도수 코치나 KT에서 코치로 활동했던 송영진이 현역 시절 최고의 모범 사례를 보였다. 두 선수 모두 '슛'보다는 잘라 들어가 골밑에서 레이업 찬스를 잡는 노력을 많이 했다. 딱히 스피드가 빠르거나 탄력이 좋은 선수들은 아니었지만, 한 경기에 꼭 한두 번씩은 상대의 허를 찌르는 플레이를 펼쳐 감탄을 자아냈다. "일단 상대를 확실히 따돌리는 게 중요한 것 같아요. 그다음은 연습한 과정대로 하는 거죠. 국내 무대에서 뛸 때는 스크린을 이용해 편하게 던지려고 해요. 그런데 국제대회에서는 조금 더 무리할 때가 있어요. 그렇지 않으면 KBL에서처럼 '찰나의 순간'이 생기지 않거든요. 그래서 수비가 있어도 달고 던질 수 있도록 연습을 많이 하죠."

조성민의 말만 들으면 너무나도 쉽게 느껴졌다. 농담 섞어 "말은 참 쉬운데…"라고 하자, 친절한 설명이 더 이어졌다. 조성민은 "저는 키가 작은 편이에요. 그래서 슛 타이밍을 빨리 가져가기 위한 연습을 많이 했어요. 전창진 감독님께서 도움을 많이 주셨죠. 드리블 자세, 스텝 같은 전문적인 움직임이요. 슛도 많이 연습했어요. 경기가 있는 날 오전에도 던졌으니, 굉장히 힘들었죠. 하지만 그게 기반이 돼서 제가 한 단계 더 성장하게 된 것 같아요. 어느 순간 자신감이 생겼죠"라고 돌아봤다. 그는 이어서 "조급해서는 안 됩니다. 공을 잡으면 먼저 내 수비자가 내게 쏠리도록 하고, 그다음에 폭발적으로 나와야 합니다. 그때 타이밍을 뺏는 일이 정말 중요해요. 페이크가 중요한 이유죠. 내가 급해지면 스크리너나 동료들도 급해져요. 실책이 나오거나, 공격자 파울을 범하기 딱 좋습니다"라고 충고했다.

스탠 밴 건디Stan Van Gundy 감독이 『NBA 코치 플레이 북NBA Coaches Playbook』에 기고한 칼럼에는 이들의 말을 보충할 만한 설명이 있다. "페이크를 할 때는 상대를 정말로 속여야 한다. 형식적으로 속이는 척을 해서는 안 된다. 따라서 진짜 움직임을 만들어야 이를 잘 수행할 수 있다. 그래야 진짜처럼 보이게 속일 수 있다. 또 페이크는 너무 바르면 안 된다. 수비에게 틈을 줘 다리를 엇갈리게 하거나, 어느 한 방향으로 몸을 기울이게 만들어야 한다. 수비의 반응을 잘 읽어야 한다."[7]

문태종 같은 '고수'들은 좋은 찬스를 잡기
위해서는 스크리너, 패서, 슈터 모두의 합
습이 정확히 맞아야 한다고 말한다. 이를
위해 가장 중요한 것은 역시 충분한 대화
와 시뮬레이션뿐이다. ⓒ 점프볼

그런데 문태종의 입장은 좀 다르다. 앞서 언급한 이들의 의견이 틀
리다는 것이 아니라 좀 더 넓게 본 것이다. 그는 "나뿐만 아니라 모든
선수의 움직임이 중요합니다. 움직이는 저도 중요하지만 패스를 주는
선수의 타이밍도 맞아야 하고, 저에게 스크린을 걸어주는 선수들의 위
치와 방향도 중요하죠. 서로 이야기를 많이 해야 합니다"라고 말했다.

2018-19시즌 KBL 전자랜드에서 활약한 기디 팟츠Giddy Potts 역시 문
태종과 비슷한 말을 했다. "움직일 때는 정말로 상대가 속을 정도가 되
어야 합니다. 그게 포인트이자 시작입니다. 오른쪽으로 페이크를 준다
는 것은 상대로 하여금 내가 정말로 오른쪽으로 갈 것이라고 믿게끔
만들 정도로 완벽해야 한다는 것을 의미해요. 그렇게 상대를 떨어뜨려

놓고 움직이면서 포인트가드의 시야에 들도록 노력해야 합니다. 우리 팀에서는 박찬희가 제게 항상 말했습니다. '많이, 적극적으로 움직이면서 눈을 맞추라'고요. 캡틴(정영삼)은 제게 공이 있을 때든 없을 때든 스크린을 빠져나올 때는 상대의 '손질(스틸 시도)'을 조심하라고 했습니다. 덕분에 팀플레이가 더 잘 맞아갔고, 저도 잘 적응할 수 있었던 것 같습니다."[8]

농구에 100% 정답은 없다. 그렇지만 문태종과 팟츠의 말이 가장 간단명료하지 않을까 싶다. 앞서 말했듯이 농구는 서서 하는 것이 아니라, 움직이면서 해야 팀도 이기고, 관중도 즐거울 수 있다. 또 이 모든 행위를 코트에 있는 '우리 팀' 5명 전원이 나눠서 해야 팀원들도 다 행복할 수 있다.

16장

# 공을 잡을 때의
# 발동작도 중요하다

## 농구에서 '발을 맞춘다'는 말의 의미

"발만 맞으면 바로 올라가는 선수에요." 해설위원들과 선수들이 슈터에 대해 말할 때 종종 사용하는 표현이다.

미리 첫 번째 결론을 내려본다. 제대로 올라가는 슛이 아닌 경우 중 하나는 바로 '발도 안 맞췄는데', 즉 '본인의 밸런스도 제대로 못 잡았는데' 막 던지는 슛이라 할 수 있겠다. 어쩌다 몇 번 급한 상황이라면 그럴 수도 있다. 하지만 상습적으로 본인 페이스가 아닌 상황에서도 무턱대고 수비를 달고선 시도하는 선수들도 많다. 흔한 해외매체의 표현처럼 '밸런스가 무너진off the balance' 상태다. 그런데 농구에서 발을 맞춘다는 건 대체 무슨 의미일까?

농구에는 플레이마다 다양한 스텝이 있다. 그리고 그 스텝을 얼마나 잘 놓느냐에 따라 선수의 연봉이 달라진다. 심지어 단위 '0'이 하나 더 붙을 수도 있다.

지금 설명하고자 하는 스텝은 공을 받을 때의 동작을 의미한다. 그 동작은 크게 2가지가 있다. 스트라이드stride 스톱과 점프jump 스톱인데, 흔히 스트라이드 스톱은 원-투one-two, 점프 스톱은 원one 혹은 합hop 스 텝이라고 한다.[1]

세계농구 지도자들이 믿고 따르는 농구계 이론 중에는 'B.E.E.F'라 는 것이 있다. 밸런스Balance, 눈Eye, 엘보우Elbow, 팔로우스루Followthrough 의 약어인데 이것이 바로 슛의 완성도를 결정한다는 것이다. '발'은 밸 런스에 포함될 것이다.

세계적인 슈팅 전문가 데이브 호프라Dave Hopla는 "발이 점프슛을 만 든다"고도 했다. 스테픈 커리나 클레이 탐슨Klay Thompson, 조 해리스Joe Harris 등은 어떤 스텝을 놓든 항상 두 발끝 방향이 왼쪽을 향해 있다.[2] 이것을 맞추지 못했을 때는 던지면서 몸의 방향을 틀어 밸런스를 조정 한다. 『슈팅학』을 저술한 설준희 교수는 "점프해서 균형을 잘 잡을 수 있는 스텝을 찾아야 한다"고도 말했다.


## 밸런스를 잡기가 용이한 원-투 스텝

원-투 스텝은 공을 잡을 때 '오른발-왼발' 혹은 '왼발-오른발' 등 순 서대로 발을 놓는 스텝을 의미한다. 가장 보편화된 스텝이다. 자연스 러운 흐름으로 공을 받을 수 있다는 장점이 있다.

반면 합 스텝으로 불리는 점프 스탑은 양 발이 동시에 닿는 스텝이 다. 카멜로 앤써니Carmelo Anthony, 스테판 커리, J.J 레딕J.J Reddick 등이 자

인천 전자랜드 슈터 정병국의 원–투 스텝 장면 ⓒ 점프볼

합 스텝 장면 ⓒ 점프볼

주 사용하며 받자마자 용수철처럼 튀어올라 정점에서 빠르게 슛을 던질 수 있다는 장점이 있다. 〈ESPN〉 '스포츠 사이언스Sports Science'가 내린 한 통계에 따르면, 합 스텝에 이은 슈팅이 더 높게 뛰고 릴리즈가 더 빠르다.

하지만 국내에서는 합 스텝을 사용하는 슈터가 많지 않다. 그 이유는 무엇일까? 이충희, 우지원 등 시대를 풍미한 전설 및 현역의 선수와 지도자들에게 이야기를 들어보았다.

프로농구 해설위원을 거쳐 현재 유소년농구교실에서 꿈나무 육성에 매진하고 있는 우지원은 원-투 스텝이 밸런스를 잡는 데 용이하다고 설명했다. "움직이면서 받기에는 원-투 스텝이 더 안정적인 것 같아요. 중심을 더 잘 잡고 안 흔들리거든요. 저도 현역 때는 원-투 스텝을 사용했어요. 두 발로 잡자마자 바로 뜨는 것은 중거리슛에서는 수월할지 모르겠지만 거리나 탄력을 생각해보면 쉽지는 않아요. 다만 저는 스크린을 받고 45도 쪽으로 나가는 척하다가 코너로 빠지는 플레이를 좋아했는데, 그럴 때는 (빨리 던져야 해서) 합 스텝으로 던졌어요."

'프로농구 최고 해결사'로 불리는 이정현(전주 KCC)은 이번 시즌 들어 스텝을 바꾼 케이스다. 본인이 생각하기에 슈팅이 더 편해졌다고 말한다. 실제로 경기 중에 체감되는 화력도 더 뜨거워졌다. 찬스다 싶을 때는 과감히 올라간다. "예전에는 한 번에 올라가는 스텝을 많이 잡았어요. 그러다 (KGC인삼공사 시절에) 김승기 감독님이 권유하시더라고요. 지금은 원-투 스텝을 밟고, 멈춘 다음에 상대 움직임에 따라 결정하고 있어요."

"어떤 장점이 있는 것 같나요?"

"저는 운동능력이 좋은 스타일이 아니라 원-투 스텝이 잘 맞는 것 같아요. 상대 반응을 보고 파울을 얻을 때라든지 유리한 점이 많은 것 같아요. 조금 더 신중해진 것 같고요."

이 점에 대해 이정현의 스텝을 잡아준 손규완 코치에게 다시 물어봤다. 그 역시 슈터 출신이었다. "저는 원-투 스텝을 잡으라고 강조해요. 항상! 저희는 모션 오펜스Motion Offense를 많이 사용하는데[3], 돌아나와서 공을 잡으면 바로 올라갈 수 있도록 유도하고 있어요. (이)정현이는 원래 합 스텝이었는데, 웬만하면 원-투 스텝을 잡고 올라가게끔 연습을 시키고 있어요." (조성민도 프로입단 후 모션 오펜스에 최적화된 슈터로 거듭났다. 그 역시 전창진 사단의 훈련 덕분에 더 정교한 슛을 갖게 됐다. 조성민도 원-투 스텝이다. "키가 작다보니 조금 더 빨리 타이밍을 가져갈 수 있는 방법을 찾다보니 지금의 슈팅 폼이 됐다"는 그는 "탄력이 좋았다면 합 스텝도 그렇고, 더 끌어서 던질 수 있었을 것"이라고 덧붙였다.)

나는 손규완 코치에게 내가 보고 들은 이야기를 설명했다. 이 글을 쓰게 된 이유 중 하나였다.


## 슈터의 사명, "잡으면 던져라!"

최근 FIBA국제농구연맹의 강습회나 클리닉에서 합 스텝을 장려하는 지도자들을 많이 봤다. 2018년 7월, 마카오에서 열린 서머 슈퍼 8 대회중에는 FIBA가 인증한 농구 코치 클리닉이 열렸다. 당시 브라이언 고지안Brian Goodjian 감독은 다음과 같은 말을 했다.[4] "세계적으로 얼리 오펜스가 유행하고 있습니다. 저는 휴스턴 로케츠 스타일의 외곽슛 농구가 아시아 팀들에게 더 도움이 될 것이라 여겨집니다. 신장의 한계를 극복하는 데 있어 슛이 더 좋은 아시아 선수들에게 유리할 것입니다."

고지안 감독은 선수들이 공을 잡는 자세부터 바꿔야 한다고 말했다. 더 빠른 슈팅을 위해서다. 몸소 스텝을 보이며 아시아 선수들과 휴스턴 로케츠의 에릭 고든Eric Gordon의 발 동작을 비교했다.

2017년 9월, 브라질에서는 워싱턴 위저즈Washington Wizards의 스캇 브룩스Scott Brooks 감독이 같은 주제로 강연을 가졌다. 그는 NBA 팀들의 속공 전환 훈련 과정을 소개하면서 "가급적 확률이 높은 지역에 위치해 3점슛을 던지게끔 하는 식으로 바꾸고 있다"고 말했다. 그때 보인 스텝도 합 스텝이었다.

농구인이 직접 콘텐츠를 만들어내는 미국의 한 유튜브 채널 〈BBALL BREAKDOWN〉에서는 합 스텝의 장점에 대해서 몇 차례 소개하기도 했다. 더 빠르고 높이 뛸 수 있으며, 앞서 말했듯 두 발이 동시에 땅에 닿기 때문에 어느 쪽을 피벗 발로 사용해도 문제가 없다는 장점이 있다는 것이다.

자, 그렇다면 이런 명확한 장점이 있는데 왜 사용하지 않는 것일까? 사실 동호회 수준에서는 합 스텝이 어렵다. 이정현의 말처럼 탄력과 이를 뒷받침할 하체 근력이 없이는 쉽지 않다. 섣불리 바꾸려다가는 폼 자체가 망가질 수 있다. 동호회 농구 선수들, 즉 전문적인 농구 훈련을 받아본 적이 없는 이에게 이에 대해 물었지만 '가능하다' 혹은 '잘 쓰는 선수를 본 적이 있다'는 말은 아예 듣지 못했다.

프로는 어떨까? 손규완 코치와의 대화가 계속 이어졌다. "합 스텝이 장점이야 있죠. 피벗 발이 다 되기 때문에 어느 쪽으로 빠져도 된다고 하잖아요. 그런데 저는 슈터라면 후속동작을 생각해선 안 된다고 생각해요. 잡으면 바로 던지겠다는 생각으로 찬스를 노리고, 자신 있게 올라가야 하죠."

손규완 코치는 최근 프로농구 수비와 국내선수들의 성향에 대해서도 설명을 덧붙였다. "요즘에는 (능동적으로) 공을 잡고 뭘 해보려는 선수가 많지 않아요. 또한 디나이deny 수비를 많이 하다보니 공을 잡을 때

밀려나서 잡게 되는 경우도 많아요. 그렇게 밀려 잡는 상황에서는 원-투 스텝을 잡는 것이 밸런스를 찾기가 용이해요. 첫 스텝에서 밀리더라도, 다음 스텝을 놓으면서 자세를 잡을 수 있는 거죠."

그렇다고 그가 모든 선수에게 원-투 스텝을 '주입'하는 것은 아니다. "선수마다 다르죠. 전성현은 합 스텝을 잡도록 하고 있어요. 워낙 슛 타이밍이 좋고, 그런 상황에서의 슛 성공률이 좋거든요."

정병국(인천 전자랜드)에게 같은 질문을 했을 때도 그는 손규완 코치와 비슷한 의견을 전했다. "저는 원-투 스텝을 더 선호해요. 시간이 없어서 빨리 던져야 할 때나 드리블 상황에서는 합 스텝을 쓰기도 하지만요. 기본적으로 슈터는 공을 잡으면 '다음에 무엇을 해야겠다'는 것보다는 무조건 던지겠다는 생각을 해야 한다고 생각해요. 그게 제 역할이고요."


## 캥거루슈터 조성원, 그를 따라간 조상현

DB 코치 김성철은 "신체조건에 따라 다른 것 같아요. 점프슛을 구사하는 선수냐, 세트슛을 많이 던지는 선수냐에 따라 다르죠. 최근에는 또 돌아 나와서 무빙슛을 던질 수 있는 선수가 많이 없다보니 선수들에 따라 어떻게 가르쳐야 할지가 달라지는 것 같습니다"라고 말한다.

신종석 인헌고 코치와 김학섭 전주남중 코치도 같은 의견을 냈다. 신종석 코치는 "트레블링의 위험성도 빼놓을 수 없다"며 안정성의 측면에서도 10대 선수들에게는 원-투 스텝이 맞다고 말했다. 김학섭 코치는 "그 슛이 참 어려워요. 성인들도요. 어린 학생들은 힘이 부족하죠. 합 스텝으로 던지라고 하면 슛이 안 나가요. 어렸을 때부터 습관이 되다보니 다들 원-투에 최적화된 것이 아닌가 싶어요"라 답했다.

WKBL에서 합 스텝을 잘 썼던 외국인 선수들이 있다. 바로 샤데 휴스턴Charde Houston과 쉐키나 스트릭렌Shekinna Stricklen이다. 두 선수와 우승을 해봤던 우리은행 위성우 감독과 전주원 코치의 경우는 "합 스텝은 여자농구에서는 불가능한 일"이라는 의견을 전했다. "빨리 던질 수 있다는 장점이 있죠. 그건 분명해요. 하지만 여자농구는 안 되더라고요. (은퇴한) 박언주 선수가 우리 팀에서 뛸 때, 한번 해보라고 했었는데 한국여자선수 근력으로는 쉽지 않다고 봤어요. 저는 선수들에게 맞는 쪽으로 가르치는 것이 좋다고 생각해요. 똑같은 슛이라 해도 체형에 따라, 성향에 따라 달라질 수 있으니까요. 저는 고등학생 때부터 외곽슛을 던지게 된 케이스에요. 그 전에는 센터를 봤죠. 슛이 안 나가다보니 몇 번이나 슛 폼을 바꿨습니다. 그때 노하우를 선수들에게 알려주곤 있지만 제 방식이 맞아 떨어지는 선수가 있고, 아닌 선수도 있어요. 그러니 딱 '이것이 옳다'라고 답을 내리고 선수들을 지도하는 건 아니라고 생각합니다." 위 감독의 말이다.

NBA에서는 드리블에 이은 풀업 점퍼뿐 아니라 스크린을 받아 나오는 상태에서도 합 스텝으로 던지는 선수가 굉장히 많다. 수비에 막히면 다른 기술도 마음껏 부린다. 그러나 NBA에서도 합 스텝은 트래블링의 위험성이 항상 도사린다. 착지 과정에서 100% 양발로 닿는 상황이 일어나지 않을 수 있기 때문이다. 그 미세한 차이가 트래블링이냐 아니냐를 결정하는데, NBA 리플레이 센터의 조 보르지아Joe Borgia는 "드리블링을 끝내는 시점과 착지하는 시점에서의 스텝 때문에 많이 나올 수 있다. 워낙 순간적이라 심판들도 놓칠 때가 있다"라고 말했다.

하체 근력만큼이나 합 스텝에 대해 국내 지도자들이 우려하는 부분도 바로 이 대목이다.

취재를 하면서 인터뷰 대상자들 중 90% 이상이 '합 스텝'과 관련해 추천한 인물이 2명 있다. 조성원(명지대 감독, KBSN 농구 해설위원)과 조상현(국가대표팀 코치)이다. 두 선수 모두 '짝발 스텝'으로 유명했던 슈터였다.

조성원 감독에게 그 이유를 묻자 "결국 습관"이라는 말이 돌아왔다. "저는 원-투 스텝보다는 그게 더 편했어요. 운이 좋았던 게 저는 중학교 3학년 때부터 농구를 했는데, 1년 선배가 짝발 스텝을 사용했죠. 처음에는 세트슛만 던졌는데 상대적으로 키가 안 자라다보니 약점을 채우려고 그런 스텝을 많이 사용했어요. 다른 발을 가져오는 만큼의 타이밍을 아낄 수 있죠."

그의 스텝은 합 스텝이면서도 타이밍이 대단히 빨랐다. 게다가 하체 근력이 좋아 용수철처럼 일직선으로 곧게 올라갔다. 그래서 조성원을 현역시절 막아봤던 선수들 대다수가 "키가 작은 선수였는데도 블록하기가 쉽지 않았다"고 말한다.

조성원은 원-투 스텝보다는 합 스텝이 응용에 있어서는 더 방법이 다양하다고 말했다. 그 역시 슛만 가진 선수가 아니었다. 수비가 있으면 바로 드리블로 들어가 더블 클러치를 성공시키곤 했다. "원-투 스텝은 특정 방향으로 들어가는 것이 타이밍이 늦을 수밖에 없어요. 합 스텝은 오른쪽과 왼쪽 모두 편하죠."

그는 또한 오늘날의 프로농구 경기 스타일도 슈터들의 '체질'에 영향을 주었다고 설명했다. "슈터들이 옆에서 오는 패스가 아니라, 주로 골밑에서 나가는 패스를 잡다보니 그런 습관이 잡힌 것일 수도 있습니

'캥거루슈터' 조성원은 신장의 핸디캡을 극복하고 탄력을 키우기 위해 부단한 노력을 기울였다. 그는 원-투 스텝보다는 합 스텝이 더 많은 동작을 만들어낼 수 있다고 말했다. ⓒ 점프볼

다"라며 말이다. (이는 SK 문경은 감독도 했던 말이다. "외국인 선수가 오면서 슈터들의 역할이 바뀌었어요. 예전에는 대표팀에서든, 외국인 선수가 없을 때는 제1옵션이 국내 스코어러였어요. 삼성 김현준, 기아 허재 등이죠. 그런데 외국인 선수가 들어오면서 제1옵션이 바뀌었어요. 슈터들이 예전에는 다소 터프샷을 던져도 용인됐는데, 이제는 그게 '무리한 슛'이 되면서 교체가 되고 위축이 됐던 거죠. 외국인 선수가 둘 뛸 때는 최악이었죠. 그저 3번의 역할은 수비 잘하고, 외국인 선수쪽에 몰렸다가 나오는 공을 잡아 던지는 포지션으로 전락하지 않았나요. 수비 잘하고 3점슛 잘 받아 던지는 선수들이 특화됐던 시절도 있었죠.")

그런 조성원의 전성기를 보면서 조상현의 슈팅이 완성됐다. 조상현 역시 유명한 짝발 슈터였다. "저는 훨씬 빠른 타이밍으로 가져갔어요.

원-투 스텝보다는 더 빨랐다고 봐요. 제가 포지션에 비해 키가 큰 편이 아니었어요. 제가 뛸 때도 상대 슈터들은 다들 190cm 이상이었잖아요. 그래서 저는 조성원 선배의 비디오를 많이 봤어요. 문경은 선배의 비디오도 많이 봤지만, 조성원 선배의 슈팅 장면을 보면서 그렇게 던져 보고 싶다는 생각이 많이 들었어요."

"비디오를 많이 본다고 다 되는 건 아니잖아요?"

"하하. 그렇죠. 연습을 참 많이 했죠. 대학시절(연세대)부터 최희암 감독님이 정말 많이 시켰던 것 같아요. 스텝 잡는 법부터 시작해서 많이 잡아주셨어요. 슛도 참 많이 던졌어요. 하루에 1천 개씩은 던졌으니까요. 남들 보기에 1천 개가 별 거 아니라고 느껴질지 모르지만 그게 정말 힘들었어요. 새벽, 오전, 오후, 야간에 제 시간을 쪼개서 1천 개를 던졌으니까요. 많이 안 던지는 날도 500개는 던졌어요."

그러나 조상현 역시 지금 선수들에게는 원-투 스텝을 더 강조한다고 했다. 앞서 말한 이유와 같다. 그는 "공을 잡을 때는 일단 슛을 던질 것"이라는 마음가짐을 가져야 한다고 지적했다. 오늘날처럼 수비가 더 타이트해진 상황에서라면 더 빨리 던지는 것도 중요하다고 덧붙였다. "슈터들한테 강조합니다. 첫 스텝을 잡을 때 모든 중심을 거기에 놓고 다음 발 떨어질 때는 놓자마자 올라가는 타이밍이라 설명해요. 첫 스텝 잡을 때 몸에 밸런스가 잡혀 있어야지, 2번째 놓을 때는 그걸 조절할 시간이 부족해요. 한 타이밍이라도 좀 더 빨리 가져가려면 그렇게 해야 돼요. 무빙슛은 돌아 나와서 던지기 때문에 사실 쉽지가 않아요. 밸런스를 잡기가 힘들어요. 그래서 첫 스텝, 2번째 스텝을 놓을 때는 잡자마자 뜬다는 생각을 가져야 해요."

# 모든 것은 하체에서 결정된다

2013년 〈점프볼〉은 선수들을 직접 찾아가서 그들의 시그니처 동작signature moves을 전수받는 기획기사를 진행한 적이 있다. 우리은행의 김정은(당시 KEB하나은행)을 만났을 때의 일이다. 김정은도 원-투 스텝을 사용하는 스코어러다. 김정은은 당시 "손목 스냅도 중요하지만 스텝이 더 중요하다"고 말한 바 있다.

폭발적인 점프를 위해서는 "2번째 스텝을 놓을 때 땅을 강하게 차고 올라가는 느낌이 중요하다"고 설명했다. "수비자는 백스텝을 밟고 있기 때문에 공격자의 강하고 순간적인 움직임까지 저지하기가 어렵다"는 것이다.

작은 키에 아시아 무대를 호령했던 '신사수神射手' 이충희도 '차고 올라갈 때의 힘'을 강조했다.[5] "첫 스텝은 브레이크에요. 도약할 때는 2번째 발에 힘을 실었죠. 저 역시도 합 스텝은 불안정했어요. 하지만 어떤 스텝을 쓰든지 중요한 건 하체 같아요. 힘쓰는 부분은 하체에 있어요. 위에는 부드럽게 올라가기만 하면 되는 거죠."

슛을 잘 던지기 위한 훈련은 그저 슛을 많이 던진다고 되는 일은 아니다. 스테픈 커리가 슛을 잘 던지기 위해 소화했던 훈련 프로그램은 상상을 초월했다. 자세 교정부터 시작해 공을 갖고 있을 때와 공이 없을 때의 움직임, 공을 받을 때, 올라갈 때, 던진 후 등 세분화해 교육을 받았다. 뿐만 아니라 자신보다 하드웨어가 우월한 선수들을 상대하기 위한 체력 훈련도 빼놓지 않았다. 그는 결승 무대까지 경주마처럼 움직일 수 있다는 것을 보여준 좋은 예다. 이는 단순히 '흑인은 원래 유전자가 다르다'를 이유를 대기에는 미안할 정도의 엄청난 노력파였다.

그 체력 훈련 중에는 하체 근력 훈련도 빼놓을 수 없다.

조성민(KT)이 그 대표적인 예다. 앞서 볼없는 움직임을 이야기할 때도 소개됐던 조성민은 전창진 전 감독이 "이제 그만해도 된다"라고 할 때까지 마스터하기 위해 꾸준히 훈련을 했다. 그 역시 스크린 이용부터 하나하나 바꿔간 예다. 한 선수는 "조성민은 2010년 아시안게임 대표팀에 합류할 당시만 해도 선수들 사이에서 '반짝 선수' 정도로 여겨졌다. 하지만 훈련 자세나 성장세를 본 선수들은 얼마 지나지 않아 조성민을 인정하게 됐다"고 회고했다.

문태종(현대모비스)도 엄격하게 훈련해온 선수였다. 현대모비스로 이적한 문태종은 2018-19시즌이 자신의 마지막 시즌이 될 수도 있다고 말한다. 그럼에도 불구하고 그는 아직까지도 팀 훈련과 개인 훈련을 소홀히 하지 않는다. 유재학 감독 역시 "정해진 시간에 늦은 적이 한 번도 없다"며 감탄했다.

문태종은 한창 때 자신의 훈련 루틴을 소개했다. "다섯 지점을 정해 두고 각 지점에서 10개 연속으로 성공시켜야 다음 지점으로 옮겨갔어요. 5바퀴를 돌았죠. '10개 연속'이 중요해요. 그래야 실전에서 하나를 정확히 넣을 수가 있습니다. 자신감도 생기고요"라고 말한 바 있다.

취재를 하면서 '모범 사례'로 조성원 위원에 대한 이야기를 많이 들었다. "슈터는 하체가 중요해요. 하체 힘을 받아야 밸런스도 잘 잡혀요. 문경은 감독도 하체가 튼튼했죠. 그건 연습의 효과에요. 저는 고등학교 1학년 때부터 새벽, 오전, 오후, 야간 등 2년간 하루에 4~5번은 연습했어요. 줄넘기를 많이 했어요. 상무에 있을 때까지만 해도 3점 슛을 제대로 못 던졌어요. 상무에서 프로 초창기까지 줄넘기를 꾸준히 했는데 나중에 점프력이 눈에 띄게 늘었죠. 원래는 림만 잡는 수준이었는데 덩크슛도 나중에 되더라고요. 현대에 있을 때는 벤치 프레스도 많이 했어요. 스쿼트도 그렇고요."

이충희 역시 "하체가 만들어지면 할 수 있는 플레이가 늘어난다"고 말했다. "저는 줄넘기보다는 스쿼트를 선호했어요. 태릉선수촌에서 역도 선수들을 보면 하체 힘이 정말 좋아요. 그래서 점프도 잘하곤 했죠. 저도 그런 부분에서 영향을 많이 받았던 것 같습니다"라고 말했다.

## 원-투 스텝과 합 스텝 중 정답은 없다

원-투와 합 스텝 중 어떤 것이 더 정확하고 효과가 있을까? 정답은 없다. 합 스텝을 사용하는 선수들 대부분은 원-투 스텝을 병행한다. 상황에 따라 쓰는데, 아이템 뽑아쓰듯 '이번에는 이걸로 할 거야'라는 생각을 굳이 하진 않는다. 그저 물 흐르듯 자연스럽게 본능적으로 하는 것이다. 그만큼 많은 훈련과 경험이 축적됐다고 보면 된다. 2018-19시즌에 전자랜드에서 뛰었던 기디 팟츠Giddy Potts는 훈련에 대해 말할 때 'instinct'라는 단어를 자주 썼다. 통역을 도운 변영재 씨는 이를 '동물적인 감각', '육감', '본능' 등으로 해석해주었다.

중국 U-18 남자농구대표팀 객원코치로 참가했던 밥 피어스는 "둘 다 익혀두면 좋다"고 설명했다. 또한 "스텝은 가르치는 지도자의 성향도 많이 반영된다"고도 덧붙였다.

이를테면 데이브 호프라 코치는 원-투 스텝을 선호한다. 슛 전문가로서 세계 전역에서 슈팅 클리닉을 개최해온 그는 "근력이 떨어지는 10대 선수들은 원-투 스텝이 맞다"고 말한다. 반면 이종현이 다녀왔

2012년, 일본 농구 캠프에서 만났던 세계적인 슈팅 코치 데이브 호프라는 "어릴 때는 원-투 스텝으로 배우는 것을 선호한다"는 입장이다. 그는 "근력이 떨어지는 10대 선수들은 원-투 스텝이 적합하다"고 했다. ⓒ 손대범

던 포틀랜드 USBA 캠프의 슈팅 코치들은 합 스텝을 중점적으로 가르친다. 캠프에 제 발로(?) 찾아올 정도의 유망주들이라면 합 스텝까지도 소화가능하다고 보는 것이다.[6]

밥 피어스 코치 역시 "나는 원-투 스텝을 선호해요. 밸런스 잡기가 좋거든요. 빨리 움직이는 상황에서 놓는 첫 스텝이 브레이크 역할을 해주죠. 그리고 자세를 잡기가 용이합니다. 합 스텝은 좀 더 빠르다는 장점이 있어요. 하지만 제가 가르쳐온 선수 대부분이 청소년들이었습니다. 그 시기 학생들은 동서를 막론하고 하체 근력이 떨어지거나 밸런스가 덜 잡힌 경우가 많아요"라고 설명했다. 예를 들면 오른손잡이 선수가 왼쪽 사이드로 팝 아웃을 할 때 합 스텝을 사용할 경우 밸런스 잡기가 힘들어지는 경우가 많다.

그런가 하면 좋은 스코어러들은 각자 선호하는 방식이 있는데, 다른 한편으로는 '선호'할 뿐이지 다른 방법도 늘 갖고 있다. 크리스 멀린Chris Mullin이나 레이 앨런 같은 은퇴선수부터 커리, 하든, J.J 레딕, 카일 코버Kyle Korver, 폴 조지Paul George 등은 상황에 따라 다른 스텝을 사용하고 있다. 코버도 "상황에 따라 쓰는 스텝이 다르다"라고 말했다.[7]

KBL의 KGC인삼공사에서 뛰었던 마리오 리틀Mario Little도 그 중 한 명이다. "상황에 따라 다른 것 같다"며, "어렸을 때는 원-투로 배웠어요. 성장기에는 밸런스를 잡는 데 어려움이 있죠. 그렇지만 G리그에서는 합 스텝을 썼어요. 거기서는 잡으면 빨리 치고 올라가야 했거든요"라고 말했다.

여자농구선수 쉐키나 스트릭렌도 리틀과 같은 경우다. 하나의 방법만을 고집하진 않는다고 말했다. "대부분 원-투 스텝을 쓰지만, 좀 더 빨리 던져야 할 때는 합 스텝을 사용합니다." 스트릭렌은 WKBL과 WNBA에서 사용하는 스텝이 다르다고도 덧붙였다. "WKBL에서는 스크린을 빠져나오는 수비자 속도가 그리 빠르지 않아요. 그래서 원-투 스텝을 잡아도 되지만, WNBA에서는 슈터 역할을 많이 맡다보니 조금 빨리 던져야 할 때가 많아요. 빨리 나와서 수비를 떨쳐내야 하고, 점프 스탑을 많이 사용합니다."

그렇다면 스트릭렌은 어떤 부분을 가장 중요하게 생각할까? "저는 발에 더 신경을 많이 써요. 스크린 받고 나온 뒤의 발 끝 모양에 신경을 많이 쓰고 있죠."

하체로부터 얻는 힘도 중요하다. 하체의 근력이 떨어지면 이 동작으로부터 좋은 성공률을 기대하기 힘들다. 우리은행에서 뛰었던 2015-16시즌, 그의 3점슛 성공률이 일시적으로 하락한 적이 있었다. 스트릭렌은

WKBL에서의 통산 3점슛 성공률이 31.7%였는데, 30%대 이하로 떨어졌던 것이다. 당시에 대해 그는 "무릎 부상을 당한 것이 영향을 주었다"고 고백했다. "왼쪽이 아프다보니 오른쪽 다리로 많이 던지고자 했어요. 그러다보니 리듬을 많이 잃기도 했죠. 지금은 다행히 많이 나아졌어요. 그래서 연습할 때도 리듬을 잘 찾고자 노력하고 있습니다."

둘 중 하나를 꼭 하라면 농구를 배우고 자라는 단계에서는 원-투 스텝이 맞다는 것이 지도자들의 의견이다. 앞서 언급했듯이 밸런스 잡기가 좋기 때문이다. 전문 슈터로 더 도약을 원한다면 합 스텝에 익숙해지는 것도 좋다. 더 빠른 타이밍에 슛을 던질 수 있으니 말이다.

사실 미국에서든 클리닉 현장에서든 이 2가지 스텝을 놓고 설왕설래가 있었다. 밥 피어스 코치는 "지도자 사이에서 토론이 있다는 것은, 각자가 각기 다른 효과를 봤기 때문"이라 말했다. "효과가 없다면 토론이 생겼을 리 없다"는 것이다.

그러나 결론은 하나다. 견제를 많이 받는 선수일수록 공격 무기가 다양해져야 한다는 것이다. 그리고 그 무기를 사용할 수 있는 첫 걸음이 바로 스텝이다.

'무기'뿐 아니라 공격 방향과 범위도 포함된다. 원-투 스텝은 슛이 안 되더라도 다른 것을 할 수 있다. 합 스텝도 다음 공격을 이어갈 수는 있지만 숙달된 선수가 아니라면 찬스를 노리는 선에서 끝날 수 있다. 반성하자면, 처음 취재를 할 때만 해도 '합 스텝'이 더 이상적이지 않을까 생각했다. NBA 선수들이 더 많이 쓰니까 그렇게 생각한 것일지도 모른다. 그러나 피어스 코치나 손규완 코치의 말처럼 '사람마다 다른 것'이라는 결론을 내릴 수 있었다.

한 가지 분명한 것이 있다. 원-투 스텝으로 습관을 들였어도 '스코어러'라면 다양한 방식으로 풀업 점퍼를 던질 수 있는 정도의 피나는 연습은 필요하다는 것이다. '프로'라면 그렇다.

또한 중계를 시청하거나 경기를 관람하는 입장에서도 선수의 '발'을 유심히 보는 것도 재미있을 것 같다. 들어가는 스텝과 안 들어갈 때의 스텝도 미묘하게 다르니 말이다. 왜 해설진들이 "발 잘 맞추고 올라갔다"는 말을 하는지 알게 될 것이다.

## 17장

# 스크린이 없으면
# 농구가 안 된다

## 스크린이란 무엇인가?

한참 우리나라 농구 역사에 빠져있던 시기가 있었다. 국내의 여러 농구원로들을 찾아다니며 이야기를 듣는 게 낙이었다. 지금은 고인이 되신 분들도 많이 만나뵙고 이야기를 들었다. 10년이 지난 지금 생각해보면, 그때 더 부지런히 다니고 기록했어야 한다는 후회가 많이 든다. 원로들과 국밥에 반주 한 잔을 하며 2~3시간 넘게 옛날이야기를 듣다 보면 시간이 순식간에 흘러갔다.

2016년 세상을 떠난 이해병 선생의 집은 당산역 근처였다.[1] 『한국농구 100년사』를 작업하면서 알게 된 그는 한국 최초로 농구 규칙서를 작업하고, 또 지도자로서 팀도 이끌었던 우리나라 농구계의 산증인 중한 분이었다. 그는 아주 오래전의 일도 어제 겪은 일처럼 생생히 기억하고 있었다. 자신이 겪은 일, 혹은 자신이 은사나 선배들로부터 전해

들은 이야기까지 굉장히 조리 있게, 즉 받아 적기 쉽게 말씀해주시는 능력이 있었다.

농구대잔치 시절에 장내 아나운서로 명성을 떨쳤던 염철호 선생 역시 살아있는 농구 역사 교과서와 같았다.[2] 인물부터 사건까지…, 언제 어디서 만나든 그는 자신이 담고 있는 이야기보따리를 풀어놓았다. 나도 언젠가 나이가 들어 아들뻘, 손자뻘 되는 후배가 찾아왔을 때 그들처럼 이야기를 잘 전달해주는 스토리텔러story teller가 되고 싶다는 생각을 갖게 해준 이들이다.

앞서 말했듯이 농구는 만들어진 배경이 명확한 스포츠다. 누가 만들어서 언제 첫 경기가 열렸는지, 규칙이 어떻게 바뀌어왔는지도 정확하게 자료로 남아있다.[3] 그러나 구체적인 작전이나 기술에 대해서는 '시기' 정도만 남아있다. 시간이 흐르면서 '공유'라는 것에 대한 개념이 희박해지면서 더 이상 전해져 내려오지 않게 된 것이 아닌가 싶다. 그중 하나가 바로 스크린screen 이다.

스크린은 현대농구에서 이제 빠져서는 안 될 기술이 됐다. 감자튀김을 먹을 때 케첩이 있으면 더 맛있지만, 케첩이 없다고 해서 못 먹을 것은 아니다. 그러나 김장김치를 담글 때는 고춧가루가 꼭 필요하다. 스크린은 고춧가루 같은 존재다. 맛을 내기 위해서는 반드시 있어야 하는 그런 존재다.

'스크린'이란 공을 가진 혹은 지정된 동료들이 수비를 따돌리고 원하는 지점까지 이동할 수 있도록 수비자를 막아주는 행위다. 때로는 수비자를 막는 과정에서 강한 신체접촉이나 충돌도 있을 수 있다. 하지만 스크린은 몇 번 성공했다고 해서 기록에 남진 않는다. "아! 저 선수처럼 스크린을 하고 싶어!"라고 말하는 팬들도 많지 않다. 그래서 〈ESPN〉

농구 공격 전개에서 스크린은 굉장히 큰
비중을 차지한다. ⓒ 점프볼

같은 농구 매체들은 스크린을 이야기할 때 'dedicate'라는 단어를 쓰곤
한다. 말 그대로 동료들을 위해 '헌신'하고 '희생'한다는 의미다.

　스크린의 의미를 더 알아보고 이야기를 진행해보자. 2008년 베이징
올림픽 중국 국가대표팀 감독이자 LA 레이커스LA Lakers 감독을 역임했
던 수비전문가 델 해리스 전 감독은 "우리 동료가 원하는 위치로 이동
하는 것을 돕는 행위"라고 말했다. 농구전문가 딕 바이텔Dick Vitale은 "드
리블러dribbler나 리시버receiver를 편하고 자유롭게 만들어주는 동작"이라
고 표현했다. 『농구용어사전』을 펴낸 이우재 선생에게 스크린에 대해
묻자 이렇게 답했다.[4] "스크린은 농구 경기에서 공격자가 합법적으로
할 수 있는 유일한 진로 방해 동작입니다. 기본 중의 기본이지요. 스크
린을 잘 써먹으면 무수한 찬스를 만들 수 있습니다."

스크린은 나라와 시대를 막론하고 팀플레이에서 엄청나게 큰 비중을 차지해왔다. 오늘날 NBA는 트래킹tracking 시스템을 이용해 선수들의 플레이 하나하나에 '기록'으로 의미를 부여하고 있는데, 스크린에 이어 득점이 만들어질 경우에는 '스크린 어시스트screen assist'라는 별도의 점수를 주고 있다.[5]

## 스크린이 차지하는 엄청난 비중

2019년 1월 5일, 서울 잠실학생체육관에서 남자프로농구 SK와 KT의 경기가 끝났을 때, 경기장은 SK의 스타 김선형의 이름을 외치는 팬들의 함성으로 가득 찼다. 한편 기자들의 손가락은 분주하게 춤을 추고 있었다. 전혀 예상치 못한 대기록이 나온 탓이다.

이날 김선형은 전반까지 단 6점에 그치고 있었다. 그런데 3쿼터에 17점, 4쿼터에 14점을 몰아넣더니 연장전에서도 팀의 14점 중 12점을 홀로 책임지며 경기 승리(91-90)를 주도했다. 연장전 종료 3.9초 전에 성공시킨 '쐐기 돌파'를 포함한 김선형의 최종 득점은 무려 49득점. 덕분에 SK도 10연패에서 탈출했다.

김선형의 49득점 기록은 역대 프로농구 국내 선수의 한 경기 최다 득점 공동 3위에 해당한다. 1997년 3월 29일 기아 김영만(現 창원 LG 코치)이 나래전에서 김선형과 같은 49점을 넣었다. 국내 선수 역대 최다 득점은 2004년 3월 7일 울산 모비스 우지원(은퇴)이 창원 LG전에서 기록한 70점이다. 2위 기록은 같은 날 인천 전자랜드 문경은(現 SK 감독)이 원주 TG삼보전에서 세운 66점이다.

김선형이 49득점을 올리기까지는 그의
날렵한 움직임과 기술도 있었지만, 아스
카를 비롯한 빅맨들의 듬직한 스크린도
있었다. ⓒ 점프볼

　김선형의 이날 대활약에는 KBL 정상급으로 꼽히는 김선형의 빠른
발과 다양한 기술이 당연히 큰 역할을 했다. 그러나 김선형이 마음껏
골밑을 요리할 수 있게끔 도운 '장치'가 있었다. 바로 함께 코트에 나
섰던 외국인 선수 아이반 아스카Ivan Aska였다. 196cm의 아스카는 당시
부상 대체선수로 SK에 합류한 선수로 개인 공격력은 떨어졌지만, 스크
린 실력 하나만큼은 그야말로 일품이었다. 아스카가 걸어준 스크린은
김선형에게 여러 선택지를 주었고, 반대로 수비하는 KT 선수들에게는
혼란을 주었다.

　상대가 김선형의 돌파에 대비해 멀찍이 떨어지면, 김선형은 슛을 시
도하거나 파트너들을 살렸고, 상대 수비가 붙으면 특유의 빠른 스피드
로 직접 골밑을 공략했다. 후반전에 펼쳐진 이러한 '원맨쇼'를 본 KT

의 서동철 감독은 "김선형 한 명에게 완전히 당했다"며 아쉬워했다. 이처럼 스크린은 전술을 떠나 동료들의 능력을 더 빛나게 해주는 최고의 보충제와도 같다.

김선형 역시 대기록을 세운 직후, 자신의 득점력에 대해 설명하기보다는 동료들에게 고마움을 전했다. "중요한 상황이라서 슛이 잘 들어갔다기보다는 우리 팀 동료들이 수비나 스크린 등 하나하나 과정을 잘 만들어준 덕분이라고 생각합니다. 선수들이 제가 공격하기 편하게 부담을 덜어준 덕분에 공격을 수월하게 할 수 있었습니다."

이러한 볼 핸들러를 위한 스크린 전술은 아주 오랜 시간에 걸쳐 농구 전술의 일부분으로 자리 잡았다. NBA에서 시작되어 전 세계적으로 유행하게 됐으며, 이제는 아마추어에서도 스크린을 이용한 2대2 플레이는 공격 전술의 근간이 되고 있다.

김선형처럼 돌파가 기반이 된 슬래셔slasher도 그렇지만, 레지 밀러 Reggie Miller, 레이 앨런Ray Allen, 스테픈 커리Stephen Curry 같은 '슛쟁이'들도 스크린의 도움을 많이 받았다. 레지 밀러는 은퇴 당시 "그동안 나에게 스크린을 걸어줬던 모든 동료들에게 감사한다"는 말을 남겼을 정도로 전술적인 도움을 많이 받았다.

국내에서도 '조선의 슈터'라 불려온 조성민은 "잘 터지거나 감이 좋은 날에는 동료들에게 따로 주문을 할 때도 있었어요. 스크린을 걸어 달라고. 그렇게 해서 잘 넣으면 (견제가 들어오기 때문에) 반대로 동료들에게도 찬스가 가거든요. 서로 잘 봐달라고 하죠"라고 스크린의 효과에 대해 설명했다.

그런 조성민을 지도한 현주엽 창원 LG 감독 역시 "빅맨이 스크린을 잘 걸어주면 슈터들이 편하게 던질 수 있습니다. 일종의 자기희생과도 같은데, 이런 스크린 플레이로 인해 상대 수비 범위도 넓어질 수 있고, 우리 공격도 활발해집니다. 그래서 저는 득점을 많이 올리는 것보다 스크린을 잘 걸어서 동료들의 득점이 만들어질 때 박수를 많이 쳐줍니다"라고 설명을 보충했다.

## 농구에서 스크린의 발전 과정

스크린이 언제, 어떻게 도입됐다는 문헌적 자료는 거의 남아있지 않다. 한국에 도입된 시기만 해도 엇갈리는 증언이 많았다. 그러나 이해병 선생은 "1931년경으로 기억한다"고 구체적인 연도를 알려주었다. 스크린을 가장 먼저 활용한 팀은 연희전문학교(현 연세대학교)였고, 그 뒤를 이어 보성전문학교(현 고려대학교)가 습득해 효과를 보았다. "그때 우리 팀이 전全일본대회에서 3년 연속 우승을 했는데, 스크린 플레이가 없었다면 불가능했을 것"이라는 게 이해병 선생의 이야기다. 당시 농구인들은 '스크린' 대신 '리가'라는 용어를 사용했다. 스크린이 합법적인 진로방해 행위Legal Block이라는 데서 온 의미다. 이것이 발음이 익숙하지 않아 '리가'라고 불렸던 것이다.

작고한 피트 뉴웰은 자신의 저서 『Playing Big』에서 스크린의 발전 과정을 다음과 같이 설명한다. "농구가 시작되고 초반 몇 년간 모든 수비가 맨투맨이었다. 센터는 평균 신장으로 대부분 하이포스트에서 플레이 했다. 공이 센터에게 가면, 나머지 4명은 퍼리미터perimeter 주변으로 퍼졌다. 그들은 골밑으로 커트하면서 센터에게 패스를 받아 레이업할 수 있는 공간을 찾았다. 그러나 수비는 밀착 수비를 비롯해, 공격자가 오픈 찬스에서 득점할 수 없도록 더 정교한 수비로 맞섰다. 스크린 은 신체 접촉으로 인해 수비를 늦어지게 했다."

이런 설명도 있다. "초창기에는 꽤 긴 시간 동안 스크린에 대한 룰 이 없었다. 스크린이 너무 공격적으로 이루어져 수비가 넘어지는 것을 보는 일이 그리 놀랍지 않았다. 그러나 럭비나 미식축구처럼 진행되는 것을 막기 위해 스크린에 대한 경기규칙이 만들어졌다."

언젠가 보스턴 셀틱스Boston Celtics의 위대한 리더인 레드 아워백Red Auerbach은 "농구 전술은 전쟁의 역사와도 같았다. 공격을 위한 창이 만 들어지면, 이를 막기 위한 더 강한 방패(수비)가 만들어졌다"라고 말했 는데, 뉴웰의 설명을 들어보면 이해가 간다.

뉴웰의 말처럼, 스크린은 현대 농구 발전에 있어 큰 역할을 했다. 더 찬스가 쉽게 났으니 말이다. "예전에는 통제된 플레이가 전부였습니 다. 공을 계속 돌리다가 확실한 찬스가 날 때만 던졌죠. 그런데 스크 린이 생기면서 수비자가 더 진땀을 흘리게 됐습니다. 우리 같이 작은 선수가 많고, 장거리 슛에 자신이 없었던 팀에게는 더 큰 도움이 됐어 요." 염철호 선생의 증언이다.

언젠가 그는 스크린이 생겨난 배경에 대해 자신의 견해를 전했는데, 앞선 두 미국 농구 원로들이 했던 말과 비슷했다. "키 큰 사람이 있는 팀이 절대적으로 유리했습니다. 공격이 성공되면 다시 바로 상대의 공 격이 이어지는 게 아니라, 중앙선으로 돌아와서 점프볼로 공격권을 따 내야 했기 때문이죠. 그래서 퍼펙트 게임Perfect Game도 많았어요. 공격권 을 못 따내면 슛 한 번 못 던져보고 끝났거든요. 이런 농구가 보는 재미 는 물론이고, 하는 사람들까지 재미를 반감시키니까 규정이 변경됐습 니다. 스크린도 마찬가지입니다. 계속해서 상대가 막으니까 점수가 안

낳고, 그러니 재미가 없었죠. 저는 스크린 전술은 공격자를 살리고자 하는 의도에서, 더 나아가서 농구의 흥미를 배가시키려는 의도로 생겨났다고 생각합니다"라고 말했다.

미국에서는 바비 나이트Bobby Knight가 스크린을 전술에 훌륭히 녹여 발전시켰다.[6] 그는 '호랑이 감독'이라는 이미지로 악명을 떨쳤지만, 많은 전문가들은 나이트가 트레이닝이나 전술 발전에 기여한 바가 크다고 보고 있다. 국내에서는 고려대학교와 삼성전자가 스크린 플레이를 발전시켜갔다. 국가대표팀에서도 이충희, 김현준 등 슈터들을 살리기 위해 사용됐다. 당시 신선우와 임정명은 최고의 스크리너로 평가받았다. 특히 신선우는 스크린을 해주고 빠진다거나, 여기서 연계되는 동작을 하는 데 있어 최고의 선수로 인정받았다.

## 농구를 지배한 2대2 플레이

"스크린이 한번 잘 걸리면 여러 작전이 가능해지죠. 궁극적으로 '스크린'이면 픽앤롤 같은 공격도 생각하겠지만, 저는 선수들한테 일단은 미스매치를 끌어낼 것을 주문하곤 했습니다." 정인교 전 신한은행 감독의 말이다.

"스크린은 우리 팀의 특성, 상대팀의 특성을 잘 알고 걸어줘야 효과적입니다. 스크린은 건다고 해서 끝나는 것이 아니에요. 길게 버텨주며 걸어줄 것인지, 짧게 섰다가 빠질 것인지, 아니면 걸어주는 척하면서 자연스럽게 내려갈지 등 여러 옵션이 있죠. 항상 상황에 따라 준비하고 있어야 해요. 저는 스크린을 거는 척하다가 패스를 받아서 3점슛을 던져요. 상대의 움직임에 따라 달라지죠. 또한 자발적으로 빨리 먼저 움직여서 동료를 도와야 합니다. 그런데 아쉽게도 이런 스크린의 중요성과 효과를 다들 잘 모르고 있는 것 같아요." 김주성 전 DB 선수의 말이다.

같은 기술이지만 스크린을 대하는 이들의 생각은 다르다. 팀의 성격, 구성원의 스타일에 따라 활용 방법도 다양하다는 의미다. 1990년대 NBA 강팀 유타 재즈Utah Jazz는 픽앤롤 플레이가 팀의 근간을 이루었다. 전설의 파워포워드 칼 말론과 포인트가드 존 스탁턴이 펼치는 이 플레이는 일명 '알고도 당하는' 패턴처럼 여겨졌다. 그 '패턴'의 시작이 바로 스크린이었다.[7]

말론이 스크린을 건 후 페인트존으로 이동하면 스탁턴이 재빨리 패스를 찔러주는 방식이었다. 여기서 수비가 말론 쪽으로 처지면 스탁턴이 직접 공격을 했고, 말론도 공을 잡은 뒤 수비가 몰리면 또 다른 외곽 찬스를 봐주는 식으로 여러 공격이 파생됐다. 스탁턴도 3점슛이 좋은 선수였기에 수비자들은 늘 긴장할 수밖에 없었다. 유타에서 두 선수를 오랫동안 지도했던 제리 슬로언Jerry Sloan 전前 감독은 "말론과 스탁턴 콤비의 협력 플레이를 지도할 수 있었던 것은 내 인생의 행운"이라고 말할 정도였다.

그 시기에 현역 농구감독이었던 최인선 해설위원은 말론의 스크린에 찬사를 보낸다. "스크린은 '벽'이라 보면 돼요. 우직하게 버텨야 하죠. 그렇게 한번 걸어준 후 재빨리 후속 플레이를 이어가야 하는데, 말론이든 스탁턴이든 그런 부분이 '예술'이었죠. 스탁턴은 스크린을 잘 이용하기도 했지만, 반대로 스크린을 잘 걸어주기도 했어요. 체구는 작았지만 영리한 선수였죠."

두 선수의 픽앤롤 플레이는 세계적인 흐름이 되기도 했다. 한국에서는 신선우 감독이 현대 시절, 이상민과 조니 맥도웰Johnny McDowell의 콤비 플레이로 재미를 봤다.[8] 둘의 시대가 지난 뒤에는 주희정이 2대2 플레이로 KBL을 주름잡았다.

2000년대는 피트 캐릴Pete Carril의 프린스턴 스타일 모션 오펜스가 시대를 주름잡았다. 캐릴은 새크라멘토 킹스Sacramento Kings 코치로 활동할 당시, 자신이 고안했던 모션 오펜스를 코칭스태프에게 주입해 효과를 보았다. 새크라멘토는 하이포스트에서 포인트가드 마이크 비비Mike Bibby가 수행하는 픽앤롤도 훌륭했지만, 슛거리가 긴 장신선수들인 브래드 밀러Brad Miller나 크리스 웨버Chris Webber 등과 펼치는 픽앤팝Pick and Pop 플레이도 쏠쏠했다. 스크린을 해준 뒤 뒤로 빠져서pop out 외곽슛을 던지는 것이다. 오늘날에는 210cm의 센터들이 3점슛을 던지는 것이 굉장히 자연스럽게 여겨지고 있지만, 2000년대 중반만 해도 외곽이 되는 장신 자원들은 그리 많지 않았고, 슈팅 능력이 있는 장신들의 슈팅 시도도 그리 많지는 않았다.

2018-19시즌 센터 포지션 선수 중 3점슛 성공 1위는 213cm의 브룩 로페즈Brook Lopez로 경기당 6개를 던져 2.3개를 넣었다. 2점슛 시도가 270개인데, 3점슛 시도가 무려 512개였다. 그는 올 시즌 경기당 3점슛 2.3개를 넣고 블록슛도 2.2개를 기록한 NBA 역대 최초의 센터가 됐다. 2위 칼-앤서니 타운스Karl-Anthony Towns도 3점슛 354개를 던져 142개를 넣었다. 평균으로 따지면 경기당 5개를 던져 1.9개를 넣은 셈이다. 두 선수 외에도 경기당 1.0개 이상을 넣는 센터가 9명이나 있었다. 2003-04시즌에는 경기당 100개 이상 넣는 센터가 1명도 없었다. 2008-09시즌에는 경기당 1.0개 이상 넣은 센터가 단 3명뿐이었는데, 이들 모두 경기에서

골든스테이트의 클레이 탐슨도 누구보다
스크린을 잘 활용하는 슈터다. ⓒ 점프볼

3점슛이 차지하는 비중이 절대적으로 큰 편은 아니었다. 2008-09시즌
1위는 이탈리아 국적의 안드레아 바르냐니Andrea Bargnani로, 경기당 4개
를 던져 1.5개를 넣었다.

형태는 다르지만, 샌안토니오 스퍼스San Antonio Spurs도 그렉 포포비치
Gregg Popovich 감독 특유의 플렉스 오펜스flex offense를 내세워 우승만 5번
을 차지했다. 두 작전은 기본기가 바탕이 된 '연속성'이 특징이다. 긴
드리블보다는 간결한 패스, 볼 없는 움직임과 견고한 스크린이 주를
이룬다.

추세가 바뀌어 오늘날 NBA 농구는 최대한 빨리 공격 템포를 가져가
고 있다. 상대 수비가 정돈되기 전에 코트를 넘어와 슛을 던지는 스타

일이 뿌리를 내린 것이다. 공격 제한시간인 24초를 다 쓰기보다는 10초, 12초가 지나기도 전에 슛을 던지는 경우가 굉장히 많이 늘었다. 골든 스테이트 워리어스 스테픈 커리나 클레이 탐슨Klay Thompson 등은 이런 스크린에 힘입어 절묘하게 오픈찬스를 만들어냈고, 덕분에 매 경기마다 3점슛 축포가 터졌다. 이 과정에서 드레이먼드 그린Draymond Green이나 앤드류 보거트Andrew Bogut 등은 기습적으로 스크린을 도와 슈터를 살려주는 드레그drag 스크린으로 재미를 보았다. 이제는 다른 팀도 낯설지 않은 기술이다.

또한 슈터들의 기회를 잡아주는 핀 다운 스크린pin down screen이란 용어도 심심치 않게 들려온다. 베이스라인에 있는 슈터들이 순간적으로 외곽으로 나오는 데 있어 스크리너들은 상대 수비에게 조금의 틈도 주지 않고자 다운 스크린을 시도하는데, 마치 핀으로 고정시켜놓고 묶기라도 한 듯한 움직임이라는 의미에서 '핀 다운pin down'이란 명칭이 붙었다.

KBL에서는 KT가 모션 오펜스를 앞세워 2010년과 2011년, 2년 연속 40승 이상을 챙겼다. 2010-11시즌에는 41승 13패로 정규리그 우승도 차지했다. 플렉스 오펜스는 2000년대 중후반 안준호 전 감독이 이끌었던 삼성이 잘 응용했다. 슈터를 살리는 패턴 플레이에서도 스크린은 큰 비중을 차지한다. 이 플레이의 성공 여부는 스크린 한 번이 제대로 걸리느냐 마느냐에 있다고 해도 과언이 아니다.

그렇기 때문에 굉장히 많은 훈련과 경험이 필요하다. 모션 오펜스는 '공식'은 있지만 상황에 따라 무궁무진하게 응용과 변형의 과정을 겪는 공격이다. 전원이 길을 이해하고 능동적으로 움직이지 않으면 공격 제한시간(24초)만 까먹고 엉터리 슛을 던지게 된다.

2016년 챔피언결정전 MVP 이승현(현 고양 오리온)은 "아무래도 약속된 공격에서는 언제 어떻게 해야 한다는 게 정해져 있지만, 다른 부분은 경험이 부족해서 조금 약하죠. 특히 공이 없는 선수에게 스크린을 거는 것은 더 연습이 필요할 것 같아요"라고 말하기도 했다.

그런데 현역 시절 '캥거루 슈터'로 유명했던 조성원 명지대 감독은 스크린을 이용해 '오픈'이 되는 것은 걸어주는 사람만큼이나 이용하는 사람의 책임도 굉장히 크다고 강조한다. "스크린은 타이밍이에요. 걸어주는 사람, 이용하는 사람 모두 중요하죠. 어린 선수들 중에는 감독이 스크린을 이용하라고 지시하니까, 스크리너가 오기도 전에 그 자리에 서 있는 선수들도 있어요. 마치 수비자에게 '나 지금부터 스크린 이용할 거야'라고 말하는 것처럼 말이죠. 이는 안 좋은 플레이입니다. 스크린 타이밍은 정말 중요해요. 순간적인 찬스를 만들고자 하는 거니까요. 스크린을 걸어주는 사람만큼이나 이용하는 선수도 정확한 타이밍에 폭발적으로 뛰어나와야 합니다."

2018-19시즌을 끝으로 현역에서 은퇴한 드웨인 웨이드Dwyane Wade가 그랬다. 데뷔 초창기만 해도 웨이드는 스크린을 제대로 활용하지 못했다. 당시 소속팀 마이애미 히트Miami Heat는 웨이드가 스크린을 타고 돌아 나와서 중거리슛을 던지거나 중거리 지점에서 림 어택rim attack을 하길 바랐는데, 수비자를 확실히 따돌리지 못하다보니 오히려 스크린을 받고서 더블팀을 당하는 함정에 빠지곤 했던 것이다. 그는 운동능력이 워낙 좋다보니 그냥 혼자 힘으로도 수비를 깨부수곤 했지만, 디트로이트 피스톤스 같이 수비 조직력이 훌륭한 팀을 만나면 고전했다.

## 스크린 저지하기, 스위치와 견제

델 해리스는 "2대2 수비를 잘하는 팀이 진짜 수비가 좋은 팀"이라고 말한다. 그리고 그 과정에서 얼마나 훈련이 잘 되어 있는지도 알 수 있다. 스크린 수비를 보면 경험이 많은 선수와 그렇지 않은 선수의 차이가 극명히 드러난다. 누구나 다 점프는 할 수 있다. 그러나 정확히 스텝을 밟으며 공격자를 쫓아다니고, 스크린에 걸리지 않기 위해 갖은 방법을 써가며 정면 돌파하는 수비자들은 결코 많지 않다.

특히 젊은 가드들은 스크린만 오면 그대로 걸려 지워지고 만다. 정신없이 공과 수비자만 쫓아다니다보니 토킹talking도 까먹는다. 그래서 아예 감독들은 우리가 맞서야 할 선수 개별적인 특징들을 알려주면서 약속된 수비를 할 것을 지시할 때도 있다. A선수에게는 스위치로 대응하고, B선수에 대해서는 스크린 서준 선수가 잠시 견제만 해주고 제 자리로 돌아갈 것을 주문하는 식이다.

수비 입장에서는 스크린에 안 걸리는 것이 가장 좋다. 그렇지만 의도대로 되지 않을 때는 다른 방법을 생각해야 한다. 최근 대표적으로 많이 사용되는 수비는 바로 '스위치'로, 스크리너의 수비수와 드리블러의 수비수가 서로 수비를 바꾸는 것이다.[9] NBA의 경우 외곽슛 비중이 눈에 띄게 늘어남에 따라 수비를 바꿔막는 수비로 '어려운 슛'을 유도하는 경우가 많이 늘었다.

사실 1990년대에 농구 교재를 볼 때만 해도 스위치는 대상이 한정적이었다. 가급적 스위치는 비슷한 신장에, 비슷한 포지션끼리만 하는 것이 좋다는 생각이 지배적이었다. 어떤 교재에서는 "스위치는 굉장히 위험한, 도박 같은 수비"라고 못 막기도 했다. 그만큼 인식이 달랐다.

하지만 지금은 아니다. 2014년 아시안게임을 준비하면서 유재학 감독은 이종현(203cm), 김종규(207cm) 등에게 외곽에서 가드들을 수비하는 연습을 시켰다. 밖에서 김선형이나 양동근, 박찬희 같은 빠른 선수들이 드리블하면 빅맨들이 사이드스텝을 밟으며 쫓아가게끔 한 것이다. 유재학 감독은 "이제는 장신 선수들이 작은 선수들의 돌파를 견제할 수 있어야 합니다. 그게 세계적인 추세입니다"라며 훈련의 배경을 설명한 바 있다. 그의 말처럼 이제는 큰 선수가 작은 선수를 막는 것이 전혀 이상하지 않다.

래리 브라운 감독은 "수비의 첫 번째 목표는 드리블러가 지속적으로 방향을 바꾸게 만드는 것, 2번째 목표는 드리블을 멈추게 만드는 것, 3번째 목표는 의도하지 않았던 선수에게 가급적 어렵게 패스하게 만드는 것"이라고 말했다. 좋은 스위치 수비는 이 목적을 달성하는 데 있어 큰 역할을 하곤 한다. 앞서 소개했던 델 해리스 감독도 "스위치 수비는 상대를 최대한 겉돌게 하는 것에 목적을 둔다"라고 말했고, 현역시절 수비로 정평이 났던 스테이시 오그먼Stacey Augmon 전주 KCC 감독 역시 2018-19시즌을 치르면서 "스위치 수비를 적극적으로 하는 이유는 상대방을 당황시키기 위해서였다"라고 말했다.[10]

2018-19시즌 여자프로농구 정규리그를 우승한 청주 KB스타즈의 경우, 193cm의 박지수가 외곽까지 따라 나와서 가드들을 막는 역할을 잘 수행했다. 이 시즌에 KB스타즈는 우승을 위해 반드시 아산 우리은행을 뛰어넘어야 했다. 우리은행은 6년 연속 정규리그 1위와 챔피언결정전 우승이라는 '통합 우승'의 위업을 달성한 강팀이었지만, 2018-19시즌 들어 장신선수 기근에 시달려야 했다. 박지수는 우리은행에게 굉장히 위협적인 존재였다.

박지수가 스위치 수비 상황에서 외곽까지 견제해준 덕분에 KB스타즈는 좀 더 수월하게 상대의 외곽 공격을 제어할 수 있었다. ⓒ 한국여자농구연맹

우리은행 위성우 감독은 "이제 우리가 도전하는 입장입니다. 박지수는 막겠다고 해서 막을 수 있는 그런 존재를 넘어섰습니다"라며 상대를 인정했다. 그 이유 중 하나가 바로 박지수의 신장과 기동력이었다. 우리은행의 주무기 중 하나인 스크린 플레이에 대항해 스위치 수비로 맞선 것이다. 박지수가 볼 핸들러인 박혜진과 임영희와 1대1로 매치하다 보니 자연스럽게 우리은행의 공격은 둔화됐다.

감독들은 "스위치의 목표는 공이 외곽에서 겉돌고, 원치 않는 곳으로 무리하게 패스를 하게끔 만드는 것"이라고 입을 모은다. 그리고 당시 KB스타즈가 딱 그런 수비를 펼쳤다. KB스타즈를 이끈 안덕수 감독은 "(박)지수에게도 그런 수비가 필요해서 주문을 했는데, 생각 이상으로 잘 수행해주었습니다. 힘이 안 든다면 거짓말이겠지만, 외곽에서 가드를 쫓아다니는 부분을 잘해주면서 우리 수비가 더 강력해졌습니다"라고 말했다.

그런데 스위치를 하면 단신 선수들이 장신들을 막게 되는 경우도 있다. 흔히 말하는 '미스매치' 상황이다. 예전에는 단신 선수들이 장신과 매치되면 바로 파울로 끊곤 했다. 힘과 높이에서 우위에 있는 장신들을 막기가 버거웠기 때문. 그렇지만 이 역시 경향이 바뀌어 단신들이 어떻게든 버티는 장면을 자주 볼 수 있다. 도움 수비가 올 때까지 기다리거나, 어느 타이밍까지만 버티다가 재빨리 수비 위치를 바꾸는 식으로 수비를 하는 것이다. 물론 패트릭 유잉Patrick Ewing이나 샤킬 오닐Shaquille O'Neal 같이 1990년대 포스트업 시대를 주도한 대형 센터들에게는 이런 수비가 불가능할 것이나, 오늘날처럼 고전적인 포스트업보다는 외곽과 2대2 플레이 위주의 농구를 펼치는 시대에서는 전혀 불가능한 일이 아니다.[11]

그런가 하면 스크리너가 변변치 않을 경우에는 스크린을 받는 선수, 즉 공을 가진 주득점원에게 2명이 노골적으로 강하게 붙는 방법이 있다. 흔히 말하는 더블팀double team 혹은 트랩trap이라고 하는 수비다. 또 스크리너의 수비자가 드리블하는 선수, 즉 스크린을 이용하는 선수를 살짝 견제만 하고 본래 자리로 돌아가는 수비도 있다. 주로 쇼show, 헷지hedge라는 용어로 불린다. 가장 보편적인 2대2 수비 방식으로 2000년대 중반, 샌안토니오 스퍼스가 NBA 최고의 공격팀이었던 피닉스 선즈Phoenix Suns를 막을 때 효과를 봤다.

당시 팀 던컨Tim Duncan은 피닉스 공격의 핵심이라 할 수 있는 스티브 내쉬Steve Nash를 적극 견제하면서 2대2 픽앤롤을 무력화시켰다. 내쉬는 당시 기자회견에서 "샌안토니오는 틈날 때마다 강한 트랩을 걸어왔습니다. 우리의 템포와 페이스를 떨어뜨렸습니다. 그들의 수비도 굉장히 준비가 잘 되어 있었다고 생각합니다"라며 아쉬움을 전한 바 있다.[12]

이처럼 스크린을 이용한 공격 방법이 다양하듯, 수비 방법 역시 매 시즌 진화를 거듭하고 있다. 그러나 방법이 뭐가 됐든, 스크린 플레이 수비의 생명은 '타이밍'이다. 정확한 타이밍에 약속된 움직임을 시행해 공격 플레이를 저지할 수 있어야 한다. 안 되는 팀일수록 타이밍을 못 맞추고, 약속이 안 맞는다. 스위치를 하라고 했는데 한 명의 공격자에게 수비자 2명이 붙는다든지 말이다. 반면 이 수비가 잘 되면 잘 될수록 팀에 '끈끈함'이 더해진다.

2018-19시즌을 취재하면서 스위치 수비를 주무기로 삼고자 했던 많은 감독과 선수들은 같은 말을 했다. "스위치 수비가 잘 되면서 단단해지는 것을 느꼈고, 덕분에 선수들끼리도 믿음이 생겼다"고 말이다.

이러한 스크린과 스크린 대항법은 앞으로도 계속해서 큰 비중을 차지하게 될 것이다. "내 동료는 내가 편하게 공격하도록 도와줄 거야"라 믿고 달려드는 스크린 공격, "상대가 스크린을 걸어도 내 동료가 잘 버텨줄 거야"라는 믿음을 갖고 임하는 스크린 수비. 앞으로는 과연 어느 팀의 믿음이 더 단단하고 끈끈한지, 어느 팀이 이에 대해 준비를 더 잘했는지 지켜보는 것도 농구 보는 재미를 더해줄 것이다.

# 18장

## 동료들의 헌신,
## 엘리베이터 도어 스크린

## 슈터들을 돕는 동료들의 헌신

앞서 말했듯이 스크린screen은 드리블, 슛, 패스만큼이나 농구에서 빼놓을 수 없는 중요한 플레이다. 스크린은 '동료들의 원활한 움직임을 돕기 위한 합법적인 진로 방해' 정도로 규정할 수 있다. 얼마나 좋은 타이밍에, 얼마나 정확하고 강직하게 스크린을 서주느냐에 따라 플레이의 성패가 갈릴 때도 있을 정도로, 현대농구에서 스크린은 빼놓을 수 없는 요소가 되고 있다.

특히 슈터들은 혼자서 결코 좋은 찬스를 잡을 수가 없기에 스크린의 존재가 더더욱 중요하게 여겨지고 있다. 오늘날 KBL에서는 조성민(LG), 이정현(KCC), 문태종(현대모비스) 등이 대표적인 예인데, 상대는 결코 이들에게 '공짜'로 찬스를 주지 않으려 한다. 잡아당기기도 하고, 필사적으로 따라붙으며 힘을 빼놓는다. 슈터들이 코트에 서 있는 한,

슈터와 수비수의 '밀당'하는 듯한 술래잡기는 영원히 끝나지 않을 것이다. 이때 슈터들을 돕는 플레이가 바로 동료들의 스크린이다. 슈터들이 슛 찬스를 잡을 때마다 장신선수들의 헌신이 있었다. 그러나 이조차도 이용하는 것이 쉽지 않다. 수비도 정말 열심히 따라다니기 때문이다.

NBA도 마찬가지다. 리그를 대표하는 슈터들에게 결코 공짜란 없다. 워낙 수비가 타이트하다보니 경기 내내 술래잡기가 계속된다. 이 과정에서 슈터를 살리기 위한 다양한 작전(패턴)이 고안됐지만, 몇 경기 지나면 금세 간파당해 감독들은 골머리를 앓는다. 그 와중에 2015년 우승팀 골든스테이트 워리어스를 비롯한 여러 팀들은 슈터에게 보다 완벽한 찬스를 제공하기 위해 새로운 패턴을 활용하기 시작했는데, 이것이 바로 엘리베이터 도어 스크린elevator door screen이다.


## 슈터를 위해 문을 닫는다!

말 그대로 엘리베이터 문이 양쪽으로부터 쾅 닫히듯, 2명의 스크리너가 슈터가 지나면 문을 닫아버리는 작전이다. NBA를 즐겨본 팬들이라면 이 작전이 결코 낯설지 않을 것이다. 골든스테이트, 샌안토니오 스퍼스, 덴버 너게츠, 필라델피아 76ers 등 대다수 팀들이 기습적으로 사용하고 있으며, 단순히 슈터들을 위한 플레이에 그치지 않고 파생되는 작전을 쓰는 팀도 늘어나고 있다. 스페인 농구대표팀도 그 중 하나다.

국내 프로농구에서는 서울 삼성이 이 플레이를 사용했다. 슈터 임동

스테픈 커리가 사용하는 엘리베이터 도어 스크린을 표사한 카툰 ⓒ 그림 김민석 작가

섭이 군대에 입대하기 전인 2016-17시즌의 일이다. 삼성은 임동섭을 이용해 가장 효과를 봤다. 당시 임동섭은 경기당 2.3개의 3점슛을 성공시키며 이 부문 4위를 달리고 있었다.

이상민 감독은 임동섭이 중심이 된 엘리베이터 도어 스크린 플레이에 대해 이렇게 설명한다. "한 게임에 슈터가 오픈된 상태에서 패스를 받는 경우는 그리 많이 나오지 않습니다. 얼마나 수비를 잘 따돌리면서 움직임을 잘 가져가느냐가 중요한데, (임)동섭이는 신기하게도 이 플레이를 시도하면 잘했던 것 같습니다."

이규섭 코치는 엘리베이터 도어 스크린 플레이에서 임동섭이 잘 먹히는 이유에 대해 이렇게 이야기한 바 있다. 이규섭 코치는 현역시절에 장신 슈터로 활약했다. "슈터들은 대개 빅맨을 이용해 나오는 상황이 많습니다. 실제로 해보면 엘리베이터 스크린 플레이가 더 효율적이었습니다. 더블 스크린은 따라 나오는 선수들이 워낙 잘 예측하기 때문입니다. 그러면 돌아나와서 공격하기가 쉽지 않았죠. 저도 현역 때 그 플레이를 더 선호하긴 했지만, 엘리베이터 도어 스크린은 순간적으로 닫히기 때문에 슈터들이 멈춰서 한 번 더 컨트롤할 수 있는 시간이 조금이나마 더 주어집니다. 닫힌 것을 확인하면서 던질 수 있는 심리적인 부분이 있다고 봅니다."

이상민 감독과 이규섭 코치는 엘리베이터 도어 스크린 플레이가 잘 되는 이유를 '듬직한 스크리너'에서도 찾는다. 당시 삼성은 라건아(199cm, 110kg)와 마이클 크레익Michael Craig(188cm, 117kg)이 있었다. "빅맨과 언더사이즈 빅맨 틈을 뚫고 나오기란 쉽지가 않습니다. 크레익은 키가 작아도 몸이 두꺼웠던 덕분에 상대가 빠져나오기 어려웠겠죠." 이상민 감독의 말이다.

여자농구에서는 청주 KB스타즈와 용인 삼성생명이 엘리베이터 도어 스크린 플레이를 옵션으로 두었다. 정면에서의 3점슛을 위해 설계된 플레이인데, KB스타즈를 이끈 안덕수 감독은 "자유투라인에서 담을 쌓았다가 닫아버리는 식이었습니다. 수비가 늦게 나오면 유리하게 3점슛을 던질 수 있고, 다른 한편으로는 미스매치를 만들 수도 있습니다. 패스 1~2번에 골밑 공략도 가능해 위장술로도 가능했죠"라고 말했다.

# 엘리베이터 도어 스크린의 성공 키워드

엘리베이터 도어 스크린의 성공은 크게 다음 3가지 키워드에 의해 갈린다. 우선 첫째는 '슈터들의 움직임'이다. 임동섭은 "상대가 눈치 채지 못하게 하는 것이 무엇보다도 중요해요. 그것만 잘 되면 상대가 스위치를 해버리는 것이 아닌 이상 플레이가 가능합니다. 수비가 완전히 걸리게 되면 속수무책이기 때문에 편하게 3점슛을 던질 수 있죠"라고 설명했다.

이규섭 코치도 이에 동의했다. "엘리베이터 도어 스크린인 것을 간파하면 가운데에 수비가 서있게 됩니다. 그렇기 때문에 엘리베이터 도어 스크린에 앞서 상대 수비를 분산시키는 것이 매우 중요합니다. 예를 들어 슈터가 스크린을 걸어주는 척하다가 갑자기 쏙 빠져나가는 것입니다."

다음으로 '빅맨의 타이밍'도 중요하다. LG 조성민은 "예전 KT 시절 (전창진 전前 감독 시절)에 사용한 적이 있는데, 상대가 스위치 디펜스를 하다보니 효과를 못 봤던 기억이 있습니다. 이 플레이는 스크리너가 90%인 것 같아요. 무엇보다 좋은 빅맨이 있어야 합니다. 타이밍이 좋아야 하니까요"라고 설명한다.

신한은행에서 2015-16시즌까지 팀을 이끈 정인교 전前 감독도 김연주, 김단비를 이용한 플레이를 시도한 적이 있다. 45도로 빠져나오면 두 선수가 막아주는 식이었다. 정인교 전 감독은 "더블스크린은 이제 보편화됐습니다. 반면에 엘리베이터 도어 스크린은 하이포스트에서 빅맨 2명이 림을 등지고 있기 때문에 한국에서는 스위치 발생도 잘 안 된다는 장점이 있죠. 대체로 타이밍만 잘 맞으면 완벽하게 걸립니다"라고 설명했다.

　마지막은 다시 '슈터'에게 넘어간다. 아무리 적절한 타이밍에 스크린이 걸려도 결국 슛을 넣어야 점수가 올라가고, 패턴이 성공됐다고 할 수 있다. NBA에서나 KBL에서나 3점슛은 궁극적인 목표다.

① KB스타즈와 삼성생명의 2018-2019시즌 챔피언결정전 1차전 첫 공격. KB스타즈의 박지수, 카일라 쓴튼이 자유투라인 양끝 엘보우$_{elbow}$에 위치한다.

② 이때 강아정이 기습적으로 아래(베이스라인 쪽)에서 위로 올라온다.

③ 정확한 타이밍에 맞춰 박지수와 쏜튼이 맞닿을 정도로 이동한다. 문이 닫힌 셈!

④ 수비가 스크린에 걸려 나오지 못한 틈을 타 강아정이 오픈 3점슛을 성공시켰다.
ⓒ KBSN 스포츠 중계화면 캡처

  그렇다면 이것이 막힐 경우에는? 아직까지는 KBL에서 이 작전의 타겟으로 지정된 선수 대부분이 '슛'에 한정되어 있는 경우가 많다. 수비에 막혔을 때 공을 잡고서 후속 플레이를 할 수 있는 선수는 많지 않다.

스페인 국가대표팀의 경우 엘리베이터 도어 스크린 자체가 '위장술'처럼 느껴질 때도 있는데, 1차 플레이가 안 될 경우에 의도적으로 스위치를 유도해서 다른 공격을 펼치는 식이다.

오리온 추일승 감독은 그런 면에서 이 플레이가 사용에 한계가 있다고 지적했다. "쓸 수 있는 선수가 한정되어 있습니다. 실제 효과를 보려면 슛에 특화되어 있고, 센스가 있는 선수가 있어야 합니다." 그는 공을 잡아 림 어택까지 가능한 선수가 좋다고 덧붙였다. 예컨대 스테픈 커리나 클레이 탐슨은 스크린을 받을 때에도 여러 동작을 가미해 효과를 더한다. "공만 받으러 나오면 간파될 수 있습니다. 따라서 마무리 기술이 없다면 어렵죠. 하나만 해서는 금방 표시가 납니다. 수비 센스가 있는 선수는 금방 간파하거든요." 추 감독의 말이다.

## 엘리베이터 도어 스크린의 기원

그렇다면 이 플레이의 시작은 언제였을까? 대부분이 커리-탐슨 콤비의 탄생 이후라고 생각하지만 1980~1990년대부터 간헐적으로 사용된 플레이였다. 그때는 엘리베이터 도어 스크린보다는 '클로우즈 더 게이트Close the Gate'라는 명칭으로 쓰였고, 국내에서도 그 영향을 받아서인지 '문을 닫는다'는 식으로 표현됐다. 그러나 국내에서는 스크린 자체가 무빙 스크린처럼 보일 수가 있고, 오펜스 파울이 불릴 가능성도 높아서인지 빈도가 높지는 않았다. 여러 증언(?)이 있었는데, 정작 '처음 본' 엘리베이터 도어 스크린은 언제, 누구였는지에 대한 답은 찾지 못했다.

그 와중에 꼬리를 물고 올라가니 명지대학교가 나왔다. 1990년대 명지대를 이끌었던 진성호 감독은 슈터들을 활용해 일명 '문을 닫는' 패턴으로 재미를 보았다. 이 패턴을 자주 쓰진 않았지만 당시 그의 제자였던 김태진(현 전자랜드 코치)은 "중요할 때 많이 썼습니다"라고 돌아봤다. 조성원(현 명지대 감독, KBS-N 스포츠 해설위원)도 "그때는 그런 패턴을 쓰는 팀이 많지 않았어요. 그래서 성공률이 좋았던 걸로 기억합니다"라고 거들었다.

명지대는 고려대와 연세대만큼 꾸준히 압도적이었던 건 아니지만, 에이스(조성원, 조성훈)와 색깔이 있던 팀이었다. 장신 센터는 없었지만 정재헌의 우직한 스크린을 이용해 슈터들이 슛 찬스를 잡고, 빠른 공수전환에 의한 마무리가 매력적이었다. 외곽에는 김태진, 조성훈, 조성원, 최훈석 등이 있었고, 윤제한과 정재헌이 내외곽을 오가는 역할을 했다.

진성호 감독은 화력은 있지만 이를 살릴 높이가 부족했던 명지대 사정 탓에 궁리 끝에 주입한 전술이라 말했다. "키가 큰 선수는 없었지만 슛 좋고 뚝심있는 선수들이 많았습니다"라며 1990년대 중반의 명지대 라인업을 회고했다. "조성원이 코너로 가는 척하다가 기습적으로 정면중앙top으로 뛰어올라오는 패턴이었습니다. 그때 윤제한과 정재헌이 문을 닫으면 100% 성공이었죠. 우리 팀에 센터가 없다보니 윤제한이 포스트를 섰는데, 그때는 센터가 밖에 나와도 상대가 안 따라 나오는 일이 다반사여서 찬스가 나면 언제든 3점슛을 던지게끔 했습니다."

프로 출범 후 한동안은 이런 종류의 스크린이 많이 이용되지 않았다. 외국인 선수의 개인 기량에 의존하는 경향이 짙었기 때문이다. 지도자들 대부분은 "타이밍 맞추기가 정말 쉽지 않았고, 스크린에서 파울이 나올 수도 있었다. 확률이 굳이 높지 않았기에 사용하기가 여의치 않았던 것 같다"라고 입을 모은다.

NBA도 '3점슛의 시대'가 도래하면서 엘리베이터 도어 스크린 플레이가 활성화됐다. 결국 포스트업 시대에서 새로운 시대로 넘어가는 과정에서 '진화'와 함께 좀 더 디테일해진 전술이 나온 셈이다. 슈터들의 술래잡기는 앞으로도 계속될 것이며, 더 치열해질 것이다. 그들을 살리고자 하는 움직임을 지켜보는 것도 농구의 관전 포인트가 될 것이라고 생각한다.

## 19장

# 식스맨 마인드,
# 주전 출전 이상의 자부심

## 팀내 6번째 선수의 중요함

식스맨sixth man은 말 그대로 팀내 6번째 선수를 의미한다. 농구에서 게임의 주전starting five으로 가장 먼저 나서는 선수가 5명이니, 식스맨은 이들 주전 바로 다음의 비중을 차지하는 선수 정도로 해석할 수 있을 것이다.

NBA가 인기를 끌기 전만 해도 식스맨은 '후보 선수', '교체멤버', '비주전' 정도로 불려왔다. 하지만 식스맨들이 웬만한 '전문 요원' 버금가는 역할을 할 수 있다는 것이 확인되고, 또 국내 프로농구가 장기 레이스로 체계를 갖추면서 감독들은 식스맨을 비롯한 벤치 운영이 굉장히 중요하다는 것을 알게 됐다.[1]

이제 식스맨은 단순히 주전들의 체력 보충용 선수가 아니다. 경기 흐름을 바꿔주기도 하고, 부족한 점을 채워주기도 한다. 이제는 전략적으로 늦게 투입되고, 승부처에서는 오히려 주전 선수보다도 출전시간이나 공격 비중이 큰 선수들도 있다.

NBA에서는 보스턴 셀틱스의 케빈 맥헤일Kevin McHale을 시작으로 시카고 불스의 토니 쿠코치Toni Kukoc, 샌안토니오 스퍼스의 마누 지노빌리Manu Ginobili, 골든스테이트 워리어스의 안드레 이궈달라Andre Iguodala 등이 자신의 역할에 굉장히 헌신적이었고, 그 활약을 앞세워 우승에 공헌했다.[2] 특히 이궈달라는 골든스테이트에서 생애 처음으로 벤치 멤버 역할을 맡게 됐지만 팀이 우승하는 데 있어 공수에서 큰 활약을 한 덕분에 파이널 MVP가 되기도 했다.

NBA는 이처럼 식스맨으로서 활약을 펼친 선수들에게 '올해의 식스맨'상을 수여한다. 저말 크로포드Jamal Crawford, 루 윌리엄스Lou Williams, 제이슨 테리Jason Terry 등은 지난 10년간 NBA를 대표해온 식스맨들인데, 이제는 주전으로 나오는 게 어색해보일 정도다.[3] 이제 많은 이들은 윌리엄스 같은 식스맨이 이끄는 벤치 진영을 '세컨드 유닛second unit'이라고 부르고 있다.

하지만 NBA 유망주들은 여전히 "테리처럼 식스맨이 되고 싶어!", "루 윌리엄스 같은 식스맨이 되고 싶어"라고 결코 말하지 않는다. 그들의 제1로망은 식스맨이 아닌 주전이고, 더 나아가 올스타이자 슈퍼스타가 되는 것이다.

벤치를 선호하는 선수는 결코 많지 않다. 선수라면 누구나 주전으로 뛰기를 희망하기 때문이다. 이는 베테랑들도 마찬가지다. 특히 오랫동안 '나'를 위주로 팀을 꾸려왔던 베테랑 스타들은 식스맨이 되라는 것을 치욕처럼 받아들일 때도 있다.

# 벤치 출전이 싫은 이유

주전으로 나와도 이상하지 않은 기량의 베테랑 선수들 중에도 시스템이나 감독의 구상에 의해 식스맨 제의를 받았던 선수들이 있었을까? 있긴 있었다. 다만 벤치 역할을 흔쾌히 받아들여서 '성공'의 위치에 오른 선수가 많지 않을 뿐이다.

가장 큰 이유는 마인드다. 일단 스타급 베테랑들은 벤치 출전이 싫다. 자존심 문제이기 때문이다. 나로 인해 돌아가던 팀들이, 이제는 나 때문에 효율성이 떨어진다고 하니 자존심도 상하고, 덩달아 자존감도 낮아지게 되는 것이다.

2014년 12월, 브루클린 네츠Brooklyn Nets에서 있었던 데론 윌리엄스Deron Williams의 일화가 대표적이다. 신인 시즌을 제외하면 늘 붙박이 주전 가드였던 윌리엄스는 2014-15시즌에 68경기 중 13경기를 식스맨으로 뛰었다. 장딴지 부상으로 뛰고 안 뛰고를 반복하던 시기였다. 윌리엄스를 대신해 재럿Jarrett Jack이 주전 가드로 나왔는데, 잭이 주전으로 나선 첫 5경기에서 4승 1패를 기록했다. 윌리엄스는 자연스럽게 의기소침해졌다. 아주 짧은 기간이었지만, 자신감을 잃었던 것이다. 인터뷰에서는 "팀이 이겼으니 괜찮다"라고 말했지만, 주변에서는 윌리엄스의 슬럼프가 길어질 것을 걱정하는 말도 많았다.

2009년 앨런 아이버슨Allen Iverson도 그런 선수였다. 나는 NBA에서 'Answer'라는 별명만큼 당당한 별명도 없다고 본다. 팀과 팬이 원하는 '해답'이 되어줄 수 있는 선수라는 의미이니 얼마나 멋진가. 공식신장이 183cm, 신발을 벗고 재면 180cm이 안 될 지도 모른다는 말이 있을 정도로 키도 작고 체구도 작았지만 득점왕을 4번이나 차지했다. 거침

'ANSWER' 아이버슨도 자신의 벤치 신세
에 대해서만큼은 답을 찾지 못하고 방황
했다. ⓒ 점프볼

없는 그의 플레이 하나하나가 팬들을 흥분시키고 감동시켰다. 그렇지
만 코트 밖에서는 통제 불능 선수 중의 하나이기도 했다. 명예의 전당
과 본인 은퇴식조차 정해진 시간에 안와서 관계자들을 가슴 졸이게 했
을 정도로 자기중심적이었다.

　아이버슨은 자신에 대한 프라이드가 굉장히 강했다. '벤치에서 뛰
느니 은퇴하는 것이 낫다'는 마음가짐으로 뛰었던 선수였다. 통산 914
경기 중 901경기를 주전으로 뛰었다. 벤치 출전은 대부분이 부상 등을
이유로 협의에 의해 늦게 투입된 경기였다. 그런데 2008-09시즌, 디트
로이트 피스톤스Detroit Pistons에서 문제 하나가 발생한다. 마이클 커리
Michael Curry 감독이 통보 없이 아이버슨을 벤치에서 내보낸 것이었다.

3경기 중 2경기는 20분도 뛰지 못했다. 아이버슨은 화가 났다. "내 평생 이런 상황은 처음"이라며 공개적으로 불만을 털어놓았다. "감독님은 나를 넣었다 뺐다를 반복하고 있습니다. 그러면서 식스맨들의 고충을 처음 알게 됐습니다. 그들이 참 대단하다는 걸 느꼈죠. 하지만 제게는 힘든 일입니다. 이 일을 반복하라고 하면 차라리 은퇴를 하겠습니다. 이렇게 해서는 내 스타일의 플레이를 할 수 없습니다."

사실 커리 감독은 나름대로 아이버슨을 배려한 것이었다. 등 부상으로 16경기를 결장하고 돌아왔기에 적응할 수 있도록 조정한 것인데, 아이버슨과는 교감을 이루지 못한 것이었다. 아이버슨은 이 시즌이 끝난 뒤 "감독은 내게 거짓말을 했습니다. 어떤 상황에서든 벤치 출전은 없을 것이라고 했거든요. 그 때문에 나는 커리어 최악의 순간을 맛보았습니다"라고 말했다. 아마도 자존심이 강했던 그는 자신도 나이가 들면서 입지가 갈수록 줄어든다는 불안감에 그런 소동(?)을 피운 것이 아니었을까 싶다.

## 마이클 조던도 적응 못했던 식스맨 역할

마이클 조던은 다리 부상으로 시즌의 70% 이상을 날린 1985-86시즌을 제외하면, 시카고 불스 유니폼을 입고는 한 번도 식스맨으로 뛴적이 없었다. 그런 그가 2차 복귀 후였던 2002-03시즌에 중대한 결심을 내린다. 벤치에서 출전해 어린 선수들을 돕겠다는 것이었다.

이는 자신의 체력과 무릎 상태를 고려한 결정이기도 했다. 조던은 2002-03시즌을 앞두고 오른쪽 무릎 수술을 받았고, 이 때문에 시범경기도 초반에는 소화하지 못하고 있었다. 그는 "주전으로 뛸 준비가 안된 것 같다"며 덕 콜린스Doug Collins 감독과 상의해 식스맨을 수용했다.

그러나 어느 날 〈워싱턴 포스트Washington Post〉는 '실험은 끝났다'라는 제목의 기사를 낸다. 조던이 벤치 출전을 중단하고 다시 주전으로 올라선다는 것이다. 팀 성적도 나지 않고, 스스로도 리듬을 찾는 데 어려움을 느끼면서 '식스맨 역할'을 반납한 것이다. 〈ESPN〉은 여러 명의 목소리를 빌려 '식스맨 조던'의 상태를 전했는데, 제리 스택하우스Jerry Stackhouse는 "벤치에서 안절부절 못했고, 코트에 나와서도 싱크에 안 맞는 모습을 보였습니다"라고 말하기도 했다. 나이가 들다보니 몸이 늦게 데워지고, 또 이런 역할이 처음이다보니 어색했던 것.

경쟁심도 한몫 했다. "1쿼터부터 지고 시작해서 2쿼터에 따라가느라 힘 다 빼고 3쿼터에 다시 진다"며 처음부터 뛰길 바랐던 것이다. 하지만 조던의 주전 라인업 복귀에도 불구하고 워싱턴은 끝내 플레이오프 진출에 실패했다.[4]

식스맨 적응에 실패한 베테랑 중에는 조던만큼은 아니지만 그래도 선수 경력은 어디 내놔도 빠지지 않는 선수가 있었다. 바로 카멜로 앤써니Carmelo Anthony 다. 르브론 제임스와 NBA 데뷔 동기(2003년)인 앤써니는 2018-19시즌에 농구를 시작한 이래 가장 큰 변화를 겪는다. 주전이 아닌 식스맨으로 경기에 출전한 것이다. 2003년 데뷔 후 1,055경기만에 처음으로 벤치에서 출전했다. 앤써니처럼 1,000경기 이상 주전으로만 뛰다가 식스맨이 된 선수는 역사상 패트릭 유잉Patrick Ewing (1,118경기)이 유일하다. 그러나 유잉은 각종 부상으로 인해 식스맨 역할을 맡을 무렵에는 예년의 폭발력을 잃은 상태였다. 반면 카멜로 앤써니는 여전히 본인이 원할 때 슛을 던질 만한 위상을 가진 선수였다. 물론 야

투성공률과 팀 승률은 별개 문제였지만 말이다.

앤써니에게 식스맨을 맡긴 팀은 휴스턴 로케츠Houston Rockets였다. 마이크 댄토니Mike D'Antoni 감독은 '통제불능'으로 악명 높았던 앤써니를 데려와 식스맨 역할을 요구했다. 그리고 그에게 말했다. "자네도 밥 매커두Bob McAdoo 처럼 될 수 있어!"

206cm의 밥 매커두는 1970년대 NBA를 대표하는 득점원이었다. 1972년 NBA에 데뷔해 초창기 LA 클리퍼스를 이끌었다. 신인상을 탔고, 겨우 2년차에 평균 30득점 15리바운드를 기록했다. 3년 연속 득점왕이었고, 1974-75시즌에는 MVP도 됐다. 인기도 대단했다. 1975년 올스타전 팬투표에서는 1위도 됐다. 앤써니 데이비스보다 어린 나이에 50득점-20리바운드를 기록했다. 이처럼 잘 나갔던 매커두였지만, 부상에 습격을 당하고 세월이 지나면서 평범한 선수로 전락하고 만다.

그랬던 매커두에게도 다시 한 번 빛날 기회가 찾아왔으니, 바로 1982년 LA 레이커스로 트레이드되면서였다. 레이커스에서 매커두는 식스맨 제안을 받아들인다. 매직 존슨Magic Johnson, 카림 압둘-자바Kareem Abdul-Jabbar, 제임스 워디James Worthy 등을 보좌하는 역할이었다. '퇴물'이라 여겨졌던 매커두가 짧은 시간에도 불구, 다시 두 자리 득점을 올리며 펄펄 날 수 있었던 이유는 2가지가 있었다.

첫째는 최고의 동료들과 경기를 많이 이길 수 있었다는 점, 둘째는 감독이었던 팻 라일리의 동기부여가 먹혔다는 점이다. 라일리는 "우리 팀은 훌륭한 선수가 굉장히 많다네. 주전 선수들은 그저 다른 이들보다 조금 일찍 나서는 선수들일 뿐일세. 자네도 사실상 주전이나 다름없어"라고 자신감을 불어넣어줬다. 매커두도 "중간에 투입되니 힘이 남아돈다"며 펄펄 날았다. 레이커스에서 치른 4번의 플레이오프 내내 그는 평균 10득점 이상을 올리며 2번(1982년, 1985년) 우승에 기여했다.

2018-19시즌을 앞두고 마이크 댄토니 감독은 앤써니에게 매커두 같은 선수가 되어달라고 부탁했다. 그는 "달가운 상황은 아닐 겁니다. 적응이 필요한 변화이겠죠. 하지만 그가 벤치에 있음으로써 우리는 벤치 득점원을 더 갖게 됐습니다. 우리가 우승을 거머쥐는 데 도움이 될 것이라 생각합니다"라고 앤써니를 격려했다.

하지만 앤써니와 휴스턴의 불안한 동거는 그리 오래 가지 못했다. 끝내 앤써니가 의욕을 찾지 못했기 때문이다. 2018-19시즌, 그가 남긴 기록은 10경기, 평균 29.4분 출전에 13.4득점이었다. 3점슛 성공률은 겨우 32.8%에 불과했다. 거의 모든 기록이 19살이었던 2003-04시즌 이후 최악이었다. 공격은 팀이 추구했던 방향과 엇박자가 났고, 발이 느려져 수비에도 도움이 안 됐다. 결국 그는 반강제로 팀 로테이션에서 제외됐다. "벤치 출전은 경기를 준비하는 방식도 다르고, 정신적으로도 힘듭니다. 제게 큰 도전이라 생각합니다"라던 그였지만, 끝내 현실을 이기지 못한 것이었다.


## 벤치 슈퍼맨들의 이야기, "나를 브랜딩하라!"

결국 앞서 소개한 슈퍼스타들이 벤치 적응에 실패한 이유는 자신을 내려놓고 팀 역할이 녹아들지 못했기 때문이라 할 수 있다. NBA는 세계 최고의 농구리그다. 절대다수의 선수들이 어느 나라에서 뛰든 놀라울 만한 경기력을 보일 정도로 NBA의 레벨은 비교가 불가능하다. 이런 상위 클래스의 리그에서 뛰는 선수들이니 그 자존심이 오죽할까.

NBA 우승은 없어도 올림픽 금메달만 3번이나 목에 건 앤써니 입장에서는 굉장히 실망스러운 결과였을 것이다. 반대로 식스맨으로 성공한 선수들은 앤써니와는 정반대되는 마인드를 가진 셈이었다.

스티브 커Steve Kerr 감독이 골든스테이트 워리어스 지휘봉을 잡기 전까지, 안드레 이귀달라는 한 번도 벤치에서 뛰어본 적이 없는 선수였다. 2004년에 데뷔해 758경기를 모두 주전으로 나섰다. 그러나 커 감독 부임 후 이귀달라는 283경기에서 단 8경기만을 주전으로 나섰다. 부상자가 발생하지 않는 이상, 정규시즌에는 항상 벤치에서 경기를 시작했던 것이다.

스티브 커 감독은 해리슨 반즈Harrison Barnes를 주전으로 기용하는 대신, 이귀달라를 벤치로 내리기로 결정한 인물이다. 그는 프리시즌 때 이귀달라에게 이런 주문을 하며 양보와 희생을 부탁했고, 이귀달라는 이 제안을 받아들인다. 만약 이귀달라가 이때 불만을 품었다면 골든스테이트의 행복 회로는 작동하지 않았을지도 모른다.

실제로 2014-15시즌이 시작된 후 한동안 기자들의 '흔들기' 시도가 몇 차례 있었다. "감독 결정에 불만은 없나", "적응에 힘들지 않나"라며 말이다. 그렇지만 이귀달라는 "경기에 집중하자"며 이런 흔들기를 이겨냈고, 급기야 파이널에서는 마지막 3경기를 주전으로 출전해 르브론 제임스LeBron James(당시 클리블랜드 캐벌리어스Cleveland Cavaliers)를 훌륭히 막아냈다. 그리고는 파이널 MVP가 됐다.[5] "벤치 선수들은 그저 늦게 출격하는 선수들일 뿐이에요. 우리는 항상 준비된 자세로 출전 명령을 기다리고 있습니다. 그리고 우리 존재가 경기에 임팩트를 주고 있다는 사실에 자부심을 느끼죠. 저도 그렇습니다. 우리는 항상 준비된 자세로 경기에 임합니다." 이귀달라의 말이다.

안드레 이궈달라는 다른 식스맨 수상자
들과 마찬가지로, 자신의 스포트라이트는
조금 양보하더라도 승리를 위해서만큼은
강한 이념을 불태웠다. ⓒ 점프볼

저말 크로포드도 저명한 전문 식스맨이다. 2010년, 2014년, 2016년
에 '올해의 식스맨' 상을 수상했다. 크로포드는 자신의 변신을 '리브
랜딩'이라고 설명했다. 그는 식스맨 역할을 맡게 된 뒤 스스로를 '벤치
슈퍼맨'이라 부르며 자부심을 가진 것이다. 크로포드는 유능한 식스
맨 이미지를 굳히기 전까지만 해도, 국내 팬들 사이에서 '자말 크로포
드'가 아닌 '자멸 크로포드'로 불렸을 정도로 개인플레이가 심했던 선
수였다. '3점슛＋자유투 1구'로 이어지는 4점 플레이는 기가 막히게 잘
따냈지만, 팀은 이기지 못했다. 크로포드도 "약체팀에서 주전으로 뛰
고 기록을 잘 올려봐야 의미가 없었습니다"며 승리 팀의 조력자가 된
것에 만족했다.

마노 지노빌리는 '최고의 식스맨'으로 유명하다. 2006년, 그렉 포포비치 감독은 큰 결단을 내린다. 마누 지노빌리를 식스맨에 고정시키기로 결정한 것이다. 2017-18시즌을 끝으로 코트를 떠난 지노빌리는 전문 식스맨이었다. 출발은 벤치에서 했지만, 주전이나 다름없는 존재였다. 클러치 타임에는 누구보다 오래 공을 잡은 선수였으니까. 그러나 프로가 된 이후 스포트라이트만 받아온 선수가 가장 많은 박수와 환호를 들을 수 있는 주전 자리를 놓친다는 것은 쉽게 용납하지 못할 일이었다. "마음으로 받아들이기까지 오래 걸렸다"는 지노빌리는 고심 끝에 이를 수락했고, 자존심을 내려놓은 채 역할에 헌신했다.

지노빌리는 장점이 많은 선수였다. 포인트가드처럼 공을 운반하고 공격을 주도할 줄 알았고, 결정적일 때는 에이스 역할도 해냈다. 한마디로 '지노빌리의 포지션은 ○○다'라고 규정 짓기가 힘들었다. 이는 리우올림픽에서 그를 지도했던 세르지오 에르난데스Sergio Hernandez 감독도 마찬가지였는데, "그는 포지션을 정할 수 있는 선수가 아니었습니다. 늘 다재다능했고, 열정이 대단했습니다"고 평가했다. 지노빌리의 오랜 동료 안드레스 노시오니Andres Nocioni는 "NBA 선수들처럼 특별한 몸을 가진 것은 아니지만, 요리조리 빠지는 움직임이 마치 '뱀'처럼 남다르다는 것을 느끼게 하는 선수"라고 돌아봤다.

지노빌리는 2017-18시즌까지 1,057번의 정규경기에서 708경기를 식스맨으로 출전했다. '최고의 식스맨' 지노빌리가 뛰는 동안, 샌안토니오는 플레이오프에서 탈락한 적이 없었다. 포포비치 감독은 지노빌리의 벤치 기용에 대해 "미안함에 죄책감도 느꼈습니다"라고 고백했다. 그러나 제 역할을 다한 지노빌리는 2007-08시즌 식스맨상을 수상했고, 그 뒤로도 수차례 후보에 이름을 올렸다. 지노빌리는 말했다.

"팀을 위한 결정이니 믿고 따랐습니다. 그리고 이겼지요."

한편 시카고 불스에서 식스맨상을 탔던 토니 쿠코치는 1995-96시즌에 이 상을 타고, 팀이 우승을 한 뒤에도 주전 자리에 대한 미련을 버리지 못했다고 고백했다. 그럼에도 불구하고 그가 마이클 조던과 스카티 피펜을 도와 주전과 벤치를 오간 이유는 팀 전체적으로 '식스맨'이라는 자리가 얼마나 중요한지, 자신이 얼마나 필요한 사람인지를 계속 인식시켜주며 자존감을 지켜준 덕분이라고 말하기도 했다.

결국 이들에게는 1쿼터보다 4쿼터가 더 중요했다. 제이슨 테리가 〈보스턴 헤럴드Boston Herald〉와의 인터뷰에서 "내가 그 역할을 맡아서 팀이 이기고, 나 역시 좋은 평가를 받는다면 OK입니다. 저는 승부처에서 가치 있는 선수로 인정받는 것이 중요했습니다"라고 말했다. 크로포드, 테리, 지노빌리, 쿠코치 등 역대 최고의 식스맨들에게는 그것이 주전 출전 이상의 자부심이었던 것이다. 결국 어떤 역할이든 동기부여가 중요하고, 감독과 선수의 커뮤니케이션도 중요하다는 것을 알 수 있는 부분이다.


## 국내 감독들이 바라는 식스맨의 조건

그렇지만 모든 식스맨들이 지노빌리나 테리처럼 '만능'은 아니다. 식스맨이라 불리지만 팀내 비중은 8번째, 9번째인 선수들도 있다.

동서를 막론하고 감독들이 이러한 교체선수 혹은 식스맨에게 바라는 점은 대부분 비슷했다. '자신이 잘할 수 있는 플레이'로 경기 흐름을 바꿔주거나 주전들의 자리를 메워주는 것이다. 그런데 감독들 중에서는 이렇게 주전과 비주전을 고루 기용하는 것을 꺼리는 이들도 있었다. 주전과 비주전, 선배와 후배 선수들의 실력 차이가 뚜렷하다보니 확신을 갖지 못하는 것이다. 감독들은 교체선수들이 경기장에서 자신의 기량을 발휘하지 못한 이유로 단시간 내에 자신의 좋은 모습을 보여주어야 한다는 압박감, 소심한 성격 등 심리적 부담이 작용한다고 입을 모은다.[6]

특히 여자농구 선수들은 남자농구 선수들과는 달리 여고를 졸업하자마자 곧바로 프로팀에 입단한다. 이들은 프로선수가 될 만한 충분한 준비와 과정을 거치지 않은 상황이기에 프로 팀의 다양한 훈련방법과 작전을 숙지할 수 있는 능력과 사고의 유연성, 집중력이 부족하다는 평가를 받는다. 이들 중 장신이거나 뛰어난 기량을 가진 몇몇 선수들은 주전으로 발탁되지만 나머지 선수들은 평균 3년 이상 벤치생활을 해야 하는 어려움이 존재한다. 감독들은 주전들의 부담을 덜기 위해 교체선수들을 잘 활용하고 싶지만 그들이 역할을 충분히 수행하지 못해 교체선수에 대한 한계와 고민에 빠진다.

그래서 감독들은 이에 대한 해결방안으로 2가지를 제안한다. 첫째, 교체선수들은 훈련 중에 자신의 실력을 보여줄 수 있도록 항상 기술을 신장시키고, 정신력 강화를 위해 끊임없이 노력해야 한다. 그리고 항상 준비되어 있어야 한다. 둘째, 위기를 절호의 기회로 삼아 팀 승리에 견인차 역할을 하겠다는 마음가짐을 가져야 한다. 자신의 역할을 항상 숙지하고 상대의 단점을 공약해 팀이 분위기를 바꿀 수 있어야 한다는 것이다.[7]

DB 이상범 감독은 "제일 중요한 게 준비입니다. 준비된 자가 기회를 잡습니다. 주전보다 식스맨이 2배 이상 더 힘든 게 사실입니다. 갑

'레전드' 김주성 역시 식스맨으로 출전하면서 평소 식스맨들이 갖고 있던 고충을 이해하게 됐다고 말했다. ⓒ 점프볼

자기 코트에 나가면 2~3분 만에 숨이 2배 이상 차니까요. 그래서 갑자기 기회가 왔을 때 준비를 안 하고 있으면 소화하기 쉽지 않습니다"라며 "팀과 자신이 해야 할 플레이에 관심을 가지고 자기 몸을 준비해야 좋은 플레이를 할 수 있습니다. 제 경험상 준비 되어 있는 선수의 눈빛은 항상 달랐습니다"라고 식스맨의 준비된 자세를 강조했다.

　이를 뼈저리게 깨달은 선수가 바로 2017-18시즌 한국남자농구 식스맨상 수상자인 '레전드' 김주성이었다. 2002년에 데뷔한 김주성은 이 시즌에 프로선수 데뷔 후 처음으로 식스맨이 됐다. 그의 체력을 최대한 아껴 필요할 때 집중시키겠다는, 당시 소속팀 DB 감독 이상범의 계획이었다. 김주성도 선뜻 제안을 받아들였지만 걱정이 많았다. "벤치

멤버는 갑자기 나가야 하니까 몸이 잘 안 풀렸습니다. 주전으로 뛸 때 벤치멤버들에게 상황이나 분위기를 다 봐야 한다고 얘기를 했는데, 막상 그 역할을 해보니 안 되더군요(웃음). 머리로는 이해를 하지만 몸이 안 따라줬습니다. 들어가자마자 실책을 하거나 슛 안 들어가는 걱정도 합니다. 이 때문에 플레이가 위축되기도 했죠." 김주성은 "한 시즌만으로 식스맨의 역할에 대해 모든 것을 알진 못합니다. 하지만 벤치멤버들의 힘든 점을 깨달았습니다. 은퇴 후 지도자가 되는 게 목표인데, 큰 도움이 될 상이라고 생각합니다"라고 말했다.

SK 김선형도 2017-18시즌에 부상 복귀 후 한동안 식스맨으로 뛰며 감각을 찾는 데 주력했다. 그러면서 그도 김주성과 같은 고충을 갖게 됐다. "리듬을 찾는 데 시간이 걸리더군요. 약간 몸이 덜 풀린 상태에서 들어가면 실책이나 드리블 실수 등을 범할 가능성이 높습니다. 그래서인지 식스맨으로 들어가서 잘 녹아드는 선수들을 보면 대단하다는 생각이 들었습니다. 지금은 그 선수들이 잘 받쳐줘서 주전들이 빛나는 것이라 생각합니다."

아마도 NBA 선수들도 똑같은 사람인 이상 경기 중에 겪는 고충은 똑같을 것이다. 휴스턴 로케츠 소속의 에릭 고든Eric Gordon은 2016-17시즌 이 수상을 수상한 후 "역할을 수행하는 일은 결코 쉽지 않았습니다. 장기적인 관점에서 보고 받아들여야 합니다. 그러나 내가 중간에 투입되어 흐름을 바꾸고 팀 승리에 공헌하게 되면서 한 가지 위안을 얻게 된 것이 있습니다. '아, 내가 올바른 선택을 한 거였구나.', '아, 나와 우리 팀이 올바른 방향으로 가고 있구나'라는 것이었죠."라고 소감을 전했다.

2017-18시즌 수상자 루 윌리엄스(LA 클리퍼스)는 이 상을 수상한 후

선수들에게 조언을 건넸다. "주전으로 못 뛰는 것을 걱정할 필요가 없습니다. 중요한 것은 내가 맡은 이 역할에 대해 감독님과 코칭스태프, 동료들이 인정을 하고 신뢰를 보낸다는 것입니다. 벤치로 출전하든, 주전으로 출전하든 신경 쓰지 않아도 됩니다. 그저 여러분이 해야 할 일은 준비된 자세로 감독의 호명을 기다리다가 주어진 역할을 충실히 해서 경기에 임팩트를 주는 것뿐입니다. 저는 벤치에서 출전해서도 올스타 못지않은 기록을 냈습니다. 항상 준비를 하고 있었기 때문입니다. 그러니까 '내가 몸이 안 풀린 상태에서 투입되어서도 잘할 수 있을까?' 하는 걱정은 할 필요가 없습니다. 그런 걱정을 하는 순간, 마음이 어두워지고 몸은 무거워질 테니까요."

## 20장

# 선수를 일으켜 세운
# 감독들의 그 한 마디

훌륭한 전술과 작전이 있고, 훌륭한 훈련장이 있어도 결국 경기는 선수가 하는 것이다. 감독들도 알고 있다. 선수들이 진심으로 최선을 다해야만, 자신의 작전도 빛나고 팀도 이길 수 있다는 것을. 농구 감독들이 10가지 전술보다 진심어린 한 마디 말을 더 중요하게 생각하는 이유다. 마침 그 '한 마디' 덕분에 선수도 살고, 경기도 빛난 몇 가지 사례가 있어 따로 모아보았다.


## "이 영상 속의 남자를 다시 보고 싶네."

　"이 영상 속의 남자를 다시 보고 싶네." '코치 K' 마이크 슈셉스키가 듀란트에게 건넨 말이다.

　흔히들 미국 농구국가대표팀을 두고 동네 체육관 관장님을 감독으

2008년 베이징올림픽부터 2016년 리우올림픽까지 미국 남자농구대표팀을 성공적으로 이끈 듀크대의 명장, 마이크 슈셉스키 감독 ⓒ 점프볼

로 모셔다놔도 우승할 수 있는 팀이라고 한다. 하지만 이는 '심한 농담'이 됐다. 2016년 리우올림픽에서도 미국은 전승으로, 거의 매 경기를 큰 점수차로 이기긴 했지만 프랑스, 세르비아 등을 상대로 고전하는 등 경기마다 고비가 많았다. 그때마다 미국국가대표팀의 마이크 슈셉스키Mike Krzyzewski 감독은 복잡한 전술을 준비하기보다는 선수들을 심리적으로 잡아주는 역할을 해왔다.

1943년생인 슈셉스키 감독은 미국 대학농구의 '전설'이다. 1980년에 듀크 대학교 감독을 맡아 지금까지 5번이나 NCAA 토너먼트에서 챔피언이 됐다. 또 대학 감독 중 최초로 1천승을 달성했다. 그 빛나는 경력은 국제대회에서도 이어졌는데, 1992년 바르셀로나올림픽 당시 NBA 전설들로 구성된 '드림팀Dream Team'의 코치였고, 2008년 베이징올림픽부터 2016년 리우올림픽까지 3회 연속으로 올림픽 무대에 나서 모두 금메달을 목에 걸었다. 2010년과 2014년 농구월드컵에서도 우승했다.[1]

이런 성과 속에서 조명된 리더십 덕분에 그는 수많은 스타들의 존경을 받고 있다. 그의 가장 큰 장점은 '관리'와 '동기부여'에 있다. 그는 전술도 훌륭하지만 선수들이 언제든 최선을 다할 이유를 만들어준다. 그의 방식은 대표팀에서도 계속 이어졌다. 내로라하는 슈퍼스타들에게도 그의 방식이 통했던 것이다.

2016년 리우올림픽에서는 케빈 듀란트Kevin Durant가 슈셉스키 감독에게 우승 후 고마움을 전했다. 그는 올림픽에 앞서 소속팀을 옮긴 후, 언론의 같은 질문에 반복적으로 시달리면서 심적으로 지쳐있던 상태였다. 스스로도 "내 컨디션을 찾지 못했다"라고 고백했다. 슈셉스키 감독은 그런 듀란트를 따로 방으로 불러들였다. 올림픽 결승전을 불과 하루 앞둔 날이었다.

이때 슈셉스키 감독은 영상 하나를 듀란트에게 보여줬다. 2010년 터키 이스탄불에서 열린 FIBA 농구월드컵(당시 세계선수권대회) 결승전이었다. 듀란트는 당시 28득점을 기록하며 미국의 승리(81-64)와 우승을 도왔고, 대회 MVP에 올랐다. 슈셉스키는 영상을 보면서 한 마디를 더했다. "이 영상 속에 있는 남자를 다시 보고 싶네."

듀란트는 그 한 마디가 큰 도움이 됐다고 한다. 듀란트는 결승전에서 3점슛 5개를 포함, 30득점을 기록하며 공격을 주도했다. 그 어느 때보다 공격적인 자세로 나오며 세르비아를 무너뜨렸다. 그리고는 올림픽 금메달을 품었다.

# "너, 이것보다는 더 잘할 수 있잖아?"

"너, 이것보다는 더 잘할 수 있잖아?" 터란 루 감독이 르브론 제임스에게 건넨 말이다.

전반전에 한 선수가 12득점 7리바운드 5어시스트 2블록을 기록하고 있었다. 나쁘지 않은 기록. 그런데 감독은 타임아웃을 불러 그 선수에게 한 마디를 던졌다. 다른 선수들이 보고 있는 앞에서 한 말은 충격적이었다. "너, 이것보다는 더 잘할 수 있잖아?"

선수는 그 소리를 듣자 당황함을 넘어 분노했다. "뭐라고요? 지금보다 뭘 더 어떻게 하죠?"

그 선수는 다름 아닌 르브론 제임스Lebron James였다. 2016년 NBA 파이널 7차전. 클리블랜드 캐벌리어스leveland Cavaliers의 터란 루Tyronn Lue 감독은 2쿼터 막판 타임아웃 도중 르브론에게 더 잘해야 한다고 강조했다. 다른 선수라면 몰라도 5~6차전에서 평균 41점을 기록했던 선수에게 할 이야기는 아닌 것 같았다. 게다가 르브론은 7차전 중압감을 우려해 동료들에게 기가 막힌 스피치를 하는가 하면, 긴장을 풀기 위해 노력도 많이 기울이고 있었다. "지금보다 뭘 더 어떻게 하죠?"라는 말을 한 것도 이상하지 않았다.

하지만 루 감독도 의도한 바가 있었다. 루 감독은 〈스포츠 일러스트레이티드Sports Illustrated〉와의 인터뷰에서 "하프타임 때 라커룸에서 한번 더 똑같이 이야기했다"라고 말했다. 그 결과는 어땠을까? 효과 만점이었다. 루 감독은 "내게 그 말을 듣고선 르브론이 거의 미치려고 했다"고 당시를 돌아봤다.

르브론은 그 분노를 코트에서 표출했다. 전반까지 골든스테이트 워리어스Golden State Warriors의 드레이먼드 그린Dramond Green은 3점슛 5개를 던져 5개를 넣고 있었다. 반면 르브론 제임스는 실책 4개를 기록했다. 후반에 르브론은 단 1개밖에 실책을 기록하지 않았고, 15득점을 추가했다. 최종 기록은 트리플더블(11리바운드, 11어시스트)이었다. 그리고 2015년의 복수까지 완벽히 성공했다.

루 감독은 경기가 끝난 뒤에야 고백했다. 일부러 르브론을 자극해서 팀 전투력을 끌어올리려고 했다는 것이다. 가장 급박한 7차전에서, 게다가 42-49로 전반을 7점차로 리드당하고 있던 상황에서 선수들이 침착하게 경기에만 집중할 수 있는 방법을 찾으려 했던 것이다. 이는 과거 닥 리버스Doc Rivers 감독이 보스턴 셀틱스Boston Celtics 시절에 베테랑들을 집중시키기 위해 많이 썼던 방법이라고 한다.[2] 루는 당시 닥 리버스의 어시스턴트 코치로 일한 바 있었기에 '호통' 외에도 여러 아이디어를 빌려 쓰곤 했다.

그는 "르브론은 정말 잘하고 있었습니다. 하지만 팀내 최고의 선수가 더 힘을 내줄 수밖에 없는 상황이었습니다"라고 고백했다. 팀 동료 케빈 러브Kevin Love도 "덕분에 후반을 모두 침착하게 맞을 수 있었다"라고 말했다. 사실 이는 어디까지나 루 감독이 선수들로부터 신뢰를 얻고 있었고, 르브론 역시 그를 믿고 의지했기에 가능했던 일이었다.

루 감독이 닥 리버스의 방식을 차용한 건 이때가 처음은 아니었다. 오라클 아레나Oracle Arena에서 열린 NBA 파이널 5차전에서 승리한 뒤 루 감독은 선수와 스태프에게 100달러씩을 걷었다. 그리고는 "다시 이곳에 오게 되면 이 돈을 돌려주겠다"고 말했다. 오라클 아레나에 다시 오게 된다는 건 1승 3패에서 반격을 시작한 클리블랜드가 7차전까지 간다는 의미였다. 액수는 중요하지 않았다. 이는 선수단 모두의 사기를 끌어올리는 역할을 했다는 후문이다. 닥 리버스 감독이 2008년 당시 이 방법으로 사기를 고취시킨 바 있다.


## "오늘 리바운드 잡기는 할 거니?"

"오늘 리바운드 잡기는 할 거니?" 그렉 포포비치 감독이 던컨에게 건넨 말이다.

샌안토니오 스퍼스San Antonio Spurs 그렉 포포비치Gregg Popovich 감독은 선수들의 동기를 끌어내는 데 있어 탁월한 능력을 지닌 감독으로 평가된다. 선수들을 다루는 데 일가견이 있다보니 국제농구연맹(FIBA)에서도 '강사'로 초빙할 정도다. 세계 코치들 앞에서 리더십 강의를 한 것이다. 포포비치식 리더십 바탕에는 '모두가 동등해야 한다'라는 철학이 깔려 있다. "사람은 누구나 다르다. 하지만 그렇다고 기준을 달리해서는 안 된다." 그 대상이 최고참 선수이든 막내든, 지적할 때는 같은 기준으로 지적을 해야 팀이 돌아간다는 것이다.

종종 농구팀은 스타선수에게 관대할 때가 있다. 똑같이 감기에 걸려도 스타선수는 훈련을 쉽게 해주고, 그렇지 못한 선수는 눈칫밥만 먹게 할 때가 있다. 이게 하루 이틀 반복되다보면 자연스럽게 간극이 생긴다. 국내농구팀에서도 혼날 때 외국인 선수만 빼놓고 국내선수들만 혼내서 팀 케미스트리가 와해되고 감독에 대한 불신이 커진 경우가 있었다. 포포비치 감독은 "팀 던컨Tim Duncan도 우리 팀 선수고, 토니 파커Tony Parker도 우리 팀 선수다. 모두가 우리 팀 선수인 데는 이유가 있고, 그 이유를 충족시키지 못할 땐 지적을 하는 수밖에 없다"고 말한다.

2018-19시즌, 샌안토니오 스퍼스를 22년 연속 플레이오프에 진출시킨 명장, 그렉 포포비치 감독
ⓒ 점프볼

그 사례 중 하나가 바로 던컨과의 일화다. 2015-16시즌을 끝으로 은퇴한 던컨에 대해 포포비치 감독은 "내가 말하면 그저 듣기만 합니다. 그리고는 나중에 말하죠. '그때 고마웠어요'라고요. 똘똘한(?) 녀석입니다"라고 당시를 회고한 바 있다.

실제로 포포비치 감독의 강력한 한 마디에 자극을 받은 던컨이 이 경기에서 크게 활약했다. "타임아웃 때였습니다. 저는 그가 자기 역할을 다 못한다고 생각해서 물었습니다. '너 오늘 리바운드 잡기는 할 거니? 아니면 그냥 코트에 멍하니 서 있다가 저녁 식사하러 갈 거니? 코트에서는 뭘 할 거야?'라고." 감독이 곧 은퇴할 최고참 선수를 이렇게 혼내니 팀 전체적으로 분발하지 않을 수 없었다는 후문이다.

한편 포포비치 감독이 약체팀에게 패한 뒤 선수들에게 한 말도 화제가 된 바 있다. "배관공이 일을 열심히 안 하면 다시는 의뢰가 들어오지 않을 것입니다. 의사라면 수술을 망치는 일은 없어야 할 것입니다. 농구선수라면 늘 플레이할 준비가 되어 있어야 합니다. 그게 농구선수들이 할 일이니까요."

포포비치 감독은 팀에 필요한 것을 바로바로 말하기로 유명하다. 그는 이를 위해서는 서로가 솔직해지는 것이 가장 중요하며, 자신 역시 잘못된 점이 있으면 바꾸려는 노력을 보여야 한다고 강조했다. 1990년대부터 시작해 2010년대 중반이 되기까지 한결같이 강팀으로 남아 스타와 지도자를 동시에 배출해내고 있는 '스퍼스 왕조'만의 비결이다.

## "농구 정말 못 하는 거 같아."

"농구 정말 못 하는 거 같아." 브래드 스티븐스 감독이 선수 전원에게 한 말이다.

때로는 화를 내거나 욕을 퍼붓는 것보다 나지막한 목소리의 한 마디가 선수들을 일으켜 세울 때도 있다. 보스턴 셀틱스의 브래드 스티븐스Brad Stevens 감독은 그런 면에서 선수들의 엄청난 지지를 받는 감독이다.[3] 2016년 3월 있었던 일이다. 당시 보스턴은 멤피스 그리즐리스Memphis Grizzlies에게 전반 내내 끌려 다니고 있었다.

2015-16시즌 멤피스는 '부상 병동'이었다. 반면 보스턴은 홈에서 연전연승을 챙기는 중이었다. 하지만 이 경기는 분위기가 달랐다. 점수차는 많이 안 났지만, 경기 내용은 멤피스가 월등히 좋았다. 보스턴 같이 세밀한 농구를 추구하는 코칭스태프라면 충분히 실망할 만한 상황

이었다.

"하프타임 때 라커룸에서 감독님은 조용히 우리를 자극했습니다. 소리도 안 지르셨죠. 그저 감독님은 '너희 정말 농구 못하는 것 같아'라고 말씀하셨습니다. 그리곤 '전반은 너무 못 했어. 나가서 다시 제대로 해보면 어때?'라고 말하며 회의를 끝내셨습니다. 아마도 감독님도 선수들이 전반전 부진에 대해 충분히 공감하고 있다고 생각했던 것 같아요. 그래서 우리도 경기로 화답했죠." 제이 크라우더Jae Crowder가 당시 인터뷰에서 밝힌 말이다. 보스턴은 이날 경기를 116-96으로 이겼다. (크라우더는 2018-19시즌 현재 유타 재즈Utah Jazz 소속이다.)

어찌 보면 "너희 정말 농구 못하는 것 같아"는 경기를 본 사람이라면 '누구나 할 수 있는 말' 정도로 여겨질지 모른다. "우리가 안 되는 건 공격과 수비"만큼이나 간단한 말이다. 하지만 잘못 사용하면 불난 집에 부채질 하는 꼴이 될 수도 있다. 스티븐스는 분위기와 어조를 잘 활용하면서 적절히 선수들이 녹아들게 하는 데 일가견이 있었다. 크라우더는 "선수들이 어떻게 해야 비판을 받아들이는지 잘 아는 감독"이라는 평가도 곁들였다.

그런가 하면 스티븐슨 감독은 라커룸에서 선수들의 발언권을 많이 주는 감독 중 한 명이다. 경기가 안 풀릴 때 서로들 대화하면서 분위기를 고쳐시키는 방법을 사용하는 것이다. 덕분에 지난 시즌부터 여러 명이 라커룸에서의 스피치로 주목을 받곤 했다. 한 선수는 "선수들이 자신감과 자긍심만큼은 잃지 않게끔 말씀해주신다"라 말하기도 했다.

1. 애리조나Arizona 대학 출신의 에이튼은 2018년 드래프트에서 전체 1순위로 피닉스 선즈 Phoenix Suns에 지명됐다. 듀크Duke 출신의 라이벌 배글리는 2순위로 새크라멘토 킹스 Sacramento Kings 신인이 됐다.

2. 워크아웃workout은 일반인들로 따지면 취업 과정에서의 '심층면접'과도 같다. 선수들의 리포트를 토대로 직접 농구를 시켜보며 이 선수의 실력과 성격 등을 파악한다. NBA 신 인들은 워크아웃 이야기만 나오면 고개를 절레절레 흔든다. 혼자만 보는 워크아웃뿐 아 니라 다른 신인들과 경쟁하는 워크아웃도 있기 때문에 그 강도나 치열함이 엄청나기 때 문이다.

3. 1989년생인 213cm의 센터 화이트사이드는 NBA 드래프트에서 33순위로 지명됐지만 한동안 자리를 잡지 못한 채 농구 변방이라 할 수 있는 중국과 UAE 리그에서 선수생 활을 해야 했다. 다시 스카우트 눈에 띄어 NBA로 돌아온 건 NBA에서 밀려난 지 2년 만이었다. 그는 비디오게임 NBA 2K 시리즈에서 자신의 레벨이 낮은 것을 알고 고군 분투해 기어이 레벨을 끌어올렸다. 2017-18시즌까지 평균 기록은 13.6득점 11.4리바 운드, 2.4블록이다.

1. 고故 잭 램지는 감독이지만 '박사'라고 불렸던 독특한 인물이었다. 농구팀 감독만 30년 넘게 지냈고, 1977년에는 포틀랜드 트레일 블레이저스Portland Trail Blazers의 유일한 우 승을 이끌었다. 지도자 자리에서 물러난 뒤에도 후배 양성을 위해 책을 저술하는 등 활 발히 활동했다. 1925년생으로, 2014년 4월에 타계했다.

2. 미국 트레이닝 그룹 드리븐Driven의 대표 트레이너. 타일러 랄프는 텍사스에 본거지를 두 고 줄리어스 랜들Julius Randle 같은 젊은 NBA선수들의 개인 트레이너로 활동했다.

3. 2016년부터 단체 훈련 금지기간이 적용됐다. 시즌 종료 후 60일간은 코칭스태프나 구단 관계자를 동반한 훈련이 금지된 것이다. 숙소까지 폐지되면서 선수들은 자율적으로 몸 을 만들고 시즌을 준비하는 '진짜 프로' 같은 삶을 지내게 됐다.

## 3장

1 최근에는 일본으로 많이 간다. 중국은 이동시간이 멀고, 외국인 선수의 기량 차이가 많이 나다보니 제대로 된 효과를 얻기 힘들어 서서히 발걸음을 줄이고 있다. 중국은 NBA에서 뛰던 선수들이 오는 편이고, 음식도 입에 맞지 않아서 탈이 나는 경우도 있다. 일본은 기후나 음식도 잘 맞고, 외국인 선수의 수준도 얼추 맞는 편이다. SK는 미국을 선호하는데, 비시즌마다 2번씩 미국에 가서 기술도 배우고, 현지에서 연습경기도 갖곤 한다.

2 로데오 트립은 매년 봄에 샌안토니오에서 열리는 지역 축제 중 하나인 '샌안토니오 스톡 쇼 앤드 로데오San Antonio Stock Show and Rodeo'로 인해 발생한다. 미국 프로로데오 카오 보이 협회(PRCA)의 5대 행사 중 하나인데, 축제를 찾는 인구가 샌안토니오 인구보다도 많은 200만 명이 넘는다니 결코 무시할 수 없는 축제다. 지금의 홈구장 AT&T 센터가 오픈한 2003년부터 샌안토니오는 매년 봄마다 장거리 원정 연전을 떠나야 했다. 오래 걸릴 때는 한 달 가까이 걸릴 때도 있었다.

## 4장

1 타임아웃timeout은 팀별로 5개가 주어진다. 전반에 2개, 후반에 3개를 쓸 수 있다. 타임아웃은 감독의 요청에 의해서만 이뤄질 수 있고, 시간은 90초다. NBA는 각 팀이 한 경기에 7번씩 타임아웃을 사용할 수 있다. 모든 타임아웃은 75초. 단, 경기가 늘어지는 것을 방지하기 위해 4쿼터 마지막 3분간은 각 팀이 최대 2번씩 타임아웃을 부를 수 있다.

## 5장

1 제임스 하든은 2019년 3월 20일, 애틀랜타 호크스Atlanta Hawks전에서 31득점을 기록하면서 NBA의 모든 구단을 상대로 30득점을 올린 역대 최초의 선수가 됐다.

2 당시 챔피언결정전에서 모비스는 KTF를 4승 3패로 꺾고 우승을 달성했다. 현대모비스 왕조의 시작을 알리는 상징적인 우승이었다.

3 삼성은 KBL 역사상 무기가 가장 많은 챔피언 중 하나였다. 챔피언결정전 MVP에 오른 강혁은 KBL에서 픽앤롤Pick and Roll 전개가 가장 뛰어난 가드였고, 존슨은 1대1 능력과 3점슛을 갖춘 스코어러였다. 서장훈도 국내선수와 매치업될 때는 원하는 자리에서 무엇이든 할 수 있는 선수였다. 삼성은 플레이오프 시작부터 챔피언결정전까지 한 번도 패하지 않는 퍼펙트 우승을 기록했다. KBL 최초였다.

4 KCC는 2001-02시즌 토털 농구를 앞세워 4강 플레이오프에 진출했지만, SK에게 2승

3패로 패하고 말았다. 시리즈를 2승 1패로 리드하다가 4, 5차전을 내리 졌다. 거의 모든 포지션에서 KCC가 우위를 점했지만 정작 핵심이었던 빅맨 포지션에서 SK 서장훈과 에릭 마틴Eric Martin이 우위를 점했다.

5  니콜라 요키치는 2017–18시즌과 2018–19시즌에만 트리플더블triple double 20회를 넘게 기록할 정도로 다방면에서 뛰어난 센터였다. 또한 전설의 센터로 불리는 윌트 채임벌린 Wilt Chamberlain 이후 50년 만에 한 시즌 어시스트 500개를 기록한 센터가 되기도 했다. 2019년 1월 13일, 포틀랜드 트레일 블레이저스Portland Trail Blazers전에서는 40득점 10리바운드 8어시스트를 기록했는데, 1985년 이후 40득점 10리바운드 8어시스트 이상 을 기록한 역대 5번째 센터가 되었다.

6  야오밍(229cm)과 왕즈즈(215cm), 멍크 바테르(211cm)는 중국 농구역사상 가장 강력했 던 빅맨 라인업이었다. '걸어다니는 만리장성'이라는 별칭이 붙었던 이들은 2000년 시 드니올림픽에서도 세계적인 조명을 받았다. 그러나 야오밍과 왕즈즈가 해외무대에 진출 하면서 세 선수가 나란히 뛰며 거둔 성과는 그리 많지 않았다.

7  NBA의 데이터 정보 분석은 첨단을 달리고 있다. NBA 공식 홈페이지의 '기록stat' 페이 지에 공개되는 트래킹tracking 자료만으로도 많은 것을 유추할 수 있다. URL은 www. nba.com/stats이다.

8  조나단 임은 캘리포니아 주립대학교 풀러턴 캠퍼스 출신(역사학 전공)으로, 2013–14시 즌부터 포틀랜드 트레일 블레이저스에 합류해 비디오 분석가로 활동 중이다. 이민 4세 로, 캘리포니아에서 태어나고 자랐다. 그의 증조부였던 고故 임정구 선생은 1906년에 미 국으로 이민을 갔다. 당시 목사이자 독립운동가였다. 또한 외증조부 주현측 선생 역시 세 브란스 의전 1회 졸업생이자 의사였으며, 독립운동가로 활동했다고 한다.

6장

1  조성원은 현대가 첫 우승을 거둔 1997–98시즌 챔피언결정전에서 챔피언결정전 MVP가 됐다. 기아와의 챔피언결정전 시리즈는 그에게 '4쿼터의 사나이'라는 별명을 안겨줬다. LG로 이적한 2000–01시즌에도 팀을 정규리그 2위에 올리며 정규시즌 MVP가 됐다.

2  부산중앙고, 단국대 출신의 위성우는 졸업 후 현대전자에 입단했지만, 프로선수 경력은 1998–99시즌 SBS에서 시작했다. 이후 오리온스(2001~2003년)를 거쳐 현대모비스 (2003–04)에서 은퇴했다. 선수로서는 빛을 못 봤지만, 지도자로서는 2007년부터 2018년 까지 매년 챔피언결정전 무대를 밟을 정도로 인정을 받았다. 신한은행(2007~2012년, 코치)과 우리은행(2013~2018년, 감독)에서 각각 6년 연속 통합우승을 차지했다.

3  NBA에서는 레이 알랜이 2,973개로 역대 1위다.

## 7장

1 방성윤이 뛸 당시에는 NBDL(National Basketball Development League)이라 불렸고, 그 뒤 명칭이 D리그로 바뀌었다. D는 '발전'을 의미하는 'Development'의 약자다. G리그로 바뀐 건 2017년으로, 게토레이가 공식 후원사로 참가하면서 명칭이 변경되었다. 방성윤은 2005년 국내로 돌아와 SK에서 프로 경력을 시작했다.

2 삼농회는 삼성전자 OB 농구선수 모임이다. 1995년 삼성전자 사내 농구대회 진행을 돕기 위해 삼성 출신 선수들이 모였다가 뜻이 맞아 삼농회가 만들어지게 됐다. 삼농회 초대회장은 김평중이었고, 현재는 이영근이 맡고 있다.

3 조성민은 2012-13시즌에 45.6%, 2013-14시즌 45.4%를 기록했다.

4 2010-11시즌 후 방성윤은 은퇴를 결심한다. 계속된 부상에 지쳤던 탓이다. 2012년, 그는 폭력행위 등 처벌에 관한 법률 위반 및 사기 등 혐의로 기소되어 2017년 실형을 선고받기도 했다. 하지만 항소 끝에 폭행은 무죄 판결을 받았고, 사기는 집행유예 판결을 받았다. 방성윤의 변호인은 인터뷰에서 "폭행과 사기건 모두 법적 절차가 모두 끝난 상태"라고 설명했다. 2018~19시즌, 방성윤은 마지막으로 코트에 다시 서고자 선수 복귀를 시도했으나 KBL은 집행유예 결격 사유로 불허했다. 방성윤은 "사회적으로 미성숙했던 내가 죽을 만큼 싫었다. 그러나 어머니 모습을 보고 힘을 내야겠다는 생각을 하게 됐다"고 심경을 전했다.

5 1914년 뉴욕을 본거지로 창단한 농구팀이다. 이 팀은 동부지역을 중심으로 활동했고, 팀 운영이나 경기적인 면에서 여러 영향을 끼쳤다. ABLAmerican Basketball League에도 참가해 많은 성과를 냈다. 다만 한정된 인원으로 너무 많은 경기를 치른다는 지적도 있었다. 1년에 많게는 무려 200경기를 치르기도 했는데 그 와중에 승률이 90%가 넘었다는 기록이 있다.

6 Shaq Talks Back (2001년, St. Martin's Press)

## 8장

1 댄 코넬리(34)는 코넬리 가의 4남 중 막내다. 네 형제 모두 농구계에서 일한다는 점이 이색적이다. 맏형 조 코넬리는 아마추어 농구 지도자로 일하고 있다. 둘째인 팀 코넬리는 형제 중 가장 유명하다. 덴버 너게츠 농구단 사장으로 일하고 있다. 댄보다 3살 많은 셋째 팻 코넬리는 피닉스 선즈 부단장으로 일했다. 댄 코넬리를 알게 된 건 라스베이거스에서 있었던 KBL 외국인 선수 트라이아웃 때였다. 그는 종종 국내 농구단의 선수 스카우트 자문을 해주기도 했다.

2 타일러 랠프는 주로 미국 텍사스와 중국에서 활동하는 스킬 트레이너로, 2016년 6월 한

국을 찾아 전자랜드, 상명대 등의 선수들을 지도했다. 2017년 드래프트를 앞두고는 허훈을 비롯해 당시 프로를 준비하던 연세대 선수들의 코칭을 맡기도 했다.

3  모 맥혼(75)을 처음 알게 된 건 2004년이었다. 당시 SK가 모 맥혼을 인스트럭터로 영입했다. 팀 운영을 돕고, 외국인 선수 스카우트에 대한 조언도 했다. 또 SK의 전지훈련지인 미국 캘리포니아에서도 선수들의 발전을 도와왔다. 최근에는 그가 한국을 찾는 빈도가 줄었는데, 개인적으로는 SK 통역 한성수 씨를 통해 이메일로 그에게서 농구에 관한 조언을 받고 있다.

4  스위치switch 수비는 서로 맡고 있던 대상자를 바꿔서 막는다는 개념이다. 1990년대까지만 해도 스위치는 비슷한 신장끼리만 하라고 교재에 나와있었다. 작은 선수가 큰 선수를 막게 될 경우 높이에서 열세가 만들어져 '미스매치mismatch'가 되기 때문이다. 반대로 큰 선수 입장에서도 작은 선수를 따라가기에 스피드가 떨어진다는 단점이 있었다. 그러나 최근에는 상황이 완전히 달라졌다. 장신 선수들도 스위치되어 단신을 막더라도 끝까지 따라붙을 것을 요구하고 있고, 장신 선수들 역시 불편함 없이 해내고 있다. NBA 스타 센터인 칼 앤써니 타운스Karl Anthony Towns는 이 현상을 "빅맨들이 진화했다"라고 설명했다.

5  기록 출처 : http://nbasavant.com

6  1938년생인 더그 모 감독은 1980년대 덴버 너게츠의 속공 농구 전성시대를 주도한 감독이었다. 1980년부터 11년간 덴버를 지도했는데, 이 시기 덴버는 항상 빠른 스피드에 고득점 농구를 추구했다. 선수들에게도 복잡한 전술을 주문하는 대신 자연스러움을 강조했고, 기술 훈련을 장려했다.

9장

1  파커의 플로터는 '티어 드롭tear drop'이라는 별칭이 있다. 팀 동료 팀 던컨Tim Duncan은 "경기마다 상대가 파커의 '티어 드롭'을 견제하는 것이 눈에 훤하다. 수비자들은 그가 자유투라인 부근으로 들어오면 여러 가지 선택지를 놓고 고민하기 시작한다. 과연 파커가 나와 픽앤롤을 할지, 코너로 패스할지, 아니면 플로터로 마무리할지 말이다. 그럴 때마다 그는 우리조차 놀라게 할 정도로 놀라운 선택을 보였다"라며 파커의 능력에 극찬을 아끼지 않았다.

2  한국의 라이벌로 여겨졌던 일본 농구는 2010년대를 기점으로 한국을 앞지르고 있다. 특히 일본 여자농구의 경우 2016년 리우올림픽에서 8강에 진출했으며, 최근 청소년 대표팀 경기에서는 우리가 이겨본 기억이 없을 정도로 압도적이다. 장신선수가 많지 않음에도 불구하고 일본 농구가 우리를 이길 수 있었던 배경에는 탄탄한 기본기와 철저한 스카우팅이 있다고 해도 과언이 아닐 것이다.

3  전규삼 선생은 농구 외에도 다방면에서 경험이 많은 인물이었다. 호세이대학교 출신으로 개성에서 교편을 잡고 있었던 그는 전쟁에 휩쓸려 남쪽으로 건너와 1961년부터 송도 중·고등학교 교사를 맡았다. 그는 〈KBS 1TV〉의 '11시에 만납시다'에 출연해 월남 당시, 고향에 아내와 아이들이 있었는데 피치 못하게 두고 왔다며 슬퍼했다. 개성에서 교사로 일하던 시기에 그는 농구뿐 아니라 빙상, 탁구, 복싱, 수영, 체조 등에서도 선수를 지도하고 대회 출전을 도왔다. 정식 농구는 월남하기 전에 '학생' 신분으로 배운 것이 전부였다. 그래서 더 놀랍다.

4  2001–02시즌에 프로농구에 데뷔해 MVP에 신인상까지 거머쥔 김승현은 가장 기억에 남는 지도자이자, 고마운 지도자로 전규삼 선생을 꼽았다. 재치 있는 포인트가드로 성장하게 된 것은 할아버지 덕분이라고 말했다.

5  제이슨 라이트는 미국 서부에서는 나름 알아주는 트레이너. NBA의 브랜든 제닝스Brandon Jennings, 더마 데로잔DeMar DeRozan 등이 그의 훈련을 받았고, 미국 여자프로농구WNBA 선수 중에도 라이트의 수강생이 많았다. 한국에서는 서울 SK 선수들이 그에게 집중 연수를 받은 적이 있고, 2018–19시즌 여자프로농구 신인으로 데뷔한 박지현(1순위 지명)과 이소희(2순위 지명)도 라이트 밑에서 기술 강습을 받았다.

6  만화 〈슬램덩크〉에서는 정우성(산왕공고)이 자주 사용한 슛으로, 강백호가 '개똥슛'이라고 부르기도 했다.

7  출처 : NBA COACHES PLAYBOOK

## 10장

1  농구는 주전으로 출전하는 5명 외에 벤치에서 출격하는 교체선수가 있다. 그 중 가장 먼저 출격하는, 주전 못지않은 비중을 차지하는 선수를 식스맨sixth man이라고 한다. 실력 좋은 선수들일수록 벤치보다는 주전을 선호하고 있지만, 팀에 따라 전략적으로 능력 있는 선수들을 벤치에서 출격해 뒷심을 키우는 경우도 있다. NBA도 동기부여를 위해 매 시즌마다 최고의 식스맨을 선정해 상을 수여하고 있다.

2  토니 쿠코치는 유럽에서 에이스였다. 공을 갖고 경기를 주도하는 것에 익숙했던 그는 NBA 데뷔 후 혼란을 겪었다. 시카고 불스가 추구했던 트라이앵글 오펜스Triangle Offense에 녹아드는 것도 힘들었고, 마이클 조던Michael Jordan과 스카티 피펜Scottie pippen 등 에이스들에게 공을 양보하면서 식스맨으로 밀려났다.

3  일반적인 드롭스텝은 포스트에서 사용하는 풋워크를 일컫는다. 리버스 피벗의 일종으로 보는 시각도 있다. 상대를 등 진 상황에서 두 발로 착지하며 공을 받은 뒤, 크게 보폭을 내딛어 상대를 제친다. 전성기 샤킬 오닐Shaquille O'Neal의 주특기였다. 무게중심이 잘 잡혀야 하며, 파워풀하게 내딛는 동시에 민첩할수록 더 위력적이다.

11장

1  OK저축은행의 전신은 KDB생명이었다. 금호생명의 계보를 이어오던 KDB생명이 2017–18시즌을 끝으로 팀 운영을 포기하면서 이 팀은 WKBL에 의해 위탁운영되는 신세가 됐다. 그 와중에 2018–19시즌을 앞두고 OK저축은행이 네이밍 스폰서로 나서면서 간신히 시즌을 치를 수 있었다. 수원시의 협조로 2018–19시즌 홈경기는 서수원칠보체육관에서 치렀다.

2  리카르도 라틀리프Ricardo Ratliffe라는 외국인 선수 신분으로 KBL에 데뷔한 그는 2018년 귀화에 성공하면서 대한민국 국적을 얻고, 국가대표팀에 승선했다. 라건아는 2018년 자카르타–팔렘방 아시안게임, 농구월드컵 등을 함께했다.

3  하다디는 이란 최초의 NBA 선수였다. 1985년생으로, 2008년 베이징올림픽에서의 활약에 힘입어 NBA 멤피스 그리즐리스Memphis Grizzlies에 입성하기도 했다. 하다디의 진가는 국제대회에서 잘 나타났다. 신장과 득점력 덕분에 아시아선수권대회에서만 3번 우승했다. 2014년 인천 아시안게임에서는 은메달을 목에 걸었다.

4  국제농구연맹(FIBA)이 개최하는 국제대회의 경우, 통로에 믹스드 존을 설치해 모든 인터뷰는 이곳에서 이루어지게끔 유도하고 있다. 중요한 경기는 주최측이 따로 기자회견을 잡아주기도 하지만, 대다수 경기는 통로에서 기다렸다가 퇴장하는 선수들에게 인터뷰를 요청하는 방식으로 진행된다.

5  중앙대 김주성을 가르친 김태환 현 MBC 스포츠플러스 해설위원도 '의지와 타이밍'이 중요하다고 말했다. 김태환은 이종현, 김종규에 대해 "국내에서는 박스아웃이 사실상 필요하지 않다. 큰 선수들을 못 만나니 그게 소홀해질 수밖에 없다. 본인이 원치 않는 변화라 할지라도 말이다"라고 지적했다. "제공권 싸움은 습관이 중요하다"라는 말도 했다.

6  팻 라일리는 마이애미 히트Miami Heat 농구단 사장이다. 1945년생으로, 부상 때문에 일찍 은퇴한 뒤 1981년부터 LA 레이커스 감독이 되었다. 레이커스에서 그는 4번 우승을 거머쥐었고, 마이애미에서도 한 번 더 우승(2006년)을 차지했다. NBA가 출범 50주년을 기념해 발표한 '위대한 지도자 10인'에도 이름을 올렸다.

7  '쇼 타임Showtime'은 레이커스 특유의 빠른 농구를 상징하던 단어였다. 그러나 라일리는 감독 시절에 화려함보다는 선수들에게 수비와 리바운드를 강조했다. 이 2가지가 없이는 속공도 나올 수 없다는 의미였다.

8  2015년 9월 13일 작고한 모제스 말론은 선수생활만 21년을 했다. 코트 위 플레이도 그렇지만, 말론은 코트 밖에서는 리더 역할도 훌륭히 잘해냈다. 특히 빅맨 전문 지도자로서 여러 구단의 초빙을 받기도 했다. 고교 시절에 말론은 실력을 시기한 동료들이 패스를 해주지 않아 고충을 겪기도 했다. 그런데도 30~40점씩을 기록했다. 동료들이 실패한 슛을 모두 리바운드해 풋백put back 득점을 올렸던 것이다.

주석                                                                                          319

1 할리우드 액션Hollywood Action이라 불리는 행위에는 2가지 종류가 있다. 첫째, 플라핑은 부딪친 뒤 과장된 몸짓을 하며 넘어지는 것인데, 심판들은 넘어질 때 뒤에 손을 짚고 넘어질 경우에는 플라핑으로 간주한다. 쉽게 설명하면 '누울 자리를 보고 뻗는다'는 것이다. 둘째, '페이크 파울fake a foul'도 있다. 그 부위에 닿지도 않았는데 목을 꺾는다든가, 공중에서 허우적댈 경우에 해당된다. KBL 홍기환 심판부장은 "그런데 접촉 상황에서 사람에 따라 위협적으로 느껴서 뒤로 젖힐 수도 있기 때문에 더 명확한 판단 기준이 필요하다"라고 설명했다.

2 디온테 버튼은 2017-18시즌을 원주 DB에서 뛰며 외국인 선수 MVP, 올스타전 MVP 등 많은 영예를 누렸다. 덕분에 DB는 정규경기 1위와 함께 챔피언결정전 진출도 이루었다. 시즌 후 그는 NBA에 도전했고, 오클라호마 씨티 썬더Oklahoman City Thunder에 입단했다. 2018-19시즌에도 생존에 성공했다.

3 로드 벤슨은 2010년 KBL에 데뷔해 2017-18시즌까지 외국인 선수로 뛰었다. 로드 벤슨은 KBL 역사상 2번째로 많은 더블더블(1위는 조니 맥도웰, 227회)을 기록했고, 가장 많은 덩크슛(595개)을 터트렸다. 리바운드 3,993개는 KBL 역대 3위다.

4 유로리그는 유럽 농구의 챔피언스 리그Champions League와 같다. 유럽 각 나라를 대표하는 최고 농구팀만이 출전해 한 시즌간 자웅을 겨룬다. NBA 다음으로 경쟁력이 높은 리그다. 여타 리그와 마찬가지로 매년 10~11월에 개막하며, 4강전과 결승전은 개최지를 따로 지정해서 치른다. '파이널 포'로 묶인 이 이벤트는 매년 봄 유럽 농구를 대표하는 최고 이벤트이자 관광 상품으로 자리잡았다.

5 후안 까를로스 나바로(1980년생, 193cm)와 루디 페르난데스는 스페인 농구를 대표하는 전설들이다. 나바로는 1997년에 성인 무대(바르셀로나Barcelona)에 데뷔해 2017-18시즌에 은퇴했다. 그동안 유로리그 우승 2회, 스페인 리그 우승 8회 등을 경험했다. 스페인 리그 파이널 MVP도 3번 수상했다. 국가대표선수로서는 올림픽 무대에만 3번 출전했고, 2008년과 2012년에는 은메달을 목에 걸었다. 2006년 월드컵 우승도 차지했다. 페르난데스는 1985년생, 185cm의 슈팅가드로 나바로의 라이벌 팀인 레알 마드리드Real Madrid에서 2012년부터 줄곧 몸담아오고 있다. 유로리그 우승 2회(2015, 2018년)를 비롯해 많은 영예를 누린 스페인 대표 가드로, 국가대표팀에서 나바로와 같은 길을 걸어왔다.

6 KBL은 2018-19시즌부터 FIBA 규칙과 별개로 경기 종료 후 비디오 분석을 통해 1회 발생시 경고, 2회부터는 벌금을 부과하겠다고 밝혔다. 1~2회는 20만원, 3~4회는 30만원, 5~6회는 50만원의 벌금이 부과된다. 그 뒤부터는 100만원씩이다. 이는 일반 테크니컬 파울과는 별개로 누적해 적용한다. 또 플라핑 판정 후에는 소속 구단에 경고장을 발송하며, 타구단도 열람이 가능한 KBL 그룹웨어에 공지한다. (기존에는 경기 중 심판이 판단해 1차 경고 조치 후, 재발시 테크니컬 파울을 부과했다.)

1 V컷은 말그대로 V자 형태의 움직임을 의미한다. 3점슛 라인 밖으로 뛰어나가는 척하다가 갑자기 꺾어서 아래로 내려가거나, 골대쪽으로 향하다가 갑자기 위로 올라오는 등 움직임 형태가 V자다. 목적 자체가 수비를 따돌리는 움직임 중 하나이기에, 방향 전환을 할 때 순간적으로 상대를 속일 수 있을 정도로 민첩해야 한다.

2 백도어의 사전적 의미는 '뒷문'이다. 상대를 속이고 베이스라인쪽으로 돌아 들어가 득점 찬스를 얻어낼 수 있다. 백도어 컷으로 찬스를 잡아 득점을 올릴 때 캐스터들은 '뒷문을 따고 들어갔다'는 표현을 자주 한다. 유튜브 같은 동영상 채널에서 'backdoor cut'으로 검색하면 예술의 경지에 오른 다양한 팀 플레이를 볼 수 있다.

3 '올해의 농구인'상은 〈점프볼〉이 2011부터 한국 아마추어 농구선수 및 지도자를 대상으로 수여해온 상이다. 선수들은 한 해를 빛낸 국가대표팀 및 중·고·대학생들이 대상이었다. 남자수상자로는 김종규(2011년), 이종현(2012년) 김민구(2013년), 문태종(2014년), 이승현(2015년), 양홍석(2016년), 오세근(2017년), 이정현(2018년) 등이 있다.

4 코스트 투 코스트coast to coast는 한쪽 끝에 한쪽 끝까지 막힘없이 속공을 질주하는 움직임이다. 우리쪽 진영에서 상대 골대까지 치고 들어갈 때 사용하는 표현으로, 코스트 투 코스트가 성공했다는 것은 혼자서 상대 수비를 뚫어가며 득점까지 마무리했다는 의미이므로, 농구에서 가장 시원한 장면 중 하나라 할 수 있다.

5 트리플 스렛Triple Threat 이란 말 그대로 '3가지 위협요소'를 의미한다. 공격에서 가장 위협적인 요소는 역시 슛, 드리블, 패스다. 트리플 스렛 자세에서는 이 3가지 중 어느 것으로든 연결이 가능하다. 다음은 트리플 스렛에 대한 스탠 밴 건디Stan Van Gundy 전 디트로이트 피스톤스 감독의 설명이다. '이 자세가 3가지 위협이라 불리는 이유는 이 자세에서 패스·돌파·슈팅이 모두 가능하기 때문이다. 트리플 스렛 자세는 손목을 뒤로 젖히고 팔꿈치를 구부린 상태에서 슛을 던지는 손을 공 뒤쪽에 놓는다. 다른 손은 공의 앞쪽 조금 밑부분에 대고 팔을 45도 각도로 구부려 공을 지킨다. 이때 공의 위치는 가슴과 엉덩이 사이 높이에서 측면에 둔다. 무릎은 구부리고, 상체는 앞쪽으로 약간 숙여 균형을 유지한다. 이는 거의 모든 일대일 동작의 기본적인 시작 자세다.' (출처 : NBA COACHES PLAY BOOK)

1 조성민은 당시 작전타임 이후 코트에 섰을 때, 2012–13시즌이 떠올랐다고 한다. 조성민은 〈점프볼〉 잡지와의 인터뷰에서 "LG전과 비슷한 흐름으로 전개된 경기였는데, 그때는 시도조차 하지 못하고 패했던 기억이 났다. 경기 후 감독님께서 "네가 해결해야 하는데, 왜 그랬냐"고 말씀하셨다. 그때의 기억이 떠올라서 어떻게든 해결해야겠다는 생각이 들

었다. 자신 있게 슛을 시도했고, 다행히 좋은 결과로 이어졌다"고 말했다.

2  제리 크라우스Jerry Krause와 랄프 핌Ralph Pim이 펴낸 농구지도서. 포그 앨런Phog Allen, 피트 뉴웰Pete Newell, 존 우든John Wooden 같은 전설적인 지도자들이 공격과 수비부터 스카우팅, 컨디셔닝 등 다양한 분야에 이르기까지 자신들의 노하우를 쏟아냈다.

3  2018년 아시안게임부터는 기존의 5대5 농구 외에 3대3 길거리농구가 정식 종목으로 채택되었다. 공식명칭은 3x3(쓰리-엑스-쓰리로 발음). 아직 대중화가 덜 되었기에 이 책에서는 '3대3'으로 통일하고자 한다.

4  양동근은 2004-05시즌 전체 1순위 지명 신인으로 KBL에 데뷔, 여태껏 단 한 번의 이적 없이 현대모비스에서 뛰어왔다. 데뷔 당시만 해도 양동근만 지금처럼 특급 선수로 클 것이라고 예상한 이는 많지 않았다. 실제로 포인트가드 중에서는 양동근만한 공격력을 가진 선수가 없다는 평가였지만, 유재학 감독은 세밀함이 부족하다는 평가를 내리기도 했다. 그러나 유재학 감독 역시 양동근이 가진 특유의 성실함과 근성은 외면하지 않았다. 그는 기대만큼 빠른 성장세를 보였고, 또 그 사이 한 번도 팀을 옮기지 않으며 5번의 우승을 경험했다. 그 영광의 순간에는 항상 '은사' 유재학 감독이 있었다. 2014년 인천 아시안게임 우승도 함께했던 양동근은 기회가 될 때마다 감독에 대한 존경심을 드러냈다. 반대로 유재학 감독도 그의 자기 관리와 성실함에 대해서는 항상 인정해왔다. 솔선수범하는 양동근의 리더십에 대해서는 고마워하기도 했다.

5  박찬희와 이정현은 2010-11시즌에 1, 2순위 지명신인으로 나란히 KGC인삼공사에 입단했다. 이상범 감독은 둘을 중심으로 리빌딩에 착수했다. 그러나 멤버가 워낙 약하다보니 연패에 빠지기 일쑤였는데, 승패를 떠나 이상범 감독이 가장 아쉬워 했던 부분이 바로 적극성 결여였다. 요령이 없고 경험이 부족하다보니 볼 없는 움직임은 물론이고, 오픈 찬스가 나도 자신있는 모습을 보여주지 못했던 것. 그러나 시간이 흘러 영광을 함께한 KGC인삼공사를 떠나온 두 선수는 각자 위치에서 정상급 활약을 펼치고 있다.

6  스택과 스태거드 스크린 플레이는 이중으로 스크린이 펼쳐지는 플레이다. 슈터들을 살리고자 하는 플레이로, '스크리너 2명이 나란히 서서 걸어주느냐, 2명이 지정된 위치에서 각각 단계별로 걸어주느냐'의 차이가 있다. 딕 바이텔Dick Vitale 같은 미국 농구전문가들은 가장 위력적이고 혁신적이었던 스택 오펜스로 1969-70시즌 노터데임대학이 사용했던 패턴을 꼽는다. NBA에서 활약했던 오스틴 카Austin Carr의 득점력을 한껏 활용하며 황금기를 누렸다. 이 공격을 고안한 이는 어시스턴트 코치였던 고故 진 설리번Gene Sullivan이었는데, 덕분에 오스틴 카는 그 시즌 전 경기에서 20득점 이상을 올리고, 9번이나 50점을 기록했다. 이는 오스틴 카의 개인 능력이 있었기에 가능했겠지만, 동료들의 도움이 없다면 결코 만들어질 수 없었을 것이다. 방열 대한민국농구협회 회장은 스택 오펜스의 전제조건으로 득점원의 움직임도 중요하지만, 정확한 타이밍에서 패스해줄 포인트가드와, 제대로 된 방향에서 수비를 차단할 수 있는 스크리너들의 역할도 무척 중요하다고 강조했다.

7  볼 없는 움직임에 대한 수비 중 가장 강조되는 부분 중 하나가 바로 '하체를 주목하라'는

것이다. 이유는 이렇다. '하체, 특히 허리의 방향은 속인다고 해서 속일 수 없는 유일한 부위다. 따라서 우리는 늘 수비하는 선수들에게 공격자의 복부와 허리 부분을 놓치지 말라고 주문한다. 공격자는 눈이나 머리, 어깨, 발의 방향으로 상대를 속일 수 있지만 복부와 허리가 향하는 방향은 속인다고 해서 속일 수가 없다.' 이런 부분을 생각한다면 페이크를 확실히 주는 것이 얼마나 중요한지 알 수 있을 것이다.

8  기디 팟츠는 2018–19시즌 KBL 전자랜드에서 뛴 스코어러scorer다. 182.5cm의 그는 한시적으로 KBL이 도입했던 신장 제한 제도(장신은 2m 이하, 단신은 183cm 이하)에 따라 '단신'으로 분류되었다. 1995년생인 그는 미들 테네시Middle Tennesee 대학을 졸업하고 바로 KBL에 진출했다. 즉 전자랜드가 그가 졸업 후 가진 첫 직장이었던 셈이다. 3점슛이 굉장히 좋은 선수로, 19.1득점(3점슛 2.4개 성공)을 올리며 전자랜드가 이 시즌 정규경기 2위에 오르는 데 일조했다.

1  스트라이드 스톱은 '왼발→오른발' 혹은 '오른발→왼발' 순으로 밟으며 멈추는 동작이다. 반면 점프 스톱은 동시에 양발로 착지하는 동작이다. 스트라이드 스톱은 자연스럽게 흐름을 가져갈 수 있다는 장점이 있지만, 처음에 착지한 발이 피벗 풋pivot foot이 되어 움직임이 제한된다는 단점이 있다. 반면 점프 스톱은 '점프'라는 부수적인 움직임이 필요하지만 두 발로 동시에 착지하기 때문에 피벗 풋 선택에 용이하다. 슈터들은 "어느 하나를 선호한다기보다는, 어느 상황에서든 자연스럽게 연결시킬 수 있도록 모두 익혀두는 것이 중요하다"라고 말한다.

2  클레이 탐슨은 NBA를 대표하는 슈터 중 한 명이다. 2015년 1월 23일, 새크라멘토 킹스Sacramento Kings 전에서는 3쿼터에만 37득점을 기록하면서 한 쿼터 최다득점 신기록도 세웠다. 특히 그 경기의 3쿼터는 '경이롭다'는 말밖에 안 나올 정도였는데, 3쿼터에 던진 슛 13개를 모두 성공시켰다. 2018–19시즌 시카고 불스Chicago Bulls와의 대전에서는 14개의 3점슛을 꽂으면서 신기록을 세우기도 했다. 이날 27분간 그가 올린 득점은 52득점이었다. 조 해리스는 2014년에 NBA에 데뷔해 2018–19시즌에 오랜 무명 생활을 청산하고 스포트라이트의 중심에 섰다. 브루클린 네츠Brooklyn Nets 소속으로, 2019년 NBA 올스타전 3점슛 대회에서 커리를 꺾고 3점슛 챔피언이 됐다.

3  모션 오펜스는 농구에서 가장 오래된 전술 중 하나다. 스크린과 컷, 패스 등 농구의 가장 기본적인 움직임이 복합적으로 녹아든 공격 전술로서, 2000년대 NBA에서는 새크라멘토 킹스와 샌안토니오 스퍼스가 대표적인 구단이었다.

4  고지안 감독은 1953년생으로, 오랫동안 세계농구에서 명성을 떨쳤다. 주로 호주에서 감독 생활을 했고, 호주 리그에서 6번이나 우승을 차지했다. 우승할 때마다 '올해의 감독' 상도 함께 수상했다. 2018–19시즌에는 중국 프로리그 CBA의 신장新疆 팀을 맡았다.

5 이충희(1959년생)는 온국민이 다 아는 최고 슈터였다. 고려대학교, 현대전자에서 갖가지 득점 기록을 세웠다. 농구대잔치 한 경기 최다득점 기록(64점)을 세우기도 했다(이 기록은 2012년 장동영이 67점을 올리면서 2위가 됐지만, 대회 수준이나 기록의 의미를 봤을 때는 이충희의 기록이 더 높이 평가된다). 국가대표로도 이충희는 1982년 뉴델리 아시안 게임 금메달을 목에 걸기도 했다. 이충희는 은퇴 후 대만에서 뛰었는데, 대만 농구인들인 신이 내린 듯한 놀라운 슛감각에 감탄한 듯 그에게 '신사수'라는 별명을 선물했다.

6 미국 오리건Oregon 주에 위치한 USBA(United States Basketball Academy)는 미국을 대표하는 농구 전문 교육기관이다. KBL 김동광 경기본부장은 "딱 농구만 할 수 있게끔 만들어진 시설"이라며 "농구 외에는 할 게 없는 곳"이라고 말했다. 그는 2000년 삼성 농구단 감독을 맡아 이곳에서 전지훈련을 치른 적이 있다. 미국 유망주뿐 아니라 전 세계 유망주들이 자비를 들여 훈련을 올 정도이며, 각 국가마다 협회 차원에서 청소년 대표팀 전지훈련을 이곳으로 보내기도 한다. 기술 훈련은 물론이고, 미국 진출을 계획하는 타 문화권 선수들을 위한 교육도 이루어진다.

7 1981년생, 201cm의 카일 코버는 NBA에서 오직 '슛' 하나로 롱런 중인 대표 슈터다. 2003년 NBA 드래프트 전체 51순위로 지명되어 2018-19시즌의 유타 재즈Utah Jazz를 포함해 다섯 팀에서 선수생활을 했다. 선수생활을 하면서 4번이나 3점슛 성공률 1위(2010년, 2014년, 2015년, 2017년)를 차지했고, NBA 통산 3점슛 성공 부문에서는 역대 4위에 있다. (역대 1위는 레이 앨런으로 2,973개를 성공시켰다. 2019년 3월 3일 기준으로 코버는 2,313개를 넣었다.)

17장

1 1936년 2월 10일생인 이해병 선생은 경복고와 연세대를 졸업했으며, 공군팀에서 선수생활을 마쳤다. 은퇴 후 진명여고, 이화여고, 서울여상 등에서 지도자 생활을 했으며, 상업은행의 코치와 감독을 맡아 1978년 10월까지 활동했다. 은퇴 후 장위동 등에서 지점장을 지내기도 했던 그는 1993년 6월에 정년퇴임 후 농구계로 돌아와 심판위원장을 맡았다. 배우자 윤옥자 여사 역시 진명여고·상업은행 출신의 농구선수였다.

2 한국 장내아나운서의 원조로 유명했다. 1935년생인 그는 성동고와 중앙대를 졸업했으며, 이화여고 및 신탁은행 등에서 코치 생활을 했다. 학창시절에는 청소년 국가대표에도 선발됐다. 지도자 은퇴 후에는 농구대잔치를 비롯한 아마추어 농구대회 장내 아나운서를 맡았고, 프로농구 출범 후에도 2003-04시즌까지 장내 아나운서로 일했다.

3 농구는 1891년에 처음 생겨났다. 캐나다인 제임스 네이스미스James Naismtih 박사가 추운 겨울에 학생들이 손쉽게 할 수 있는 실내 운동을 찾다가 농구라는 것을 만들었다. 최초의 경기는 1891년 12월 21일에 열렸다. 최초의 경기에는 각 팀에서 9명씩이 출전했고, 축구공을 이용해 과일 바구니에 넣는 형식으로 경기가 진행됐다. 모든 아이디어가 네이

스미스 박사의 머리에서 나온 것이었기에 제자 중에서는 '네이스미스 볼Naismith Ball'이라고 부르자는 의견도 있었으나 그가 한사코 거절했다는 후문이다.

4 1931년 3월 22일 서울 출생인 이우재 선생은 경복고를 거쳐 1957년 고려대를 졸업했다. 이후 경복고, 광신고, 경기여고, 수도여고 코치를 지냈으며 1962년부터 1980년까지 한국전력 여자농구 감독을 지냈다. 대만 전력공사, 말레이시아 국가대표 감독, 일본 재팬 에너지 코치 등을 지냈으며, 2002년에는 울산 모비스 코치가 되어 프로농구 역대 최고령 코치로 기록을 남기기도 했다.

5 NBA는 트래킹 시스템을 통해 코트 위에서 발생하는 모든 플레이를 수치화하고 있다. 그중 스크린을 이용해 득점을 파생시키는 플레이에 대해 '스크린 어시스트'라는 별도의 기록을 내고 있다. 2018-19시즌 기준으로 리그 1위는 유타 재즈의 루디 고베어Rudy Gobert 였다. 국내에서는 아직 수치로 연결되지 않고 있지만, 점수를 파생시키는 스크린에 대해서는 중요하게 생각하고 있다. 일례로 고양 오리온 추일승 감독은 "이승현은 동료들에게 스크린을 잘 걸어준다. 스크린을 걸어줌으로써 다른 선수에게 찬스가 난다. 상대팀의 헬프 디펜스가 펼쳐지면 반대편의 다른 선수에게 찬스가 난다"며 이승현의 활동적인 스크린 플레이를 높이 평가했다.

6 바비 나이트는 선수와 감독으로 NCAA 토너먼트 우승을 차지한 인물이다. 지도자로서는 인디애나대학(1971~2000년) 시절에 3번(1976·1981·1987년) 우승을 차지했다. LA올림픽 금메달을 목에 걸었고, 통산 902승 371패(승률 70.9%)의 위대한 기록을 남겼다.

7 '우편배달부' 칼 말론과 존 스탁턴은 1985년부터 2003년까지 한 번도 이적 없이 유타에서 함께 뛰었다. 두 선수가 함께 소화한 정규시즌 경기만 무려 1,412경기다. 그 사이 스탁턴은 어시스트 1위만 15번을 차지했다. 통산 15,806개의 어시스트(평균 10.5개) 기록도 남겼다. 말론은 그 어시스트를 득점으로 연결시켰다. 36,928득점으로 NBA 역대 2위에 이름을 올렸다. 말론은 스탁턴 은퇴 후에야 비로소 팀을 옮겼다.

8 대전 현대는 전주 KCC 이지스의 전신으로, 1997-98시즌과 1998-99시즌에 정규리그와 챔피언결정전 통합우승을 거머쥐었다. 1999-00시즌에는 정규리그 1위에는 올랐지만, 챔피언결정전에서 SK에게 패해 3년 연속 통합우승은 놓쳤다. 당시 KBL의 새로운 강자로 등극한 원동력이 바로 날카로운 패스워크를 가진 이상민과, 외국인 선수의 기준을 바꿔놓은 탱크 맥도웰의 콤비 플레이였다.

9 스위치 디펜스switch defense가 이루어지면 공격하는 팀 입장에서는 유리한 면이 많다. 큰 선수끼리 매치업하는 게 아니라, 큰 선수가 작은 선수를 막게 되고, 작은 선수가 큰 선수를 막게 되니 말이다. 작은 선수 입장에서는 수비하는 큰 선수를 스피드로 따돌릴 수 있고, 큰 선수 입장에서는 작은 수비수가 앞에 있으니 높이와 힘 등에서 수월하게 상대를 공략할 수 있다.

10 UNLV 출신인 스테이시 오그먼 감독은 현역시절 '플라스틱 맨'이란 별명으로 유명했던 인물로, NBA에서는 수비에서 정평이 난 선수였다. 2018-19시즌을 앞두고 KCC의 어시스턴트 코치를 맡았지만, 시즌 중반 전임 감독 추승균이 물러나면서 감독으로 올라섰다.

11 센터가 없어서 트렌드가 바뀐 것인지, 트렌드가 바뀌면서 센터의 스타일이 바뀐 것인지 는 정확하게 말할 수 없다. 닭이 먼저인지, 달걀이 먼저인지 묻는 것과 같다. 그러나 최근 에는 포스트업 위주의 공격이 줄어들었기에 스위치가 되어도 신체적 부담을 느낄 상황 이 줄어든 것은 사실이다.

12 2004-05시즌 피닉스는 경기당 110.4득점(1위)을 기록하고, 오펜시브 레이팅Offensive Rating에서도 114.5점으로 압도적인 1위를 차지했다.  덕분에 무려 62승이나 거두면서 1992-93시즌 찰스 바클리Charles Barkley 시대 이후 최고 성적을 냈다. 하지만 컨퍼런스 결승에서 샌안토니오를 만나 그 상승세가 더 이어지지 못했다. 그들은 2번이나 100점 아 래로 묶이는 등 고전을 면치 못했다. 샌안토니오의 이러한 수비는 다른 팀들에게도 영감 을 주었다. 2005-06시즌에도 컨퍼런스 결승에 올랐던 피닉스는 댈러스 매버릭스Dallas Mavericks의 기세에 눌려 3번이나 100점 아래로 묶였다.

19장

1 한국프로농구는 1997년에 출범해 원년 시즌을 치렀다. 첫 시즌의 식스맨상 수상자는 부 산 기아의 김유택이었다.

2 NBA 식스맨상은 1982-83시즌부터 수여됐다. 필라델피아의 바비 존스Bobby Jones가 첫 수상자였고, 케빈 맥헤일과 리키 피어스Ricky Pierce, 데틀리프 슈렘프Detlef Schrempf, 루 윌리엄스 등이 2회씩 수상했다. 역대 최다 수상자는 저말 크로포드다. 2010년, 2014년, 2016년에 이 상의 주인공이 됐다.

3 제이슨 테리는 2008-09시즌에 댈러스에서 이 상을 수상했다. 윌리엄스는 2014-15시 즌에는 토론토에서, 2017-18시즌에는 클리퍼스에서 이 상을 수상했다.

4 워싱턴 위저즈는 조던의 복귀로 성적 향상의 기대감을 가졌으나, 조던의 2차 복귀 첫 시 즌이었던 2001-02시즌 37승 45패, 2번째 시즌이자 마지막 시즌이었던 2002-03시즌 37승 45패로 각각 플레이오프에서 탈락했다.

5 파이널 MVP는 '결승전(7전 4선승제)'이라 할 수 있는 NBA 파이널에서 가장 뛰어난 활 약을 보인 선수에게 수여하는 상이다. 1969년에 신설됐고, 2005년부터는 NBA의 전 설, 빌 러셀Bill Russell에게 경의를 표하는 의미에서 빌 러셀 어워드라는 이름을 붙였다. NBA 역사상 파이널 MVP와 식스맨상을 모두 거머쥔 선수는 빌 월튼Bill Walton이 유일하 다. 또 시즌 내내 식스맨으로 뛰었던 선수가 파이널 MVP가 된 건 본문에 소개된 안드레 이궈달라가 처음이었다.

6, 7 출처 : 이 단락은 숙명여자대학교 정지혜 교수와 김미선 교수가 코칭능력개발지에 기고 한 논문을 참고했다. 당시 필자에게 전달한 논문을 요약해서 〈점프볼〉에도 게재했다.

1 세계농구선수권대회World Basketball Championship으로 불렸던 이 대회는 "누구나 기억할 수 있는 이름의 대회가 되면 좋겠다"는 고故 패트릭 바우먼 사무총장의 의견에 따라 농구 월드컵Basketball World Cup으로 바뀌게 됐다. 월드컵 명칭이 공식적으로 사용된 첫 대회는 2014년 스페인 대회다.

2 1961년생인 닥 리버스는 리더십과 스피치로 명성이 자자한 감독 중 하나다. 1999년 올랜도 매직Orlando Magic에서 감독 경력을 시작해 보스턴 셀틱스를 거쳐 LA 클리퍼스 감독을 맡고 있다. 2008년에는 보스턴에서 우승도 차지했다. 선수들의 동기부여에 있어 탁월한 능력을 보여왔고, 덕분에 하위권 전력으로 예상된 팀들을 데리고도 좋은 성과를 거두었다.

3 스티븐스 감독은 1976년생으로, 대학을 거쳐 프로에 입성했다. 선수로는 그리 성공하지 못했지만 버틀러Butler 대학에서 2년 연속 팀을 전국 4강에 올려놓는 이변을 연출해 세계농구계에 이름을 알렸다. 공감의 리더십으로 선수들을 잘 이끌었으며, 전술적으로도 판단이 빠르고 레파토리도 다양하다는 평가를 받고 있다.

## ■ 독자 여러분의 소중한 원고를 기다립니다

메이트북스는 독자 여러분의 소중한 원고를 기다리고 있습니다. 집필을 끝냈거나 집필중인 원고가 있으신 분은 khg0109@hanmail.net으로 원고의 간단한 기획의도와 개요, 연락처 등과 함께 보내주시면 최대한 빨리 검토한 후에 연락드리겠습니다. 머뭇거리지 마시고 언제라도 메이트북스의 문을 두드리시면 반갑게 맞이하겠습니다.

## ■ 메이트북스 SNS는 보물창고입니다

### 메이트북스 홈페이지 www.matebooks.co.kr

책에 대한 칼럼 및 신간정보, 베스트셀러 및 스테디셀러 정보뿐만 아니라 저자의 인터뷰 및 책 소개 동영상을 보실 수 있습니다.

### 메이트북스 유튜브 bit.ly/2qXrcUb

활발하게 업로드되는 저자의 인터뷰, 책 소개 동영상을 통해 책에서는 접할 수 없었던 입체적인 정보들을 경험하실 수 있습니다.

### 메이트북스 블로그 blog.naver.com/1n1media

1분 전문가 칼럼, 화제의 책, 화제의 동영상 등 독자 여러분을 위해 다양한 콘텐츠를 매일 올리고 있습니다.

### 메이트북스 네이버 포스트 post.naver.com/1n1media

도서 내용을 재구성해 만든 블로그형, 카드뉴스형 포스트를 통해 유익하고 통찰력 있는 정보들을 경험하실 수 있습니다.

STEP 1. 네이버 검색창 옆의 카메라 모양 아이콘을 누르세요.   STEP 2. 스마트렌즈를 통해 각 QR코드를 스캔하시면 됩니다.
STEP 3. 팝업창을 누르시면 메이트북스의 SNS가 나옵니다.